民族村寨现代变迁研究

——以西江千户苗寨为例

李佳 / 著

中央民族大学出版社
China Minzu University Press

图书在版编目（CIP）数据

民族村寨现代变迁研究：以西江千户苗寨为例／李佳著．—北京：中央民族大学出版社，2020.10

ISBN 978-7-5660-1825-0

Ⅰ.①民…　Ⅱ.①李…　Ⅲ.①苗族—乡村—社会变迁—研究—雷山县
Ⅳ.①K297.34

中国版本图书馆 CIP 数据核字（2020）第 183927 号

民族村寨现代变迁研究——以西江千户苗寨为例

作　　者	李　佳
责任编辑	舒　松
责任校对	杜星宇
封面设计	舒刚卫
出版发行	中央民族大学出版社 北京市海淀区中关村南大街 27 号　邮编：100081 电　话：(010)68472815(发行部)　传真：(010)68932751(发行部) (010)68932218(总编室)　(010)68932447(办公室)
经 销 者	全国各地新华书店
印 刷 厂	北京鑫宇图源印刷科技有限公司
开　　本	787×1092　1/16　印张：18.5
字　　数	270 千字
版　　次	2020 年 10 月第 1 版　2020 年 10 月第 1 次印刷
书　　号	ISBN 978-7-5660-1825-0
定　　价	75.00 元

摘　要

随着全球化进程的加速，现代化问题从西方到东方，从发达国家到发展中国家，从人口众多的民族到边缘少数民族，它消融了民族、国家的界限，成为一种世界现象。当法国诗人韩波铿锵有力地呼吁必须“绝对地现代”之时，“成为现代的，进而成为现代人”已然成为整个时代显著的特征。基于此，本书分四章对我国西南苗族村落社会生活形态的现代化变迁及其同步进行的文化“现代性”建构进行相关研究。

第一章为绪论部分。首先，通过梳理苗族文化研究的发展历史及西江千户苗寨文化研究现状，可以看出苗族文化研究虽为我国少数民族研究之“显学”，但大多集中在对苗族传统文化的整理与阐释上，少量社会转型后的研究又基本集中于从旅游开发的视角进行苗族地区旅游发展分析。但是，作为苗族地区突出典型的西江千户苗寨，在社会发展形态上已经开始了急剧的现代化转型，而关于这方面的研究，即在现代化发展中苗族地区由传统向现代过渡所呈现的时代特征、文化发展状况等现代化问题，乃是现代苗族文化研究的薄弱甚至空白环节。因此，本书借鉴民族学研究的民族调查志研究方法，以苗族现代发展中一个具有代表性的“西江千户苗寨”作为调研点，力争结合“他者”与“我者”角度，对苗族村落中现代社会转型所凸显的一系列特征与问题进行探讨。其次，简要梳理了本文所涉及的理论。本文所涉及的研究理论都是国内外关于现代化的研究理论，如现代性论述、空间生产理论、景观社会、日常生活理论等。在这些理论的基础上，结合实际、抓住问题对民族志调研所在之处的社会各种现象进行分析，力求得出较为客观的观点与阐释立论。最后，引出调查点“西江千户苗寨”，并对其进行区位分析、介绍大概状况，附以区位文化布局图加以直观说明。

第二章是对“西江千户苗寨”文化现代化转型过程中生态环境的总结。

首先，应该看到西江苗族文化的现代化转型并非因其自身的主动发展自然转型，而是受现代性驱动体系——全球化被动影响的结果。全球化将地方与全球、边缘与中心联系起来进行现代重构。对于西江来说，现代重构起始于2008年的“一会一展一节”旅游发展大会的举办，正是这一富有全球化旅游产业性质大会的召开，促使西江跨越式地成为全球现代化场域的一部分，而其文化也被急速地推到了现代化改造的风口浪尖。因此，在这一节中重点分析与整理了西江进入全球化场域的整个过程，从最初的“缺场性在场”影响，到直接的旅游全球产业的嫁接，西江在现代社会发展道路上高歌猛进，正式被纳入全球现代化生态环境中。

其次，受到苗族在现代传播话语生态建构所历经的“苗族话语他者化”的象征化发明影响，西江也逐步搭建起大众传播生态基调。第一，苗族因其地理位置偏远、文化独特等特性逐渐在传播过程中引发了他者的好奇与探秘心理，苗族及其文化在现代传播生态中不断被“客体化”表意，从而塑造自我现代传播形象，而西江正是在这样的苗族现代大众传播生态背景下走进了人们的视野。第二，西江自身也正在进行从“边缘”到“中心”的当代西江大众传播运作，传播生态发生变迁。西江通过专家系统的文化认证→图式化大众传播运作这双重传播策略实践，从无数苗族“边远”村落中脱颖而出，蜕变成当下苗族文化现代化传播中心。第三，西江消费传播生态骤然兴建。西江旅游文化产业的运营者在熟练掌握消费大众媒介传播技巧后，利用品牌广告效应将西江打造成为“西江千户苗寨”，成为当代苗族文化大众消费传播中的热门话题。同时，标准的文化消费场——西江千户苗寨营上综合服务区铸造成型，西江消费传播生态正式确立。

最后，西江现代村落建设一直以来都脱离不了国家装置在场的政治生态环境。国家对于西江现代生活方式的选择、规划甚至文化产业在西江的安家落户起到了极大的推动作用，为西江现代文化转型提供了政策支持，是西江文化现代化的主导力量。

第三章是本书的主体。西江文化的改变主要是文化根本所在日常生活的变化，被现代化的西江苗族文化一直处于一种“无意识”状态，转型悄然进行，并呈现出景观社会特征。

首先，日常生活中的意象生产贯穿于文化的各个组成部分。其一，时间在现代生产中不断被虚化堆砌起来，如白天与黑夜的界限模糊，劳动与休闲渐渐不分，“伪节日”庆典仪式天天举办等。西江传统的时间体验被打破，一种可供消费的虚假循环时间滋长起来，它不为西江“原籍主人”服务，而是与现代旅游经济的消费相关联。传统被时间所排斥，它的时间排序成为腐朽落后的象征，不再需要被遵从，新的时间服从是现代异化劳动模式看似合理的虚假秩序，时间发生了异化、景观化。其二，西江苗族所居住的空间发生现代同质视觉意象生产，这样的空间生产赋予它与现代性多重意义相符的空间意义，这是西江现代化过程中最为明显的特性。第一，西江通过人为的修建高速公路、设立寨门，进寨收费等手段将西江甚至黔东南苗族聚居区区隔为一个“简易”的“西江千户苗寨”，并对区隔区域内部进行全套更加精心仔细的空间再生产。第二，依据西江的空间地形开辟出一个占地面积大约为整个村落三分之一的平地消费区和同样占地三分之一的农家乐宾馆区，在这些消费区，各种作为商业生产消费的文化元素聚集、交融、更新、自我重构。第三，当承载西江苗族文化的空间被现代生产后，转变成一个抽离于苗族其他区域的、视觉的、同质性、可观性的空间。苗族生活的“私人空间”已然成为大众消费的“公共空间”，建构出一个被齐格蒙特·伯曼称为现代社会的第二类不文明公共空间，空间实现景观转型。其三，西江正式入列消费意象符号再生产与自我传统文化消解的现代旅游程序中。西江的文化因其自身具备的优良品质成了现代西江消费符号生产的唯一资料，西江传统文化的能指、所指的固定意指关系滑落后自由组合，它以前所未有的速度，且极为隐秘的方式不断接受消费市场的符号化改造，每一个文化元素都挂上了旅游消费的符码规律，在以消费为目的的社会中，不断地寻求着符号包装，打碎、重建，标准化消费符号生产在自我毁灭中乐此不疲，一切坚固的东西都烟消云散。

其次，西江日常生活交往也在现代化转型中发生了嬗变。西江苗族在长期迁徙和农耕狩猎生活中形成了一套自适与他适相统一的日常生活交往规则。这套规则包括三个内容：一是亲缘关系打理，二是宗教祭祀活动，三是地缘关系互动。可是，这样的传统交往在西江现代化变迁中出现了松动。其一，旅游产业造就了一大批陌生人与陌生人的临时性聚集，为了配合旅游交往的设计，西江以主人身份自居，向作为客人的旅游者表达出经济驱使下的“好客”热情，而这种“好客”显现了极其有限的本真性，遵循一种“礼仪客套”的交往规则，其实质则是“戴着公共面具”的陌生人交往行为，仅是单纯保留外在形态的单向交往活动。为了商业效益，他们时常打破文化的禁忌出让文化深层情感、放弃真实的自我，承担与陌生人公共交往的义务，此类公共交往鼓励的是行动，而不是互动，人们的心灵沟通如蜗牛一样缓慢。其二，表演即交往在西江被固定下来。由于人们对大众传播中西江所树立的文化品牌理想形象的追求，当地人常常被要求为游客表演他们自己的身份。这种有组织的旅游文化舞台表演大量运用广告、陈列、化妆、灯光、“蒙太奇”等一系列现代包装手段。交往，不再是严肃的、情感的、发自内心的行为。其三，交往语言符号受到严重解构。作为苗族传统交往最基本媒介的苗语因其现代旅游交往中的使用价值不高渐渐走向衰落。西江苗族人的苗语习得能力逐渐下降，甚至不学苗语的现象已经出现，旅游交往的崛起毁灭了苗语在其母语文化的源代码地位。不仅如此，苗族传统文化的大量交往语言符号如古歌、酒歌、儿歌、情歌、刺绣、草标等都相应出现转化、简化、表面化、变异、消逝情况，传统交往岌岌可危。

最后，西江苗族人日常观念受到现代重构。本文在论述分析日常观念的变化中，对发生在笔者民族志调研期间的两起典型事件进行了展开说明。其一，从“风水树事件”的前因后果、事态发展经过等可以解读到苗族文化中根深蒂固的传统原始信仰习惯——万物有灵崇拜，已经受到西江现代文化旅游经济产业所带来的价值理念的严峻挑战。在西江，商业旅游市场经济所通用的工具——“货币”杜撰出了一个“类自然”的第二自然世界。在这个世界里“货币意识”盛行，对“金钱”或“货币”的向往在当下西江苗族人日常生活中取代了过去对原始思维的捍卫，对金钱的崇拜开始取代传统对自然的崇拜。其二，“道歉事件”的发生、经过、解决办法充分说明了当地人作为旅游服务者的自省意识。西江的日常观念自在历史传承的风俗习惯与经验已经淡化，取而代之的是一套归为“服务礼仪”的完整技巧，逐步化解了历经时间积淀的早期不可撼动的文化思维方式，它主导着西江的现代生活。

综合来看，2008 年起，西江不管在生产消费上，还是生活交往上，或是思维方式上都发生了现代化的急剧转型。在西江当前的现代性情景中，苗族、苗族文化被建构成为一种被展现出来的、可视的景色、景象，生活在这里的人们每一个动作都在配合着这场有组织的、主体性的、有意识的文化表演与作秀，其结果便是一个景观社会在西江渐渐被建构起来。

第四章是本书的最后部分，也是笔者认为见解创新比较集中的部分。

首先，总结了在西江景观社会中苗族文化现代转型所凸显的两个问题：第一是传统文化主体性丧失，西江民族文化商品化与异化问题；第二是传统与现代交织矛盾发展，西江民族文化再生产问题。这两个问题涉及苗族文化现代化中的文化自觉、文化自信心、文化发展反思、现代转型与传统村落直接嫁接变异等，值得深思。

其次，针对以“西江”为代表的苗族文化现代化表现的特征、情况与问题，在文化发展过程中，应该正确处理好少数民族文化现代化发展与国家认同、文化自觉、自身传统文化的关系。对此，笔者分别从宏观、中观、微观三个层次进行了方案设计，并对每一个层次进行了较为详细的论述：第一，在国家政策的范围内建立文化保护区；第二，落实民族教育，细化教育措施；第三，提出了“情景景观文化园（台前）——苗族文化创意产业园（帷幄）——苗族社区建设（幕后）”三位一体同步进行的微观方案。

目　录

第1章 绪论

1.1 研究缘起与选题意义

1.1.1 文化传播研究概述

1.1.1.1 “传播”与“文化研究”

“传播”与“文化研究”一直以来都有着千丝万缕的关系，文化研究从其诞生之日起，它发展的轨迹和“传播”就有着密切的关联，它们形成一种“构连”关系。就像韩瑞霞、戴元光在《对“传播”在文化研究发生史中地位的历史考察》一文中所描述的：“文化研究的发生发展史也可以看作‘传播’在现代性语境中逐渐凸显的上升史。”① 并且可以看出，这种“构连”关系得以维持的主要因素有两个：其一，“传播”与“文化研究”所产生的语境有着紧密的“构连”关系。20 世纪大众传播媒介迅猛发展与社会变革的深刻“语境”也是文化研究产生的社会背景。“传播”的学科思维模式在许多情况下也会为文化研究提供相应的参考价值，反之亦然。随着“媒介”生态环境对世界的影响越来越深，“传播”与“文化研究”的“构连”更显重要，它们之间所关心的问题更加重合。其二，“文化研究”有关的内在逻辑方式从不同的角度关注着“传播”这一话语。也就是说，“文化研究”各种时期所反映的社会现象在关于“传播”的讨

---

① 韩瑞霞，戴元光．对“传播”在文化研究发生史中地位的历史考察［J］．国际新闻界，2012（20）：30-36.

论中都能找到与之对应的“位置”，而且“文化研究”的角度还折射出“传播”在变化的语境下的不同形态，从两者之间这种突出的“构连”衔接关系的研究历史上看，抑或是从文化地理学的意义上看，再蔓延到美国的、澳大利亚的、法国的文化研究上看，它们之间都有着很深的联系。所以，“传播”与“文化研究”在学术人文和社会关怀种种主题中交叉渗透，在文化研究各派理论不断大量深植进对社会传播现象的分析、反思和批判中，使其抽象理论能体现在“传播”及相关问题的关键之处，同时，对传播新现象的同步关注，又会给文化研究的理论研究者们提供开拓与创新思路的机会，两者相互印证、相互促进。

1.1.1.2 文化传播学

对于传播学研究来说，学界一直主张传播学研究要树立“大传播”理念，积极拓展传播的外延。这种“大传播”理念所倡导的并不是“泛传播”，提倡传播研究不应局限于大众传播领域，忽略现实发展情况，一味追求经典以及社会科学各学科所存在的人为硬性边界，而是应使传播学真正跨越学科门槛，把重点放在对现实问题的关注之上。这种坚持与传播学起源之时不谋而合。从具体研究看，研究所涉及的各种社会现象导致了研究领域各不相同。传播学在这样的基础之上，分门别类，建立了不同的亚学科。正如周立在《文化传播研究的立足点及研究趋向》一文中所言：“而文化传播学作为传播学亚学科，其研究主要集中于国家间、民族间的跨文化传播问题；这是文化传播研究的历史背景；更是当前文化传播研究的主要兴趣。”① 文化传播学是研究传播中文化和意识形态因素地位与作用的学科，它又可细分为人际文化传播（包括言语传播和非言语传播）、组织文化传播、大众文化传播、跨文化传播等次级学科②。

在文化与传播的关系上，西方学者的观点大致可分为两派：“第一种观点认为文化即传播；霍尔（Edward Hall）在其《沉默的语言》一书中指出文化与传播意义相似，就如一枚硬币的两面；另一种观点则认为文化为结构、传播为过程，由波特和萨莫瓦提出，文化与传播互相关联，不可分

① 周立．文化传播研究的立足点及研究趋向［J］．社会科学辑刊，2010（3）：255-258.

② 李彬，王君超．媒介二十五讲［M］．北京：清华大学出版社，2004：43.

割，文化乃是研究传播的基点，对人们信息的接受、传递和解码有很大影响，人们对信息的不同解读显示出文化的差异。”①

1.1.1.3 文化传播学的研究取向

《媒介二十五讲》中提到学者史安斌所总结的文化传播学的几种研究取向，主要包括古典主义取向、社会学取向、人类学取向、结构主义取向。它们分别是：“一、古典主义取向。这一派学者继承了英国维多利亚时代的美学思想，将文化看作人类思想和文字的精华，因此文化传播应以精英文化为主要内容，以启蒙大众、提升大众欣赏品位为目的。对文化传播的研究应以发掘其中的道德和伦理价值为主要任务。例如英国文化研究学者霍加特通过亲身经历和对周围工人阶级文化生活的观察，指出 20 世纪 50 年代后，美国大众文化的传入破坏了英国工人阶级传统的伦理道德观。二、社会学取向。这一派学者将文化看作人类思想、美学和精神生活的一个过程。因此对文化传播的研究应当侧重于媒介和文化现象对社会群体产生的影响，例如好莱坞电影的色情和暴力倾向对青少年产生的负面影响，在具体研究中采用社会科学常用的定量方法，如问卷、数据统计等。三、人类学取向。这一派学者将文化看作某一社群或民族在某一特定时期的生活方式的总和。因此，在文化传播的研究中应当注重媒介和文化现象对日常生活行为和方式的影响，例如影视作品和广告如何改变了青少年的饮食习惯、睡眠、穿着打扮等日常生活的方方面面。在具体研究中采用人类学的田野调查（field work）或深入被调查对象生活的人种志（ethnography）方法。四、结构主义取向。这一派学者将文化看作一个“生产”意义的实践过程。因此，在文化传播的研究中应当注重媒介和文化现象中所隐含的意识形态和阶级、种族和性别、身份、政治。例如好莱坞影片如何将美国的价值观精心包装，并向全球兜售；又如美国的影视作品和广告如何塑造黑人和亚裔。在具体研究中主要采取话语分析，包括框架分析、内容分析、符码解读等。”②

---

① 李彬，王君超．媒介二十五讲［M］．北京：清华大学出版社，2004：43.
② 李彬，王君超．媒介二十五讲［M］．北京：清华大学出版社，2004：44.

1.1.2 选题意义

文化是传播的文化，传播是文化的传播。正如我国研究学者庄晓东在其论文《文化的传播与传播的文化》中所叙述的："传播促成文化的整合、文化增值、文化积淀、文化分层、文化变迁和文化均质化；反过来，文化对传播也有十分重要的影响，这种影响体现在传播者对受传者的文化意义，同时还体现在传播媒介及传播过程中；传播与文化的互动表明文化与传播在很大程度上是同质同构、兼容互渗的；从这个意义上可以说文化即传播，传播即文化。"① 从他的论断中可以看到文化与传播两者既是互动的，更是一体的，因此，研究文化从而得以研究传播也就成为本书立论的出发点。

本书的研究侧重于文化传播的人类学取向，立足于被传播所影响的，也影响着传播的个体（民族）文化研究与民族间的跨文化研究。

当世界都被列入"现代"流变浪潮中无一幸免时，隶属黔东南苗族侗族自治州的苗族村落——"西江"（原初形象犹如沈从文笔下的苗区"边城"），业已被急促地纳入现代辐射圈。苗族从其长久的大规模集体性迁徙中，建构了一套严谨、完善、独特的传统农业文明体系，具有很强的自给自足和自我保护能力。工业文明迟迟未能染指这群"化外生苗"。虽然因为"张秀眉起义"②，黔东南（"划外生苗"所在的重要地区）苗族曾经历经一段以战争为背景的传统文化维模（latency）③，从而与外界有了一定程度的文化适应④交往。但是，面对工业文明后的现代语境，苗族犹如蹒

① 庄晓东．文化的传播与传播的文化［J］．云南艺术学院学报，2002（2）．

② 张秀眉起义乃是咸丰（公元1851年—公元1861年）初，苗族地区灾荒，无力缴纳军粮款，张秀眉被迫联合众人于咸丰五年（公元1855年）歃血盟誓起义。此战役在苗区影响极大。

③ 文化的维模功能是社会文化的基本功能之一。由于文化的这种功能，在文化传播中，维模功能使文化圈对外来文化起到了一种选择作用和自我保护作用。当外来文化有利于原有文化模式的维护时，便容易接受，并被作为一种新的营养补充到文化机体之中，如果外来文化对原有文化模式具有危害或破坏性时，维模功能便会起到一种"守门人"的作用，竭力阻止破坏性文化的侵入，这就是所谓的文化维模原理。

④ 在文化传播中，文化适应是影响文化传播的重要机制之一。

蹒学步的孩童，被迫在“镜像关系”[①] 中演习与寻找自我形象。一方面，现代苗族文化主体建构中，最初先民们从“第一自然”习得的生活模式已经不合时宜，被置于极其尴尬的处境，促使苗族必须进行自我的现代探索与反思。突破传统农耕印记、适应现代生活，成为苗族族群生存的紧急要务（虽然对于此事毫无经验可谈）。另一方面，其异质的传统文化，不仅勾起了“他者”的猎奇心理，也成为工业文明下人们缅怀过去的记忆，被外界倍加赞许加以提倡，并被要求保护。虽然从人类文化价值角度考量，苗族文化确实值得继承，但苗族文化从一开始的现代自我身份认同与文化建构就带有一种被动的特性。一种既被要求继承保持“旧有”形象，又要打破“旧有”形象满足“现代”想象的两难现代化体验不知不觉业已成为苗族的现代化困境。

苗族现代化现状如何，呈现出什么特性，应如何评价与反思其实质？面对现代化，面对未来，苗族应何去何从？这是本书关注的关键问题所在。“多研究些问题，少谈些主义”（胡适，1918）这是近十多年来中国传播学一直努力在做的，本书亦不例外。苗族作为少数民族的一个典型文化族群已经被“开化”，被“开放”，被“现代化”。西江，作为一个享誉中外的千户苗族村落，也便成了苗族文化现代性传播的桥头堡。在这里，传统文化已经受到全面渗透，新旧互动，新旧博弈，新旧融合现象极为典型。本书主要借鉴传播学与文化研究相关理论，如批判学派、媒介环境学派等学派的理论，并引入民族学中田野调查的方法，以黔东南苗族现代探索中典型且具象的千户苗族村落——“西江”，作为调研基地进行研究，

① “镜像关系”是拉康基于儿童心理学家瓦隆的动物与婴儿的镜像试验提出了助成“我”的功能形成的镜子阶段的精神分析理论。（拉康，1949）该理论认为镜子阶段可理解为给予完全意义的那种认同过程，也就是说主体在认定一个影像之后自身所起的变化。主体借助于他者的幻想在一系列的异化认同的意象关系中构筑自我，犹如一个尚处于婴儿阶段的孩子（6至18个月大），在镜子里虚幻的映像前辨认自己的模样，“他要在玩耍中证明镜中形象的种种动作与反映的环境关系以及这复杂潜象与它重视的现实的关系，也就是说与他的身体，与其他人，甚至与周围物件的关系”（拉康，1949）。主体建构的过程历经了首先是他者作为自我的形象，然后才是自我作为他者的形象，是在特定的自我—他者之间的想象域完成的。自我建构的过程也是自我异化的过程，自我身份的确认来自镜中的影像，自我成为一种超越现实的幻像，这样，人在寻求自我，却不知不觉地异化为他者。拉康的镜像阶段从婴儿照镜子出发，将一切混淆了现实与想象的情景都称为镜像体验。

深入其中观察这些交流的现状，尝试找出变量，解析因果，建构西江苗族当代文化传播谱系素描图，而弥补批判学派重道而不重器的缺陷，让理论回归到实践中去研究现实问题，从而总结出一些解决问题的合理而可行的方案。

1.2　研究回顾

1.2.1　苗族文化及其研究

1.2.1.1　苗族文化

从“文化”这个概念看，因其所涉及文化现象的复杂性与众多不同文化学派对文化所持观点的多样性，给文化下一定义是一个极其困难的事情。迄今为止，关于文化的定义已经多达200多种，不管文化是“被泰勒定义为：‘是一复合整体，包括知识、信仰、艺术、道德、法律、习俗以及作为一个社会成员的人所习得的其他一切能力和习惯’；《原始文化》或是C. 克鲁克洪以及W. H. 凯利德定义为：‘一个文化乃历史上源起于为求生存所做的明显或含蓄之设计体系，此体系为此一群体之全部成员，或某部分成员所共有’；还是博厄斯认为：‘文化包括一个社区中所有社会习惯、个人对其生活之社会习惯之反应及由此而决定的人类活动’……”① 总之，围绕文化定义的复杂问题已然在学界构成了一个文化定义现象，而这个现象的出现正是反映了文化自身的深刻内涵和复杂性。在讨论文化时，比较公认的是关于文化结构的分层论述，而这一“三分”文化结构的理论论述，也使复杂的文化在理解层面得以清晰一些。这一文化结构的分层理论最早来源于我国学者庞朴，② 广泛运用于文化哲学分析，主要是把文化结构区分为物质文化、制度文化、精神文化三个层面。第一层面为物质文化层面，其实质是在物质生产活动中所创造的全部物质产品，以及创造这些物品的手段、工艺、方法等；第二层面为制度文化层面，是指精神文化的

---

① 曾小华．文化定义现象述论［J］．中共杭州市委党校学报，2003（5）：56-62.

② 庞朴．文化结构与近代中国［J］．中国社会科学．1986（5）：81-98.

外显、对象化为物质文化的中间环节，是深层文化心理结构在规范层次上的定位或体现。制度文化是人们为反映和确定一定的社会关系并对这些关系进行整合和调控而建立的一整套规范体系。第三个层面是精神文化层面，也可称为观念文化，以心理、观念、理论形态存在的文化。它包括两个部分，其一是存在于人心中的文化心态、文化心理、文化观念、文化思想、文化信念等。其二是已经理论化对象化的思想理论体系，即客观化了的思想。

苗族①，是一个古老的民族，在古汉文献中被称三苗、有苗、南蛮等。苗族（英语称 Hmong；越南文：Mèo；泰语：แม้ว / ม้ง 〈Maew / Mong〉），在2010年人口普查中，国内苗族总人口为9426007人，主要分布在贵州、湖南、云南、重庆、广西壮族自治区等省（区）。苗族最早最久远的源头是上古时期居住在长江流域尤其是长江中下游流域的苗蛮集团。由于历史灾难，苗族历经几次大规模的迁徙运动，约有八成的苗族人口主要分布于中国，而在越南、泰国、老挝、缅甸、美国、法国、澳大利亚等也有相当规模的苗族。

苗族虽然散居世界各地，但是其集体观念强，族群意识明显，伦理价值趋同，各支系之间的社会同质性程度较高，其独特的文化自成一派。在长期的历史发展中，苗族人为了生存创造和设计了自己生活的习惯系统，从文化的三个结构来看，第一，苗族的物质文化主要以农耕文化、糯稻文化等为主，他们主要种植水稻、玉米、谷子、小麦、棉花、烤烟、油菜、油桐等，有其自创的建筑、饮食、技术、工艺等，苗族建筑大多为吊脚楼式；饮食中糯米饭、酸汤、鸡稀饭等是苗族的偏爱；银饰工艺、打猎技艺、各种编织、蜡染、织布、刺绣、医药等都是苗族人在其生活区域广泛流传的生活技艺；在物质文化层面上苗族有着其极具风情与地域特色的生产劳动成果。第二，在社会管理层面苗族的社会调控也自成体系。苗族在居住上形成了聚族而居的形式，并相应以男系组织凝聚本家族成员，组成"鼓社"形式的社会组织制度，"鼓社"一般由鼓藏头、活路头、寨老、理老等地方权威维持社会秩序，有议榔制、理老制等合议制度，遵循自己的

① 百度百科：http：//baike. baidu. com/view/2725. htm？ fr=aladdin.

“古理古法”，依据长期形成的习惯法来进行社会治理。讲究节日文化规范尤其是与祭祖有关的节日，其制度文化规范性大、控制力强、凝聚力高。第三，在精神层面苗族有着自己的文化观念、文化艺术、信仰崇拜，苗族人重集体主义，温和、朴质、单纯、善良、乐观，但因其长期的文化封闭目前也有不开放、简单、现代生活技能较差等特质。在文化艺术上苗族有其自我代代相传的口语文化体系，例如苗族古歌史诗、苗族情歌、酒歌、理俗歌、祭祖歌、苗族舞蹈、芦笙调、苗族文学等，苗族的服饰艺术也是苗族文化传承的瑰宝。在信仰精神方面，苗族具有阶级社会前“万物有灵”演变而来的多神信仰有着浓烈的祖先崇拜、万物有灵、神明崇拜、信鬼祭鬼、笃信巫术等等。苗族文化的这三个层面通过各种形式在日常生活中表达出来，形成信仰共同的生活习惯、行为举止、道德伦理、禁忌，能控制越轨行为，维持社会秩序，加强社会团结。

1.2.1.2 古代苗族文化研究

1. 古代苗族文化相关研究（1900年前）

因为没有文字，苗族是一个以口语传播为主的部落文化族群。而对于苗族的早期研究则是散落在各种汉族所著的文字典籍中，如《黔苗图说》《湖南苗防政考》《百苗图》《贵州通志·苗蛮志》《抚苗论》《黔南苗蛮图说》等。这些著作大多站在人种或民族优势上对苗族进行零星分散的记录，带有猎奇性、不客观性等主观因素。

而西方的研究最早可追溯到13世纪初期的西方传教士、冒险家们对苗族特性的描述与研究。苗族学者杨昌国的在《国外苗学的历史梳理》中，做了详细阐述。19世纪40年代之前，国外对苗族的研究者主要集中于那个时代来到中国的西方发达国家的人，他们主要是：来自意大利的马可波罗，在其对游记中可以找到关于苗族的文字叙述；葡萄牙人安文思耶稣会传教士在其1688年的著作《中国的新世纪》中也有论及苗族的部分；随着19世纪鸦片战争的爆发，西方各国加速了对我国的殖民侵略，一大批的外国传教士、军人以及研究者们纷纷得以深入到我国苗族世居之地，西方各国对我国的苗族研究较之前取得了一些突破。

美国的苗族研究来源于《澳门月报》创办人——汉名为稗治文的传教

士，他在1859年将《黔苗图说》翻译成英文，并在其创办的报纸《中国宝库》版面中积极关注苗族研究，刊登过一些当时与苗族相关的研究成果，如对东南亚苗族的情况介绍。此外，另一位侧重研究四川苗裔的美国传教士葛维汉在四川苗区进行了调查、搜集和记录，整理了四川苗族的各种故事、传说，为今后的研究工作提供了各种原始素材。

法国关于苗族的最早研究是同样身为耶稣会士的法国人迪·阿尔德及其著作《中华帝国和中国的鞑靼人的概况》，在这本著作中，他依据自己到中国的经历，加上借鉴整理他人苗族记录内容，在1736年间总结完成，其间有着不少关于苗族的描述。而在19世纪80—90年代，法国几位人类研究者先后对国内外苗族进行了人种志研究，《人类种族通史》（德·卡特勒法热著）、《人类的种族》（韦尔努著）以及《在越南北部的两年》（拉戒基埃著）等著作就苗族人种体质、族群归属、外貌特征等进行了探讨，对后来苗族追寻其族源起到一定的参考作用。

英国对苗族的研究则是早在19世纪30年代。最先是伦敦教会教师洛克哈特，1838年与1861年来华，对我国苗族进行关注，1861年写成《关于中国的苗子或土著居民》一书。克拉克则深入中国包括苗区进行传教，传教期间他对苗族及与苗族相似的民族做了许多实地调研，编撰在其各种著作中，如写于1894年的代表作《中国西部的苗和其他部落》，他对调查到的苗族各方面情况进行了详细叙述。1860年在《长江上的五个月》一书中，英国军人布勒契斯顿（Blakiston Thomas Wright）对苗族人的体格容貌进行了描述，这是关于苗族体质人类学的早期著作。东方学学者英国人埃德肯斯则是从语言学的角度对苗语口语词汇进行了较为科学的研究，并在1870年撰写了至今为止最早的苗族语言著作《苗族的方言词汇汇编》；同时，他还写成《苗族部落》这本民族志专著，涉及苗族生产生活的全貌。①

这期间对于苗族的研究大概有几大方面：其一，体质人类学的描述、人种志调查以及对于苗族族群来源问题的探究，如依据“苗”字的汉文书写剖析苗族起源的猜想；其二，带有学科性质的早期苗族人类学研究，如《长江上的五个月》中对苗族图文并茂的研究等；其三，地方区域性的苗

① 杨国昌．国外苗族的历史梳理［J］．贵州民族学院学报（哲学社会科学版），2004：1.

族研究，特别是对云南以及东南亚国家境内苗族的调查总结，如英国基督学士伯格理的《云南北部的碉堡》《苗族的故事》等一系列研究，澳大利亚学者关于泰国北部山区苗族生活的描述《山地的移民》等；其四，有关苗族研究中具备史料意义的探讨，如1876年的《汉文史料中的贵州和云南的苗族》（G. M. H. 普莱费尔著）、1881年的《对中国南部苗子部落的访问》（布罗姆汤著）、1882年《在中国西部旅行与调查》（C. 贝伯著）；其五，苗族语言学研究开端，如上文提到的英国人埃德肯斯的研究成果。

相关统计证明，在现代国外研究中大概有着近50多部著作分别从多个方面对苗族进行了论述，这样较为规范地对苗族进行研究分析，标志着苗族研究成为一门真正意义上的世界性研究。但是，这类苗族研究大多是对苗族所居地理位置的风情考察和对苗族族群渊源、人口调查、风俗民情记录考证所成的历史文献和资料搜集，在整个苗族研究中奠定最为基础的地位，为后人的研究工作提供了参考。应该看到，此时的苗族研究非常零散且未形成系统，同时，苗族族群内部自我研究几乎处于失语的状态。

2. 现代苗学研究（1900—1990）

苗族作为一个有其显著文化风格的实体，在对其进行研究以及理论建构上称为苗学研究。大致是在1900年以后国际上的苗学研究有成体系的苗族文化理论研究工作及成果，本书将其视为现代苗学研究的发端。

（1）国外现代苗学研究历史梳理。

国外苗学研究已经进入对苗族各方面进行翔实具体探讨的阶段。开创了现代苗族文化研究的先河，在这一阶段西方研究者们广泛涉猎苗族史学、起源、变迁、禁忌习俗、组织制度、口头语言、口传文学、生产方式、信仰等各方面知识，开始从历史学、人类学、社会学等各种研究理论视角，对苗族进行理论方法研究，取得了一系列阶段性成果，苗族研究正式进入学术研究领域。

在这一个国外现代苗学研究的时间阶梯中，西方的苗族研究工作不再局限于一些零散记录苗族踪迹的单纯个别现象观察和单一科学起步，而是在对苗族的初始阶段认识和了解的基础上开始了全方位、立体式、专题性、多方面的理论探究，使研究内容得以大大突破。另外，在研究主体上打破了以传教士为主要研究者的范围，研究者转向以学术机构的研究者和专家教授为主体角色的专业研究人员，科学性与规范性是早期研究不及之处。这些研究专业人士大多是离开自己的国家来到我国以及东南亚的苗族居住区域身体力行地进行实地调研，从而得出了一系列关于苗族文化的学科研究理论，这一时期的苗族研究拉开了学科科学研究的序幕。这一时期的研究虽然进入了系统研究的规范流程，但是其“为学术而学术”的痕迹较重，所以此时的苗学研究扮演了承上启下的重要角色，成果颇为丰富。

依照时间的顺序来看，这一时期研究的主要代表人物与作品有：1907年日本苗族研究者鸟居龙藏的集大成之作《苗族调查报告》；法国基督传教士萨维那在1917年所著的《苗法词典》的基础上，又于1924年从人类学的角度对苗族进行了较为全面的观察与研究，写成史学专著《苗族史》，这是外国苗族研究史上第一部对苗族语言、风俗、生活环境等等多重文化特质进行的较为全面的研究，对后世研究很有影响；1950年德国著名语言学家乌德里库尔在对苗瑶语进行对比考察的基础上写成了关于比较语言学方面的《苗瑶语历史语言学导论》；1954年美国学者格雷姆在对四川苗族进行民俗学观察与总结的基础上写成苗族民俗学著作《川苗的诗歌与传说》；1959年苏联学者伊茨对苗族进行了历史学分析，着重于其文化族群关系之间的研究写成《苗瑶与蛮族的关系》以及1960年发表的《苗族》一书；1963年德国研究者勃劳梯加姆对苗族中内部支系的其中一支——“白苗”进行调研与分析写成《论白苗》一书，更加丰富了苗族自我文化研究的内容；1971年英国著名语言学者唐纳对苗语的语音流变加以分析写成《白苗的变调与调变》一文，而在苗瑶语对比语言学方面进行整理与解析写出论文《苗瑶语的进一步关系》；此外，此时的苗学研究已经开始对现今苗族人口聚居最多的贵州进行区域性学科研究，如法国学者苏尔梦在1972年所著的《18世纪的贵州》中对苗族进行了较为具体的描述，英国学者的《石门坎及其花苗》，美国学者米凯伊关于贵州苗族支系的分析《贵州的贝壳苗》，更加值得重视的是，德国学者鲍克兰深入贵州山区腹地对于贵州苗族文化做了长时间的民族志调研，写成了大量文稿，但是其学说目前还未能进行中文翻译和研究借鉴；除此之外，还有对苗族的宗教信仰、意识形态、文化习俗的深入分析研究，如《苗族的巫》（法国学者莫尔坎德所著）、《神灵之手》（英国学者柏格理所著）、《中国西南部苗族中对门的崇拜》(英国学者赫兹佩里所著)、《川苗的习俗》(美国学者格雷姆所著)等;另外,对东南亚沿海地区苗族也进行了相应的进一步研究,成果有美国学者莱巴尔所写的《东南亚大陆的种族》、法国研究人员勒摩因所写的《老挝青苗的一个乡村》与阿巴蒂所写的《安南的民族》等。[①] 此时的苗学研究不论是在广度还是在深度上都远超苗族研究的初期,具备较高的学科研究水平,对现今苗学研究参考做出了不小的贡献。

(2)国内现代苗学研究历史梳理。

在我国,苗学研究应该说是发端于现代、成熟于当代,是一个较新的理论研究领域。苗学研究归属于中国人文科学研究中的少数民族研究一类,发端于1928年,成形于西南联大时期。龙建刚(苗族)在第十六届国际民族与人类学联合会苗学专题会议上的讲道:“我国著名学者蔡元培先生应中央政府的要求,1928年在南京成立了两个研究所——历史语言研究所以及中央社会科学研究所,因为研究的需要,向我国各地特别是少数民族地区有组织地派遣了一大批年轻学者,他们开始了我国民族学、社会学、人类学等人文学科的基础调研资料收集工作,这时,国内各民族研究才真正步入有组织、有系统、科学的实践调查阶段。也就是在这个时间,费孝通、凌纯声、杨成志等年轻学者响应国家感召,踏入苗族地区进行苗学研究。随着抗战的爆发,国民党政府南迁,国家大部分研究机构开始向西南地区转移,很多国内有名的大学也相应搬迁到西南地区,组合成历史上著名的西南联大,对西南地区当代教育发展有着深远的影响。就在此时,有着深厚少数民族文化特征的云南省也在其影响下,于1939年在云南大学创建社会学系,而当时著名学者吴文藻任其负责人,与此同时,他联合燕京大学成立研究室,其后又由费孝通先生主持研究室的相关工作。在这个研究室里聚集了当代极有名的一支民族学、人类学、社会学、苗学研究队伍,他们分别是林耀华、张之毅、田汝康、史国衡等一大批知名学者,他们的汇集使西南地区少数民族研究工作成为我国人文科学研究中一个不可或缺的部分,他们的研究直接决定了当代苗学的走向,有着深远的影响。此时,我国当代苗学研究在这样的学术历程中基本成形,出现不同

① 杨国昌. 国外苗族的历史梳理[J]. 贵州民族学院学报(哲学社会科学版),2004:1.

学者从事的多种研究特定方向，例如，专门从事湖南苗族文化研究的凌纯声、闻一多、石启贵等人组成的研究队伍；专门对四川境内苗族文化进行调研的葛维汉、胡庆钧等人组合成的研究队伍；专门进行云南所居苗族研究的史图博、岑家梧等人建立的研究队伍；海南研究支系的王兴瑞等人；对贵州苗族聚居地进行专门研究的吴泽霖、陈国钧、杨汉先、吴定良等人组建成的研究队伍。在苗族语言学研究上确立了‘苗族三大方言区’格局的观念，他们的代表人物及具体方言区分别是学者杨汉先所代表的西部方言区、学者梁聚五所代表的中部方言区、学者石启贵所代表的东部方言区。”①

在当代苗学研究中，应该肯定著名教授沈从文（苗族）对苗学的贡献，他所撰写的关于苗族的文学著作、调查文章推动了苗族文化的对外传播，使苗族、苗学研究开始进入主流传播媒体平台，影响深远。其完成于1941年的刊登于《大公报》上的文章《苗民问题》一度引发了对于苗族文化研究与关注的热潮。

值得一提的是，1982年在贵州引发的一次源于文艺界，最后引起中央高层关注的“苗女争论”事件，② 使苗族问题扩展成为一个波及全国的热点问题，引起了人们对苗族文化的不同反思。苗学研究会这一苗学研究机构的成立则宣告苗学以一门独立学科的形式进行相关的科学研讨和理论总结。1988年11月，贵州苗学研究会在黔东南州黄平县召开，大会举办了我国苗学历史上的第一次学术研讨会，参加会议的多达230多人，发表了名为《苗学研究》的论文集，成立了第一个有组织、有归属的苗学学术研究团体。此后短短几年时间，全国各地特别是苗族世居地区都效仿贵州苗

---

① 龙建刚．国际民族与人类学联合会第十六届大会苗学专题会议上的演讲［R］．云南：云南大学，2009-7-30.

② “苗女”争论，指20世纪80年代初在贵州省艺术学校任教、现在是中央美术学院教授的田世信创作了一件木雕作品，名曰“苗女”，作者使用了当时颇为新颖的变形抽象手法，突出表现苗族少女那古朴厚重的气质：扁平的鼻梁、大而翘起的鼻头、肥厚的嘴唇、向外凸起的前额和眉弓，再加上在云髻上穿凿而过的、横幅达一米以上的巨大的牛角型木梳。作品在北京展出后，好评如潮，著名美术评论家王朝文还发表专文，给予高度的评价。但这件享誉全国的作品，却在贵州产生了巨大争议。这场争论最初只是发生在文艺界的“美丑”争执，最后演变成一场来自省内各地苗族社会强烈的声讨活动，认为田世信丑化了苗族形象，伤害了苗族人民的感情。在这场抗议声浪中，影响最大的莫过于苗族作家伍略撰写的《假茶叶——对木雕“苗女”的看法》一文。

学会成立了相应的苗学研究基地，聚合成了各地苗学研究话语高地。1989年11月21日，一篇名为《苗学：一门世界性学科》的学术文章在《人民日报》（海外版）上发表，此时此刻，“苗学”作为理论术语得以提出，并正式作为一门新兴的世界性独立学科列入人文学科之列。它主要对苗族历史研究、苗族的生存现状研究、苗族经济政治研究、苗族人文社会关怀等话题进行关注与科学研究。

与此同时，随着苗族迁移的历史演变，苗族遍居世界各国，事实上，苗族具备世界性民族的特质，因此，苗学研究也是一个国际性的研究学派，苗族问题也是一个世界性的议题，国际上对苗族研究关注较多，这方面的研究成果也不少。其中以查尔斯所编撰的三部经典著作最为典型，分别是《苗族的变迁》《苗族史》《西方苗族调查报告》，在苗学研究上被公认为西方的奠基三部曲。汇编《西方苗族调查报告》是1981年第一届西方苗族学术研讨会（在美国明尼苏达大学举办）论文汇编，《苗族的变迁》是1983年第二届西方苗族学术研讨会论文集，查尔斯将其编辑整理后出版。《苗族史》则是运用人种志、民族学、人类学、语言学等多种学术研究方法，对整个苗族的历史演变脉络、社会变迁的概括、总结、分类、分析的一本综合性专著。2007年3月，全美苗族人研究中心在圣保罗市康科迪雅大学（位于美国明尼苏达州）主办了主题为“全球化对苗族人的影响”的首届国际苗族人研究学术研讨会（First International Conference on Hmong Studies）；与会者囊括了来自世界各国各地区的民族学、语言学、社会学、经济学、教育家、发展研究专家，苗学研究正式进入国际视野。

3. 当代苗学研究（1990至今）

（1）国外当代苗学相关研究。

我国学者杨昌国在其《国外苗学的历史梳理》一文中对国外苗学研究进行了详细的整理：从20世纪90年代中期开始，国外对苗族的研究历经了日趋成熟的过程，研究成果大多集中在文化人类学、社会学、民族学等方面。如1997年Robert Cooper所编的《苗族：传统文化导读》、Jean和Hessoun两人所撰写的《老挝苗族在法国：对现代社会变迁的调适》以及Jo Ann Koltyk所著《中心地区的新先驱：威斯康星苗族人的生活》；1998年美国部分苗族学生所著《面对两条路：对在两种文化中成长历程的反思》，Ghia Xiong 和 Lillian Fadertnan 两人合著的《一切从头开始：美国苗族及其移民的经历》；2000 年 Louisas Chein 著的《新东方主义与苗族文化》等。除了纸质传媒的论著以外，1996 年国外相关人士也开始创立电子传媒平台进行苗学研究。如 1996 年创刊的电子版《Hmong Studes Journal》，据统计到 2002 年止此刊发刊六卷 12 期，大部分刊登一些关于苗族历史演变、文化研究、亚洲苗族状况、西方苗族研究等相关议题的文章，他们分别有 Mai Na M. Lee（苗族）所著《千年神话：结构和特征》、Kou Yany（苗族）所写《苗族在美国的生活适应》、Catherine Falk 所著《与祖先相会：亚洲和澳洲苗族的丧葬仪式》、Garyyia Lee 的《后现代社会的文化认同：关于苗族是什么的反思》等。另外，2008 年北海道大学文学研究科的吉开将人的《吉开将人：苗族史的近代》是对苗族历史研究的最新著作。

以上所有研究涉及了苗族族群历史文化、社会变迁、跨文化研究、文化现代性、民族史等多学科，理论之深、问题之广都显示着国外苗学研究立足苗族自身文化实体进行积极研究探索的热情，国外苗学研究在国际民族研究中自成一派、走向成熟。他们所研究的很多问题与理论视角都为苗学独立的学科建设做出很大的贡献。

（2）国内当代苗学相关研究。

本书关注的是近 30 年的研究成果。1979—2011 年，中国知网上检索以“苗族文化”为主题的国内期刊文章共有 83 篇，笔者将苗族文化研究与本课题相关的材料进行分析，归纳为以下几个方面。

第一，苗族传统文化研究。此类总结苗族传统文化的论文在 20 多年的学术论文中比例依然最大，继续着对苗族的民族学、人类学、社会学研究领域的探讨，在这方面聚集了一批权威的传统苗学研究队伍，有冯骥才、李炳泽、伍新福、杨庭硕、杨晓萍、石开忠、罗义群、杨昌儒等现今活跃在苗学传统文化研究上的学者。专著主要有著名苗族百苗图研究学者杨庭硕教授的《人群代码的历时过程——以苗族族名为例》（杨庭硕，1998）；伍新福所著《苗族文化史》（伍新福，2000）；中国民族口头与非物质文化遗产推荐丛书《苗族人的灵魂：台江苗族文化空间》（冯骥才、余未人，2005）；民俗学学者罗义群的《中国苗族巫术透视》（罗义群，1993）等。论文有中央民族大学著名苗族文化学者李炳泽所著《“夜郎”讨论述评》

(李炳泽，1985)，《苗族"枫木"崇拜浅析》(1990) 等大量论作；2011年何嵩昱在《教育文化论坛》上发表的论文《"石门坎现象"与苗族文化关系研究——从苗族文化特质角度探析石门坎现象产生的内在动因》；1995年著名民族学研究专家石朝江在《贵州民族研究》发表的《苗族历史上的五次迁徙波》；还有一批硕博论文如中央民族大学2007级博士学位论文陈昱成的《中国苗族文化的民族学研究》；贵州师范大学2007级硕士学位论文李洪涛的《梭戛苗族文化研究》等；值得一提的是，2012年，苗族人杨正江搜集了三年，由中国民间文艺家协会主编西部苗族长篇英雄史诗《亚鲁王》第一卷正式出版，这部苗族史诗巨作影响极大。

第二，对苗族文化保护与文化产业（旅游业）的探讨。新时期的社会转型也推动了苗族社会文化的变迁。研究者们开始对苗族文化保护工作与苗族文化自身发展出路进行研究，苗族地区的文化旅游经济的发展模式引起了研究人员极大关注，论述文化保护与文化产业尤其是旅游开发的论著所占比例较大。主要有高永惠所著国家社会科学基金项目"民族文化产业视角下西部旅游地区地方性知识利用与保护研究"《从社会支持的视角论苗族文化资源保护与开发》；2009年石群勇、龙晓飞的湖南省重点学科民族学基地招标立项项目"民族文化生态保护区建设的安全隐患及对策研究——以湖南凤凰山江苗族文化生态保护为例"；2008年教育新世纪优秀人才支持计划、2009年贵州省基金资助项目，洪名勇、梅志敏所著《苗族文化与森林资源保护——以贵州省为例》；2007年广西社会科学院研究员李甫春发表在《学术论坛》的《湘西旅游产业开发与土家族苗族文化的复兴》；1996年民族学专家潘定智副教授的《从苗族民间传承文化看蚩尤与苗族文化精神》；1993年石宗仁在《中南民族学院学报》（哲学社会科学版）发表的《苗族文化的传承机制》；2009湖南省重点学科民族学基地招标立项项目石群勇、龙晓飞所写的《民族文化生态保护区建设的安全隐患及对策研究——以湖南凤凰山江苗族文化生态保护为例》；2008年贵州省哲学社会科学招标课题子课题研究项目姚作舟的《黔东南苗族文化资本化运营初探》；2010年区锦联、王云发表的《旅游发展背景下苗族文化的传承形式及效应研究——基于湘西凤凰县的个案研究》。硕士论文有：贵州师范大学2008级硕士学位论文张国洋《雷公山自然保护区的保护与苗族文化的传承研究》；贵州大学2007级硕士学位论文姚作舟的《对黔东南苗族文化旅游开发的美学思考》等。

第三，苗族文学研究。苗族是一个文化历史悠久的民族，苗族文学在中国文学发展长河中占有很特殊的位置，它不仅自成一派，同时还影响着汉族文学的创作，讨论汉苗比较文学研究很具有学术价值。这方面的论著有：1989年在贵州召开的苗学研究会成立大会暨第一届学术讨论会论文集中两篇文章最有代表性，它们分别是蒙慕秋的《“边城”现象与苗族文化》及曾祥磷的《苗族文化中的诗化思维》；1995年罗义群发表在《中南民族学院学报》（哲学社会科学版）的《“离骚”性“意蕴解译”屈赋与苗族文化比较研究》；1997年程方平的《苗族文化与“屈赋”序》；2002年吴广平发表在《贵州民族学院学报》（哲学社会科学版）的《楚辞中的苗族文化因子浅探》等。

第四，苗族社会变迁与文化适应。苗族社会变迁与文化适应应该是当代苗族文化研究中很值得关注的一个方面。这方面的论著有“广西各民族发展丛书”之一：韦茂繁、秦红增所著《苗族文化的变迁图像——广西融水雨卜村调查研究》（韦茂繁、秦红增，2007）；杨渝东的《永久的漂泊——定根苗族之迁移感的人类学研究》（杨渝东，2008）；游建西的《近代贵州苗族社会的文化变迁》（游建西，1997）。文章有2001年李汉林发表在《民族研究》上的《文化变迁的个例分析——清代“改土归流”对黔中苗族文化的影响》；1995年李炳泽在《贵州民族研究季刊》上发表的《从苗语的DIEL看明清以来苗族文化的发展变化》；1992年路易莎·莎因著、杨建吾译，发表在《贵州民族研究季刊》上的《贵州苗族文化复兴的动力》；1993年美国学者威康·斯麦雷著，李桃译，发表在《贵州民族学院学报》（社会科学版）上的《苗族的文化适应过程》；2004年傅宏发表的《迁徙与苗族文化》；2005年王良范发表在《贵州工业大学学报》（社会科学版）的《文化复兴与文化认同——黔东南苗族文化的变迁与现代转型》；2010年《贵州民族研究》崔榕的论文《国家在场与近百年来湘西苗族文化的变迁轨迹》；西北农林科技大学2007级硕士学位论文唐晴晖的《湘西苗族文化变迁研究》等。

第五，民族文化的再阐释。民族文化再阐释的论著是本书最关注的，这方面的论著有：1994年潘定智发表在《民族研究》上的《苗族文化生态研究》；2000年廖静琳的《贵州苗族文化生态初探》；2000年罗康隆的《苗族文化的历时性与共时性分析》；2001年张晓松发表在《贵州民族研究》的《多元文化中的苗族话语研究——用当代话语理论对苗文化的阐释》；2009年田茂军、吴晓玲合作的“湖南省社科规划办项目”《发掘与重构——一种文化生态学的阐释——湘西土家族苗族文化生态保护区建设的几点思考》；2010年日本东京大学学术博士、日本学术振兴会博士后杨志强发表在《西南民族大学学报》的《从“苗”到“苗族”——论近代民族集团形成的“他者性”问题》等。

第六，跨文化研究。对苗族文化与异质文化之间跨文化传播，以及苗族本民族跨国界的文化分析，是近十几年来苗族文化研究的新视角，也是苗族文化研究的新领域。主要专著有：著名苗族文化学者中央民族大学教师李炳泽的《庄子与苗族文化摭谈》（李炳泽，1992）、《汉民族进入夜郎新探》（李炳泽，2000）等大量文章；中国社科院学者石茂明的《跨国苗族研究——民族与国家的边界》（石茂明，2004）；华中科技大学教授孙秋云的《核心与边缘——18世纪汉苗文明的传播与碰撞》（孙秋云，2007）；论文有：1994年苗笛发表在《毕节师专学报》的《楚文化和滇东北苗族文化关系浅谈》；贵州民族大学教授吴晓萍在2000年《贵州民族研究季刊》上发表其关于跨国世界苗族的论文《“根”文化对跨国移民民族特性的影响》；2009年中央民族大学民族学方向李然博士的毕业论文《当代湘西土家族苗族文化互动与族际关系研究》等。

第七，苗语语言学研究。苗族语言学的传统研究硕果累累，刻画了当代苗学研究最为浓重的一笔，形成了一批专门在苗族语言学领域卓有成就的研究学者，如李炳泽、石德富、姬安龙、胡晓东等以及他们多年对于苗族当代语言学的研究成果。另外，在新时期的语言研究中已经开始对英语与苗语的对比研究进行了关注。如，2006年王家和发表在《黔东南民族师范高等专科学校学报》的《论苗族文化俗语的等值英译与相对等值英译》；1990年向晓红发表在《西南民族大学学报》（人文社科版）的《漫谈苗族文化用语的英译》；2000年李锦平发表在《贵州民族学院学报》（哲学社会科学版）的《简论苗族文化对语言的影响》等。

第八，苗族文化教育的设计。在文化传承中教育具有中流砥柱的作用，新一代的苗族知识分子已经开始了对民族文化教育的思考。这方面的论著有：1989年张恩耀发表在《中央民族学院学报》的《基督教对苗族文化教育的影响》；2011年冯昌明发表在《贵州体育科技》的《雷山部分中学把苗族文化引进体育与健康课堂教学的尝试》；2005年西南师范大学教育管理方向袁宇的硕士学位论文《苗族文化与教育的冲突与协同》；2008年贵州师范大学教育学方向邵忠祥的硕士学位论文《多元文化教育视野下黔东南苗族文化校本课程开发研究》；2009年西南大学民族教育学方向王爱青的硕士学位论文《苗族文化在学校教育中的传承机制研究》；2010年湖南师范大学学前教育学方向曹莉的硕士学位论文《湘西苗族文化课程资源在幼儿园开发的研究》。

第九，现代性研究。所有研究中唯一一篇以文化现代性为研究主题的文章是中南民族大学崔榕在其校级社会科学基金重点项目“湘西苗族文化现代性研究”课题阶段性成果——《湘西苗族文化的现代性建构》；从文章的阶段性成果可以看出文章着重研究20世纪50—60年代国家在场的文化现代性建构问题。

第十，研究综述。研究成果的丰硕，必然会有研究综述的归纳总结，关于研究综述的论文有：1990年潘正才发表在《贵州民族研究》的《论苗族及苗族文化在国际上的分布与影响》；1998年石朝江发表在《贵州民族研究季刊》的《国际“显学”国外苗学研究概览》；2004年杨昌国发表在《贵州民族学院学报》（哲学社会科学版）的《国外苗学的历史梳理》；2008年美国夏威夷大学图书馆编目员倪冬云在《中国索引》发表的《全面反映美国近年来苗族研究的文献书目新作——苗族相关论著（1996—2006：注释文献目录评介）》；2008年刘芳云在《广西民族研究》发表的《人类学苗族研究百年脉络简溯》；2009年崔榕发表在《湖北民族学院学报》（哲学社会科学版）的《20世纪80年代以来湘西苗族文化研究概况及存在的问题》；2009年马国君发表在《怀化学院学报》的《苗族历史文献及研究述评》等。

1.2.2 “西江千户苗寨”国内研究现状

从中国知网上检索西江千户苗寨为主题的文章，从1979年至2013年，国内期刊文章共有135篇，其中硕博论文有35篇，这些文章的写作年限为2005—2013年。135篇论文有大约一半的论文都是对西江进行介绍的描述性文字。135篇中涉及人文学术研究的大概有80篇，其中硕博论文26篇，期刊文章54篇。这些文章大多主要通过民族志观察的人类学研究方法引入，侧重分析了西江千户苗寨在新的社会体验下的文化变迁。这些文章开始了一些西方先进社会理论的本土化研究，使苗族文化研究迈上新的台阶。

首先，以西江作为研究案例与调研重点的苗族传统文化研究。最早在中央民族大学2005年王文丽的硕士学位论文《父子连名与西江苗族文化》中，西江就开始作为苗族文化研究的重镇；特别是近五年以来，西江成为国内传统苗族文化研究、各类人文学科研究等硕博论文的首选研究调研地。如西南大学2009年陈雪英的博士学位论文《西江苗族“换装”礼仪的教育诠释》；中央民族大学2010年周梦的博士学位论文《苗侗女性服饰文化比较研究》；中央民族大学2012年骆醒妹、谢谦两人的硕士学位论文《黔东南西江镇苗族刺绣图案的艺术研究》和《贵州黔东南西江千户苗寨“跳花”的研究》；湖南大学2011年黄丹的硕士学位论文《苗族建筑符号的审美价值研究》等。至于期刊文章也有曹丽兰2008年2月28日发表在《呼伦贝尔学院学报》的《从费孝通教授的“礼治秩序”看苗族寨老制度——以贵州千户苗寨“寨老”制度为例》；张晓发表于2012年12月15日《杉乡文学》的《西江千户苗寨的“鼓主”和“事主”》；陈婷于2011年3月20日在《大舞台》发表的比较文化研究《贵州郎德上寨、西江苗族刺绣中鱼纹样浅析》等。这类文章大致有14篇，都以苗族服饰、建筑、生活习惯、政治体制等作为文化维度进行研究。

其次，新的学术文章几乎都是以旅游为背景的人文研究，所占比例在75%以上（共62篇）。这类文章可分为以下几类：

（1）关于旅游开发、影响及旅游模式研究。如基于西江旅游自身研究的：贵州师范大学2009年孟志刚的硕士学位论文《贵州省雷山县苗族民俗旅游的开发研究》、贵州财经大学2012年林大任的硕士学位论文《西江苗寨旅游开发差异化策略研究》、李小平2006年4月30日发表于《黔东南民族师范高等专科学校学报》的文章《试论西江民族旅游的开发》、李中昕2012年6月28日发表于《北京城市学院学报》的文章《探讨旅游开发对民族地区的影响》、2013年4月25日胡艳丽发表于《民族论坛》的《民族非遗与民族村寨旅游双赢刍论——以贵州“西江千户苗寨”为例》等；关于旅游模式分析的：2009年6月28日费广玉在《贵州教育学院学报》发表的《民族村寨社区政府主导旅游开发模式研究——以西江千户苗寨为例》、2009年11月25日谭舒月在《商业文化》（学术版）发表的《西江苗寨社区参与旅游发展模式研究》、2012年8月28日孙美璆在《贵州民族学院学报》（哲学社会科学版）发表的《西江千户苗寨“政府主导型”民族村寨旅游开发模式及其成因分析》等；关于旅游开发利益分析的有：2011年1月1日刘春莲在《安徽农业科学》发表的《西江千户苗寨旅游开发中利益相关者分析》、2011年10月25日陈莉莉在《民族论坛》发表的《少数民族特色村寨开发村民受益机制研究——以西江千户苗寨为例》；关于旅游资源分析的有：2011年2月25日杜成材在《青岛职业技术学院学报》发表的《地域文化视野下的资源类型研究——以西江千户苗寨为例》、2012年12月15日佟琛在《铜陵学院学报》发表的《论民族旅游村寨“农家乐”独特优势资源——以贵州西江千户苗寨为例》等。

（2）因旅游所引发的新现象分析。如2010年8月28日杨柳在《湖北民族学院学报》（哲学社会科学版）发表的《民族旅游发展中的展演机制研究——以贵州西江千户苗寨为例》；2011年3月15日陈志永在《热带地理》发表的《少数民族村寨社区居民对旅游增权感知的空间分异研究——以贵州西江千户苗寨为例》；2012年1月23日张春琳在《农业经济问题》上发表的《乡村旅游游客满意度及再次游览意向影响因素研究——来自贵州省西江千户苗寨的经验证据》；2011年8月15日葛园园在《贵州师范大学学报》（自然科学版）发表的《独立民族村寨型乡村旅游地农村劳动力转移与配置——以西江千户苗寨为例》等。

（3）社会变迁与文化现状分析。如中央民族大学周莹博士于2012年撰写的毕业论文《意义、想象与建构——当代中国展演类西江苗族服饰设计的人类学观察》；贵州民族学院岑怡硕士2010年撰写的毕业论文《乡村旅游发展中的文化资本研究》；贵州财经学院张国铭硕士于2010年撰写的毕业论文《西江苗寨的经济与文化互动研究》；2013年8月25日单晓杰在《凯里学院学报》上发表的《论贵州苗族古歌的当代生存形态——以雷山县西江苗寨古歌调查为个案》；2011年11月20日李浩泉在《云南社会科学》发表的《生产生活方式变迁与苗族歌舞文化传承——以西江千户苗寨为例》；2012年8月25日雷琴在《凯里学院学报》发表的《"西江模式"对黔东南民族文化开发与保护的启示》等。

（4）对旅游的反思。如2007年6月25日张晓在《贵州民族研究》发表的《关于西江苗寨文化传承保护和旅游开发的思考——兼论文化保护与旅游开发的关系》；2009年3月5日吴汉男在《经济研究导刊》上发表的《少数民族地区传统文化保护与经济发展的思考》；2010年2月6日何景明在《旅游学刊》发表的《边远贫困地区民族村寨旅游发展的省思——以贵州西江千户苗寨为中心的考察》；2011年1月31日陈慧一在《人口·社会·法制研究》发表的《贵州民族村寨旅游存在的问题及对策——以西江千户苗寨为例》；2012年12月28日李乐京《贵州师范学院学报》发表的《增权理论视阈下民族村寨乡村旅游发展省思——以西江苗寨景区为例》；2013年4月15日冯旭光在《教育文化论坛》发表的《民族村寨旅游开发的人类学思考——以西江千户苗寨为例》。

（5）民族文化开发方法的思考。如2012年9月10日杨洋在《甘肃联合大学学报（社会科学版）》发表的《基于前、后台理论的民族文化开发与保护模式探索——以贵州西江千户苗寨为例》在方法论点的探讨上，这篇文章的观点与本书作者不谋而合；2012年12月25日胡艳丽在《民族论坛》上发表的《民族村寨旅游可持续发展的路径研究——基于贵州"西江千户苗寨"的调查报告》；2013年3月20日吕华鲜在《广西民族研究》发表的《民族地区乡村旅游与社会矛盾疏解研究——基于三个典型案例的调查》。

（6）基于文化遗产的论述。如中国地质大学吴育标博士2010年的毕业论文《中国世界遗产战略管理模式研究》；2011年9月28日王军杰在《原生态民族文化学刊》上发表的《文化遗产过程：族性张扬与边界强化的助推器——以西江千户苗寨吊脚楼为例》；2012年4月25日周廷发表在《内江师范学院学报》上的《不可移动文化遗产经济价值评估探析——以西江苗寨为例》。

（7）西江的教育研究。如2007年中央民族大学黎莹硕士的毕业论文《西部少数民族地区大龄小学生教育现状研究》；2011年西南大学杨玉帅硕士的毕业论文《民族小学民族文化课程创生研究》；2011年3月15日冯昌明在《贵州体育科技》发表的《雷山部分中学把苗族文化引进体育与健康课堂教学的尝试》。

（8）乡村建设、新农村、地区建设研究。如2012年兰州大学李强博士的毕业论文《新农民：民族村寨旅游对农民的影响研究》；2011年中南民族大学岳玲硕士的毕业论文《民族旅游开发背景下的民族地区新农村社区建设研究》；贵州民族学院杨旭硕士2011年的毕业论文《民族发展理论视野下旅游地民族发展问题研究》；2012年10月25日顾雪松在《贵州民族研究》上发表的《从西江千户苗寨看旅游传播与中国少数民族乡村》；2013年5月15日贺银花在《贵州农业科学》上发表的《民族乡村景区村民权益现状的调查与研究：基于贵州省西江千户苗寨的调查》。

在这62篇的文章中，值得一提的是，以华中科技大学社会学系孙秋云教授为带头人对新时代西江文化社会、媒体传播等视角进行系统性研究的一批成果，形成一个研究系列：孙秋云2011年和2012年毕业的博士研究生李欣欣与费中正的博士论文《现代性体验下苗族乡村妇女的家庭生活》和《现代化进程中西江苗族的社会转型与生活方式变迁——以手机使用为主要线索的研究》；以及2011年7月20日李欣欣发表在《西北民族大学学报》（哲学社会科学版）的论文《现代性体验下少数民族乡村妇女的婚恋生活——以贵州西江千户苗寨为例》；2011年李欣欣、曹好在《中南民族大学学报》（人文社会科学版）上发表的《电视媒体与贵州苗族、侗族乡村传统文化的维系》；还有其2010—2012年毕业的硕士研究生陈琦、郑毅、万旋傲、毕赛男、许鹤凡分别撰写的毕业论文《电视文化与苗族侗族青少年社会化》《手机短信对苗族青少年汉语言社会化的影响研究》《电视与乡村社会政治权威合法性的变迁研究》《旅游开发与乡村人际关系变迁》《旅游开发与少数民族传统文化的再表达》等；他们所做的新媒体与西江文化变迁的研究是目前传播学本土研究的典型代表，也是以西江作为样本进行传播学研究的起点，值得仔细研读与思考。

从总体上看，围绕西江千户苗寨所进行的研究大都是近几年的成果，为本论文的写作提供了新材料、新视角，甚至有几篇论文与本书的研究有交叉之处，这些论文值得本书重点学习、分析、借鉴和反思。

1.2.3 小结

从以上苗族文化研究的专著与论文中可以看出，苗族文化研究历史较长，真正称得上是中国少数民族研究的“显学”，在长久的研究过程中现代少数民族的研究已经开始进入了由传统学科到新兴研究方法的转型期，社会变迁，民族现代发展，少数民族人口流动带来的一系列影响等问题开始成为研究新尝试。但是在研究中却呈现一些比较薄弱甚至空白的领域，这些也将成为本课题中重点与创新之处，比如：

（1）西江现代苗族社会文化（以下简称苗文化）变迁的区域整体、多层次的结构性总结；在西江研究中传统学科研究所占比例较大，而西江现代文化研究几乎都是零星的、短小的、不成体系的社会单视角分析，无法勾勒出一个西江现代苗文化发展的轮廓。

（2）西江现代苗文化研究缺乏哲学理性反思批判的研究思路，这样一来，在研究西江的苗文化时只能局限于实证材料总结、表象分析、“浅描”，无法对西江苗族本民族进行深层次反思。

（3）在众多的研究成果中很难看到对西江现代苗族人精神层面的关注，缺乏必要的人文关怀，容易滋长一种纯粹的“他者”研究，应该把“我者”与“他者”研究相结合，真正关怀苗族族群在这几十年传统社会消逝下的内心阵痛。

（4）真正可行的、科学的、具体的、系统的方案探讨，虽然都在关注发展，但是研究总是流于旅游、商业、市场经济下的西江苗族文化出路，真正能开出“药方”的方案并不多，所以在方案探讨中理应在人文战略上紧密结合实践，体现可操作性、科学性，把握“度”，持重“行”，解决问题。

1.3 研究设计

1.3.1 研究理论概述

本书整篇研究都是基于现代性及其理论，考察苗族文化传播中的新问题，所以现代性及其理论是本文最为基础的理论支撑。正如上文所总结的，从人类学与民族学取向所进行的文化传播研究，将文化看作在某一社群或民族在某一特定时期的生活方式的总和，因此，日常生活及其理论是本文研究的主要对象。通过研究可以看到以西江千户苗寨作为个案所呈现的一系列苗族文化现代性建构最为突出的就是其景观特性，所以景观社会理论作为本文的立论关键显得尤为重要。

1.3.1.1 现代性（modernity）概念的相关论述

现代性亦被称为现代化，一直以来是20世纪后期西方哲学广泛关注的重要概念。现代性发端于文艺复兴时期人本主义的复兴，当时的人本主义主要是为了取代神本主义而出现的。作为人类文明转折点的人本主义其本质便是以人作为主体，并以主体的身份面对整个世界。所以，首先现代性核心便是人本主义中人的主体性，包括人类主体性和个体主体性两个方面。其次，现代性的另一个最为基本的要素则是称为“理性”的自我意识形态。理性，是人类所有精神意识的最高表现，事物现实性的标准，“理性化”则成了现代性的标志性符号，是现代性的认识之源和价值之源。因此，现代性在其最初设计上是提倡通过理性思维来创建一整套以自由民主平等的政治意义为核心的价值理念。与此同时，现代性也表示着一个人类历史上进步发展中不可逆转的时间观念，即启蒙时代以来“新的”世界体系生成的时代。

如果从现代性语源及其语义上说起，寇鹏程在其《中国审美现代性研究》一书中已经归纳出：“美国学者马泰·卡林内斯库（Matei Calinescu）（以下简称卡林内斯库）就‘现代性’的语源学来源与出处做过相关整理调查，他曾指出，‘现代性’一词早在17世纪就在使用英语的国家口头流行，而与之对应的英语单词‘modernity’（译作‘现时代’）收录于1672年版的《牛津英语辞典》；托拉斯·华尔普尔在1782年的一封信里，在谈到查特顿的诗时写道，‘这些诗节奏的现代性’，使凡是有敏锐听力的人没有不为之惊叹的；按照华尔普尔的观点，‘现代性’的实际含义是声音和节奏，我们可以从音乐的节奏来理解现代性。”①

同样，卡林内斯库在其《现代性的五副面孔》中从美学角度分析了“现代性”的五个基本概念：“现代主义、先锋派、颓废、媚俗艺术和后现代主义”；而且，他对现代性的来源、演变直至目前的状况做了极为详尽地论述，并列举了丰富实例；卡林内斯库总结出自己的现代性含义：“他认为‘现代性’从广义上意味着现代（being modern），即适应现时及其无可置疑的‘新颖性’；这个词是用来描述‘现代’这样的状态，因此现代性是一个正在成形中的学术词汇；一直以来，有各式各样的词被用来描述现代性的社会、社会生活、驱动力、心理状态等方面；它们包括：官僚体制、理性化、世俗化、异化（Alienation）、商品化、零碎化、物化、去脉络化、个人主义、主观主义、线性进程（Linear-progression）、客观主义、普世主义、化约主义（Reductionism）、浑沌（Chaos）、大众社会、工业社会、同质化、单一化、交杂化（Hybridization）、多样化、民主化、中心化、阶级组织、机械化、集权……”马泰·卡林内斯库在《现代性的五副面孔》一书中总结：“现代性概念内涵有着极其广阔的解释能力，可以兼容现实发生发展中的其他哲学意义，不管这些哲学解释所指示的是科技、道德、美学，还是更大范围的人文—社会—历史；同时，也包括那些一面代表现代性社会中美好、达到预期效果的积极思想，另一面指代现代性中附有悲剧色彩、阻碍效能应该被反思、超越的消极方面。”②

理所当然，在现代性语义中最受公认的应该属法国诗人夏尔·皮埃尔·波德莱尔（Charles Pierre Baudelaire）（以下简称波德莱尔）在1859年《现代生活的画家》中评论Constantin Guys（C. G.）先生画风时提出的“现代性”，一个广义且极其精微的（艺术）现代性概念。他在《现代生

① 寇鹏程．中国审美现代性研究［M］．上海市：上海三联书店，2009：7.

② ［美］马泰·卡林内斯库，顾爱彬译．现代性的五副面孔［M］．上海：商务印书馆，2002：337-350.

活的画家》一书中记叙："他正在找寻现在被大家通称为现代性的那个事物，因为再不能够找到更加贴切的词汇来形容我们目前所谈的概念了；……现代性乃是一种短暂、过渡、偶然，它的一半嫁接着艺术，而另一半代表了一种恒定与不变；那些古代的每一位画家都具备这种称之为现代性的东西；……这些所提到的变化频繁、偶然、短暂、过渡性质的元素，大家不应该去忽视与蔑视；艺术现代性本质上是一种恶魔倾向。"① 波德莱尔笔下的现代性有很强的体验性质，他试图将短暂、瞬间性纳入对现代性的解释当中。他在永恒和变动的两重性中选择注意抓住变动的一方（他认为永恒只是现代性的起点）。因此，他把现代与时尚等同，认可了从短暂、变动的意象中把握东西，并认为这些短暂与变动的意象同时与永恒之间存在神秘联系。波德莱尔对现代艺术家形象的关注成了批评上的权威之见。从而引发了这一概念在各种学科的探讨与运用。

另外，"现代性"之所以受到如此关注不仅是由于其自身问题所掀起的谈论热潮，更是因为它与一场"现代性和后现代"理论辩论紧密相关。这场激烈辩论中后现代对"现代性"进行了广泛激烈批判的同时，还引发了一场"现代性"对它自身的辩护与重建的理论反思。其中，卡林内斯库在其《现代性的五副面孔》中提出"两种现代性"的说法："关于前者，即资产阶级的现代性概念，产生于19世纪前半期的某个时刻，一直以来作为西方文明史某一阶段存在，它继承和发扬了人类现代史早期中那些优秀传统和积极的科学知识，相信现代科学技术为人类的发展做出贡献的一面，关切时间这一元素（这是一种可以测量的时间概念，一种类似于其他商场商品，可以进行估算买卖、计算价格的时间），崇拜理性，于人文主义的抽象视域中提取自由追求、行为成功至上和实用主义的方向；相反地，后者所提倡的现代性，延伸出了现代性的先锋派，从浪漫主义发起，最终朝着激进反资本主义态度发展，对中产阶级价值取向嗤之以鼻，采用多重手段宣泄自身所持有的厌恶情感，从最初的反叛、无政府主义、天启主义再到自我放逐；这种文化现代性对资产阶级现代性的公开拒斥和强烈否定不仅否定了一切，还否定着自身；可以看出现代性最初就是被放在发

① ［德］瓦尔特·本雅明，刘北成译. 巴黎，十九世纪的首都［M］. 上海：上海人民出版社，2006：223.

展词汇中加以理论化的（循着启蒙的那些进步意识形态的思路），这意味着它较过去的历史‘阶段’更‘进步’；但人类为这种进步所付出的代价又是被认为过高——于是第二种现代性伴随而来，便有了各种各样‘反现代’或者‘对抗现代’的意识形态；‘后现代’这个概念孕育而生。”① 周宪在其《后现代性是一种现代性》一文中曾论述过：“后现代性实际上是现代性的一种继续，它承继了文化现代性中反抗秩序、统一和理性至上的片面倾向，进而使文化的现代性主张在新的历史条件下得到了进一步发展，所以‘后现代是一种现代性’。”② 笔者在本书中同样采纳了这样的看法。

在对“现代”状态的思考中，不同的研究者有着不同的论述角度，他们分别从哲学、政治学、社会学以及文化和审美等不同意义上探讨现代性。除了上文所提到的卡林内斯库从美学角度分析现代性以外，本文还重点关注以下关于“现代性”自身本质意义的阐释：

1. 齐格蒙特·鲍曼（Zygmunt Bauman）对流动的现代性的总结

齐格蒙特·鲍曼（以下简称鲍曼）在其对现代性的讨论中用“流动”一词概括他对现代性的理解，并总结出五个基本概念：解放、个体性、时间/空间、劳动、共同体来论证其关于流动的现代性的理论。

鲍曼认为“流动性”指的是液体和气体的一种特性，指流体可以轻易流动的性质，他是这样论述的：“它们（流体）或‘流动’，或‘溢出’，或‘泼洒’，或‘溅落’，或‘倾泻’，或‘渗漏’，或‘涌流’，或‘喷射’，或‘滴落’，或‘渗出’，或‘渗流’，千姿百态，不一而足；不像固体，它们的运动不易停止——对前面的障碍物，它们或绕过，或溶解，对静止的物体，它们打开一个缺口，渗透着前进；在遭遇固体时，它们不受损害，而固体在遭遇流体时，如果固体还保持着固体的形态，它们却会发生改变，被浸透并潮湿不堪；流体非凡的流动性，使人把它们和‘轻松’的思想联系在一起；有许多液体，按密度算，要重于固体，尽管如

---

① ［美］马泰·卡林内斯库，顾爱彬译．现代性的五副面孔［M］．上海：商务印书馆，2002：47-53.

② 周宪．后现代性是一种现代性［J］．南京大学学报·哲学人文社会科学版，1999（3）：76-85.

此，但我们往往倾向于将它们直观化，认为它们比任何固体都更轻；我们把‘轻’或‘不重’与流动性和多变性联系在一起；根据实践经验，我们知道，更轻的物体，我们更能够将它移动，并且移动得更快。”① 鲍曼用比喻的手法，将现代性的特性做了较为通俗的描述，形象地展示了现代性不可捉摸、势不可当的一面，它渗透其周围的事物，强势且快速，隐蔽但一发不可收拾。他更是形象地称现代性的流动过程为“液化”。

首先，现代性在流动中“瓦解传统”（鲍曼引用自《共产党宣言》）；他认为“现代性会把现实从自己历史的‘死亡之手’中解放出来，而且这种解放只有通过瓦解传统（这也就是说，要破坏那些持续了较长时间的、藐视时间推移或不受时间流逝影响的任何东西）的方式才能实现，这一点是决定性的因素。在这一意义上，如果说‘精神’是‘现代的’那精神确实是现代的。这种目的和意图反过来要求‘亵渎神明’：那就是否认和放弃过去，而且首要的是否认‘传统’——即，现在仍然保留下来的过去的积淀和残余；因而，这又要求粉碎那些允许传统抵制“液化”（即抵制对传统的消解和变革——译者注）进程、对传统起保护作用的信仰和忠诚。”② 他认为现代性自己为其生活的各领域创造了新的“超级结构”、新秩序，用以取代传统，如托马斯·卡莱尔所说的，仅仅保留构成人们相互关系和相互责任基础的诸多联系纽带中的“货币关系”纽带③。现代性使事物获得了新内涵、新目标，这些仅用以瓦解传统。于是，传统和旧秩序被扔进现代性的“熔炉”接受其流动性的考验。此时，传统和旧秩序命运发生转变，自己被扔进“熔炉”，在当今流动的现代性的时代里接受熔化的考验。传统变得空洞无物、失去保护，最终失灵。于是旧的传统变成了现代人们沟通、行动的枷锁。

其次，现代性自己改变自己（也被称为“第二现代性”“现代性的现

---

① ［英］齐格蒙特·鲍曼，欧阳景根译．流动的现代性［M］．上海：上海三联书店，2002：3.

② ［英］齐格蒙特·鲍曼，欧阳景根译．流动的现代性［M］．上海：上海三联书店，2002：4.

③ ［英］齐格蒙特·鲍曼，欧阳景根，译．流动的现代性［M］．上海：上海三联书店，2002：6.

代化”[①]）；伯曼还认识了流动的现代性并不满足于对传统的瓦解，它不会止步不前，它会瓦解所有包括它自己。所以鲍曼在《流动的现代性》一书中说：“这一时代的模式和框架，不再是‘已知的、假定的’，更不用说是‘不证自明的’；在这些模式和框架里，它们中有许多是相互冲突的，戒律之间相互矛盾，每条戒律都被剥除了许多强制性的、约束性的力量；而且它们的特征都已改变，因而都已依每条戒律的任务情况按条目重新分类；这些戒律不是先于生活政治而存在成为塑造生活政治的话语语境，相反地，却是这些戒律受制于生活政治，使其不断形塑、重塑的结果，是生活政治的发展变化影响着这些戒律。”[②] 现代性已经无孔不入，鲍曼在《流动的现代性》一书中更加强调了：“‘液化’的力量已然从‘制度’迁移到了‘社会’，从政治转变为生活政治，抑或是说，已然完成了从社会共同的‘宏观层次’转移到了各部分的‘微观层次’。”[③]

2. 马歇尔·伯曼（Marshall Berman）对现代性生活的讨论

马歇尔·伯曼（以下简称伯曼）在《一切坚固的东西都烟消云散了》一书提出了一个宽广丰富的现代主义的定义：“现代的男男女女试图成为现代化的客体与主体、试图掌握现代世界并把它改造为自己的家的一切尝试”[④]，这句话充分表明了伯曼对现代生活多重变化与被改造的关注。

伯曼借鉴评论家特里林 1968 年所造的词——“大街上的现代主义”，结合其阅读资料分析和自出生以来对于现代性的种种体验总和，正如他写于《一切坚固的东西都烟消云散了》一书中的文字内容：“来陈述现代性的某些内涵，探究并且标识现代生活的各种历险活动中所呈现出来的恐怖、模棱两可和嘲弄。”[⑤] 伯曼从歌德的《浮士德》《共产党宣言》《地下室手记》……中较为宏大的进行了现代性生活历史各方面的梳理，试图找

① ［英］齐格蒙特·鲍曼，欧阳景根，译. 流动的现代性［M］. 上海：上海三联书店，2002：9.

② ［英］齐格蒙特·鲍曼，欧阳景根，译. 流动的现代性［M］. 上海：上海三联书店，2002：11.

③ 同上.

④ ［美］马歇尔·伯曼，张辑、徐大建译. 一切坚固的东西都烟消云散了［M］. 北京：商务印书馆，2003：6.

⑤ ［美］马歇尔·伯曼，张辑、徐大建译. 一切坚固的东西都烟消云散了［M］. 北京：商务印书馆，2003：13.

到这些人这些时间共同表达和共同呈现的现代性中的共性问题。他得出这样的结果:“他们全都被一种变化的意愿——改变他们自身和他们所处世界的意愿——和一种对迷失方向与分崩离析的恐惧、对生活崩溃的恐惧所萌动。他们全都了解一个‘一切坚固的东西都烟消云散了’的世界的颤动与可怕。”①

伯曼总结出现代生活的两个方面:(1)变化的现代性生活;现代生活充满了改变,具有否定性质,所以一切坚固下来的终将烟消云散,因此现代生活不断有新经验与历险的机遇,可能产生一种虚无主义情绪,在人们不断增强的欲望中制造并触摸某一真实事物的同时一切事物都在融化消解。(2)矛盾的现代性生活;伯曼看到了现代生活既有革命也有保守、既有现代也有反现代(后现代)的双重矛盾特征。伯曼在其《一切坚固的东西都烟消云散了》一书中这样表述:“在现代性社会生活中到处充斥着矛盾与惊论,既有保守的一面也有革命的一面,它蕴含各种各样的可能性,在现代历险过程中历经了许许多多的磨难与恐吓,引发出一种浓厚的虚无主义气氛,虽然它不顾一切地试图创造或者抓住一种真实,即使这种真实让社会生活的一切都消融于这样的虚无真实中,也可以用另一句话概括表明,完全现代生活也是反现代的生活:即使是它原初反思的马克思和陀思妥耶夫斯基时代,还是我们自身所生存的这个时代,我们在自始至终都没能够真正抓住或者拥抱现代性的多种可能的同时,只能不去反对或者不去厌恶,这是现代性时代那些最为疏松平常的特点与现实。”②

所以,伯曼将现代性生活所聚合的所有共同文化的精神特性总结出来展示给生活在现代社会的每一个人,以期帮助理解这些特性,在勇敢面对、清理并且应付造就我们的各种力量时能够变得清醒与诚实。③

3. 安东尼·吉登斯(Anthony Giddens)的现代性社会学思想

安东尼·吉登斯(以下简称吉登斯)从社会学意义上对现代性进行了

① [美]马歇尔·伯曼,张辑、徐大建译. 一切坚固的东西都烟消云散了[M]. 北京:商务印书馆,2003:13.

② [美]马歇尔·伯曼,张辑、徐大建译. 一切坚固的东西都烟消云散了[M]. 北京:商务印书馆,2003:14.

③ 同上.

一般的考察。首先他指出他的“现代性”指在后封建的欧洲所建立而在20世纪日益成为具有世界历史性影响的行为制度与模式。吉登斯在《现代性的后果》一书中是这样描述的：“‘现代性’的第一维度大略等同于‘工业化的世界’，这种蕴含于生产过程中物质力和机械的广泛应用所体现出的社会关系是现代性的制度轴；资本主义作为‘现代性’的第二维度，是指囊括竞争性劳动力与产品市场商品化过程中的一种商品生产体系；而且他指出现代性下产生了一个明显不同的社会形式即民族—国家的社会。”① 同样，吉登斯在《现代性的后果》一书中论述其“现代性”的三个独特动力品质：“1. 时间和空间之间得到分离，具备无线范围内时—空伸延所必需的条件，提供了人们区分时间—空间区域的准确手段；2. 脱域机制的发展，它们能够使得社会行动从地域化情境中‘提取出来’，分离后可以跨越广阔时空距离重构社会关系；3. 知识的反思性运用；一切社会生活各种知识内容的系统性生产，都可以成为现代性社会系统再生产的内在原料成分，这样就能够推动社会生活打破传统束缚的恒定不变，从传统中游离开来。”② 吉登斯关于现代性的动力机制与维度的分析在“现代性”理论中较为经典。

1.3.1.2 关于现代性语境下新的社会现象的几种理论主张

1. 文化工业理论

文化进入现代工业社会后，一个无法避免的现象便是文化工业化的问题，也是本书所研究的西江苗族文化现代转型的必然。所以，文化工业理论对于本书是无法回避的理论要点。关于文化工业理论本书重点参考的是瓦尔特·本雅明（Walter Benjamin）（以下简称本雅明）、马克斯·霍克海默（M. Max Horkheimer）（以下简称霍克海默）、西奥多·阿道尔诺（Theodore Roosevelt）（以下简称阿道尔诺）的研究理论。本雅明及其著作《机械复制时代的艺术作品》与霍克海默、阿道尔诺所著《启蒙辩证法》中关于文化工业的论述有着异曲同工之妙。

虽然，本雅明没有直接运用文化工业这个概念，但是他在《机械复制

---

① ［英］安东尼·吉登斯，田禾译. 现代性的后果［M］. 南京：译林出版社，2011：49-61.

② ［英］安东尼·吉登斯，田禾译. 现代性的后果［M］. 南京：译林出版社，2011：47.

时代的艺术作品》中所述理论与文化工业密切相关，更是在客观上推动了它的发展，本雅明对文化工业的关注着落点在艺术作品生产上。首先在于引入“机械复制”解析现代工业的艺术生产方式。本雅明对工业时代前后的艺术生产以“复制”与“机械复制”区分。他认为工业时代以前的对艺术的生产是一般的复制如木刻、蚀刻等，因其技术的欠缺导致规模及传播领域受到一定的局限，所以不足以对真品构成威胁。在此他用一个现今备受关注的词“灵韵”（aura）（又译光晕）来解释真品与复制品之间的本质区别，即艺术品的即时即地性组成的原真性，它在问世地点的独一无二①。而工业时代的“机械复制”则是通过技术手段和器械对艺术作品进行批量生产，机械复制时代便催生了文化工业的形成，这种对艺术的标准化大规模的生产消解了真品的“灵韵”，使得艺术从神性的殿堂走向大众化的市场，加深对物质的依赖，艺术与经济结下难解之缘，艺术的“灵韵”最终消逝。其次，他重点针对当时技术发展后出现的新的艺术形式进行了较为细致的分析，如对摄影、电影。在其对新的艺术形式的分析中可以看到他感叹机械复制给予大众在文化上的民主平等，同时也对灵韵的消失报以无限惋惜。

即使霍克海默、阿道尔诺在《启蒙辩证法》中明确提出了文化工业一词，但是应该看到他们对“文化工业”的说法奇怪，霍克海姆和阿多诺并没有在《启蒙辩证法》中给“文化工业”一个准确的界定，只是模糊地提道：“在今天，文化给一切事物贴上了同样的标签；电影、广播和杂志制造了一个系统；不仅各个部分之间能够取得一致，各个部分在整体上也能够取得一致。”②

在对文化工业的定性中霍克海默、阿道尔诺并非与本雅明一样含糊不清，他们在前言中就带着强烈的否定色彩：“《文化工业》一文阐明的是启蒙意识形态的倒退，这一点在电影和广播中表现得十分清楚；在这些传媒里，启蒙主要表现为对制作和传播的效果和技术的算计；而就其具体内涵

① ［德］瓦尔特·本雅明，王才勇译. 机械复制时代的艺术作品［M］. 北京：中国城市出版社，2002：8.

② ［德］马克斯·霍克海默 西奥多·阿道尔诺，渠敬东、曹卫东译. 启蒙辩证法［M］. 上海：上海人民出版社，2006：107.

而言，意识形态集中体现为对存在者和控制技术的权力的偶像化；在探讨这一矛盾的时候，我们会认真对待文化工业，这样做是大大出乎文化工业自身的愿望的；《文化工业》一文比其他部分更加具有断片色彩。”① 戴阿宝在《“文化工业”理论述评》一文中是这样解释的：“‘文化工业’的生成实质上表明了在现代资本主义条件下‘启蒙在意识形态方面的倒退’，即历史上具有进步意义的‘启蒙’走向了自己的反面，成为利用自我的一体化策略和能力遮蔽资本主义制度的非合法性、消解大众的自主意识和独立判断能力的工具。”② 霍克海默、阿道尔诺《文化工业》这一章副标题“作为大众欺骗的启蒙”一针见血地揭露了文化工业紧密与技术相关联的标准化、伪个性商业娱乐生产的自毁启蒙的特征。

2. 让·波德里亚（Jean Baudrillard 在有的中文文献中还译为鲍德里亚、博德里亚尔、波希亚等）（以下简称波德里亚）的“消费社会”与“符号社会”理论

在西方政治经济研究方面，如果说居伊·德波在《景观社会》中指出物的使用价值被其交换价值所取代，因大众传媒的介入，交换价值又被运作成一种“意象”，消费变成了意象消费过程的话，那么，波德里亚则把当下社会中，自成体系、互相意指、脱离生产的意象结构的消费体系称为“以符号为中介”的“消费社会”。

波德里亚表明，目前消费依然从满足人们需要的链条中解脱出来，进入了一种主动关系网，在这个主动消费的关系中，消费建构成了系统性的活动模式。随着社会的发展，消费内涵产生了极大变化，消费不再从属于生产，不再由生产决定；也不再是传统政治经济体系中，对直接物质的需要、占有和满足，而是“物”成为一个外在于自身并为意义指涉的关系结构，在这里，“物”完成了向“物体系”的转化，“物体系”也是波德里亚理论体系中不可或缺的重要元素。波德里亚在《物体系》一书中这样说道：“传统的象征——物（工具、家具、房屋本身），是一个真实的关系或一个实际体验的情境的中介者，在它的实质和形式中，明白地带有这个关

① ［德］马克斯·霍克海默 西奥多·阿道尔诺，渠敬东、曹卫东译. 启蒙辩证法［M］. 上海：上海人民出版社，2006：5.

② 戴阿宝. “文化工业”理论述评［J］. 河北师范大学学报（哲学社会科学版），2000（4）.

系中意识或潜意识的动态的印记，因此它没有任意性，这个有联系的、被包含的、满载着引申义，但却又因为它的内在性关系而成为有生命的、导向（集体和个人的）人的事实和手势动作的，这样的在彼之物，不是社会成员的直接消费对象，如若要使其确立消费对象的身份，那么事物必然要转化为符号，就是指游离于事物之外，只能具备意义指涉的关系……所以物品与此种具体指涉关系之间存在着偶然任意不一致性，而此种符号唯一与物品之间有意义的合理一致仅来自他们被一对抽象系统的关系牵连着；此时，符号便有了其独特的'个性化'，也就在人的世界存活下来，它成为实际被消费的指向，但是，这样的被消费活动所消费的不是其物质实体性而是符号的不同差异性。"[①] "物"变成了物体系中的"符号—物"，这种身份的转换，包含了人与人关系的改变，物品变成商品，并且是具有符号性质的商品；此时，人们消费的已不仅是物的"使用价值"，而更看重其"符号价值"，人们从对"物"的消费转入对"符号"的消费；同时，在这样的消费中，物如果想成为商品，立于不败之地，它必须要具有"符号价值"，它必须被固定在符号结构的逻辑中，也就是必须处于"符号—物"的结构中，于是新的消费关系产生；而且，这种消费关系，倾向于"'自载消费'即人与人之间的关系在物品之中并透过物品自我'完成'和自我'消解'，而物品成为人和人的关系必要的中介者，而且很快地，又成为它的代替记号，它的不在场无罪证明。"[②] 在消费社会体系中，被消费的是关系这一实质本体，而并非其外在的载体物品。波德里亚在其《物体系》一书中进一步描述道："消费在符号消费的世界中既被指涉又是缺席的，既被包括又被排除在物品构成系列中，自我消费的是关系这一理念，而系列便是在呈现它。"[③] 关系不再为人所真实体验：它在一个记号—物中抽象而出，并且自我消解，在它之中自我消费。最终，整个社会文化体系重新建立起来，直至整个社会体系，一个新的社会体系。人的社会从此"迈向了一个消费（特指符号消费）所定义"[④] 的社会。

---

① [法] 尚·布希亚，林志明译. 物体系 [M]. 上海：人民出版社，2001：223.
② [法] 尚·布希亚，林志明译. 物体系 [M]. 上海：人民出版社，2001：223-224.
③ [法] 尚·布希亚，林志明译. 物体系 [M]. 上海：人民出版社，2001：224.
④ [法] 尚·布希亚，林志明译. 物体系 [M]. 上海：人民出版社，2001：222.

3. 昂利·列斐伏尔（Henri Lefebvre）空间生产理论

昂利·列斐伏尔（以下简称列斐伏尔）是新马克思主义学派最早对空间及空间问题进行关注的一位学者，并且开创了自己独树一帜的空间理论。他的空间理论中对“空间”的全新认识和对现代社会中他称之为“空间生产”新现象的理论总结堪称西马理论的经典之一。

1974年，列斐伏尔发表了空间理论中的经典之作《空间的生产》（法文版）一书，在这本书中他给出了不同于传统理论的“空间”阐释。他打破了“空间”单纯为地理概念的局限，他认为传统社会政治理论对于“空间”的定位是较为简单、片面的，他给空间赋予了社会属性，他在《空间的生产》一文中说道：“空间具有社会性，它与社会再生产都有着相应的关系，就像人的岁数、性别与某家庭组织所对应的生物与生理之间的关系，与此同时，还牵连着生产关系，也就是指劳动与劳动组织载体的分化；虽然在过去的历史时间中都会留给空间一种岁月的记忆，但是人们铭记的却总是当下的空间，一个目前的整体，并与现实行为紧密重叠、无缝衔接；实际上，生产与产品之间是生产过程中不可割裂的对应两面；空间的社会属性不仅指涉的是它的自然地理学意义的空间或者文化含义上的空间，甚至于，时空的概念也不是简单的生产力所能表达全面的。空间是一种社会关系的复杂呈现，关联着空间地理位置上以土地作为外形的生产力、财产关系、所有权等的总和，人们运用知识、意义系统、意识形态在这些关系中进行理性调停。在空间这个概念里到处笼罩着各种社会关系，它不仅生产社会关系并且它还被社会关系所生产，被社会关系所支撑。”① 此外，他同样认为：“空间不仅是社会性与社会多种关系关联，并且这些众多关系也是不断随着时间的推移演变的，并非是一个静止不变的容器或平台，相反的，他认为这种现在时态的空间关系彼此矛盾、交错、渗透、重叠：人们需要处理的不是一个而是多重社会空间的关系，的确，人们面对的各种社会空间内化的无限性，而这一无限性不断发展和重生，无法消失。”② 从他所呈现出来的动态空间观可以引出列斐伏尔著名的“空间生产”理论。

① 包亚明. 现代性与空间生产［M］. 上海：上海教育出版社，2003：47.

② 包亚明. 现代性与空间生产［M］. 上海：上海教育出版社，2003：8.

包亚明在《现代性与空间生产》一书中介绍了列斐伏尔的观点："空间并非普通杂乱事物的其中一种，……它必须经过一系列连续操作后才能得出成果，因此它不能被化约为单一的物体……空间自身来说继承了过去传统的行为习惯，遵守传统秩序，它暗示一些规律，允许某些做法，与此同时，也严禁违反秩序的其他行为。"① 他认为传统意义上的自然空间已经无可挽回地消逝了，虽然，它曾经是社会过程的起源，自然空间依然被降贬为社会生产力的一个部分，受社会生产模式架构的控制，各个时期模式的特殊性形塑了那个时期的空间，即空间性的实践界定了空间，指定了空间，虽然，会以空间自然基础的历史（气候、地理状况等）为前提条件。

列斐伏尔就是把这样的空间性实践称为"空间的生产"，他在《空间的生产》原文中这样说道："称为'生产空间'（to produce space）是多么令人惊奇的提法：空间的生产，这一概念事实上是一个新近提出的术语，它主要是因为目前历史阶段上城市的快速扩张，普遍都市化和空间性组织所产生的多方面问题频频发生后的思考，现今，在对社会生产过程的分析中可以看出空间中事物的生产已然转化为空间自身的生产；在对空间的分析中逐渐凸显出'空间中的生产'（prodution in space），转变为'空间的生产'（production of space）的特性。这种空间自我生产来源于生产力的急速膨胀和空间知识在其生产中的直接介入；这种知识的直接介入最终会成就关于空间的新知识体系，即是说将建构有关空间的整体资讯系统。而空间中的生产不是消逝不见了，而是朝着其他的方向发展；这里我们将要谈及一项流动的经济形态：生产资料之流、生产力之流、生产工具之流、生产产品之流、信息之流等。农业、工业生产不再是独立存在、孤立发展的不相干单位，一种重要现象将会产生：对于经济的现代规划越来越偏向于对空间的规划，地域性空间管理和城建规划将会只作为空间生产的某些要素，相对应的是，空间将在这样的生产方式中如同资本、商品、货币一样有着自己计划规律，也有着属于自己的现实领域，并且它们都会处于全球化进程中的同一步调上。"②

列斐伏尔在其《空间的生产》中认为："从20世纪的整个历史发展进

① 包亚明．现代性与空间生产［M］．上海：上海教育出版社，2003：10.
② 包亚明．现代性与空间生产［M］．上海：上海教育出版社，2003：13.

程中可以看出，20世纪是一个区域国家成为社会生活变迁的基础‘容器’的时间阶段，第二次世界大战后资本主义发展与全球化扩张的一个核心问题便是空间的重组问题，空间这一要素已然成为资本主义国家社会关系不可或缺的关键一环，空间伴随时间的推进得以产生，又随着历史的不断演变重新转化、变形并组合而成。”①

因此，他断言：“如果未曾生产一个合适的空间，那么‘改变生活方式’‘改变社会’等都是空话。”②

列斐伏尔则在《空间的生产》中进一步地强调空间、消费与日常生活的关系：“实际上，人类对空间进行整合和征服，已然作为现代消费主义生活得以延续的重要手段，之所以如此，都是源于空间在现代生产中的消费特质，因此，空间可以将消费主义中的各类关系映射到人们日常生活的各个角落中去，消费主义中所秉持的逻辑规律转化为人们改造空间的新逻辑思维，并因此作为日常生活遵循的行为逻辑，从而控制着对空间进行生产的人类也操控了人类对空间的生产，进而对社会多重生产关系的再生产进行控制。更甚的是，空间作为社会的要素，被现代生活流行的消费主义分段、碎片化、同质化、占为己有，成为各种权力争相运作的中心主题，并且，现代消费主义也开创了‘全球性空间’得以共同生产的机遇，于是，对空间生产过去的差异性进行普遍的压抑转型成为人们日常生活的社会基点。”③

4. 景观社会（The Society of Spectacle）及其理论：

在众说纷纭的后现代批判话语中，法国国际情境主义的代表——“居伊·德波”（Guy Debord）（以下简称德波），在马克思对商品拜物教批判的基础上，结合了对现代媒介的哲学分析，形成了独树一帜的景观社会的系统批判理论。

景观（spectacle）从词源来看，出自拉丁文“spectaculum”和“spectare”等词语，其原意为一种被展现出来的可视的客观景象、景色，在某些场合也可以指代一种有意识的、主体性的作秀与表演。直到1340年，中

① 包亚明．现代性与空间生产［M］．上海：上海教育出版社，2003：8.
② 包亚明．现代性与空间生产［M］．上海：上海教育出版社，2003：47.
③ 包亚明．现代性与空间生产［M］．上海：上海教育出版社，2003：10.

世纪英语中才出现"spectacle"一词，该词是从古代法语借鉴而来的，意思都是观看、被看（to view，to watch，to look at）[①]。张一兵在其《颠倒再颠倒的景观世界》一文中明确提出："'spectacle'第一次被赋予哲学含义则是德波在1959年刊登于第三期《情境主义国际》上的名为《广岛之恋》的影评文章中；据胡塞的考证，'景观'一词应该是源自尼采的《悲剧的诞生》一书。"[②] 对于该词的翻译众说纷纭，徐海敏在其论文《从"景观"到"景观社会"：国内外研究现状述评》曾总结过spectacle的多种翻译："陆谷孙在《英汉大辞典》中译为：'景观''景象''奇观''壮丽的景象'等；周宪的《传播与文化译丛》采用了'景观'和'景象'两种译法；陶东风在《文化研究》视觉文化专辑中采用'景象'的译法；《电影与新方法》和《媒体奇观——当代美国社会文化透视》中则译成'奇观'；台湾学者认为spectacle既包括'作为主体的观看'，也包括'作为被展示观看的客体'，因此将其译为'观展'。"[③] 关于景观这一概念，德波没有明确定义过，我国学者张一兵在《颠倒再颠倒的景观世界》总结过："国外学者弗尔茨和贝斯特对景观社会给出了较为确切的内涵：第一，景观乃是一种少数人进行演出，而多数人仅仅处于沉默欣赏的表演形式；第二，景观从其表面来看，并不采取强制制约的方式，以外在来看，与政治手段中的暴力强制形态并无关系，更无经济经营中强买强卖的野蛮行径，景观只是逃脱了暴力的外表后用温和的手段将拥有创造性、政治性、批判性能力的人类思维与行为边界内的一切手段与方法；第三，景观营造了社会广泛的'娱乐'氛围，在它的迷惑下社会的大多数慢慢丧失本真创造能力和批判意识，沦为景观奴隶，娱乐至死。"[④] 另一位中国学者仰海峰在其《商品社会、景观社会、符号社会》一文中将历史分为三个阶段："第一阶段是马克思主义思想中常常谈到的自由资本主义时期，第二阶段则是列

---

① 维基百科：http：//en. wikipedia. org/wiki/Spectacle.

② 张一兵. 颠倒再颠倒的景观世界［J］. JOURNAL OF NAN JING UNIVERSITY（Philosophy, Humanities and Social Sciences），2006（1）：5-17.

③ 徐海敏. 从"景观"到"景观社会"：国内外研究现状述评［J］. 廊坊师范学院学报（社会科学版），2009（5）：88-91.

④ 张一兵. 颠倒再颠倒的景观世界［J］. JOURNAL OF NAN JING UN IVER SITY（Philosophy，Humanities and Social Sciences），2006（1）. 5-17.

宁、葛兰西、卢卡奇等西方马克思主义学者所论述的垄断（组织化）资本主义时期，第三阶段乃是20世纪40年代后电子信息时代中后组织化资本主义（著名学者贝尔称之为后工业社会）时期。"① 景观社会就是法国情景主义者德波基于景观这一新的哲学视角对后工业社会的批判理论。德波在其理论研究中沿袭了西方马克思哲学批判风格，也可以看出其主要理论思想则与法兰克福学派一脉相承而来。不同于卢卡奇与法兰克福学派，德波的分析提供了一些对社会理解的新角度。

德波在《景观社会》一书中开篇就预见性地说道："在现代生产条件占有优势的社会中，所有的生活都把自己表现为景观的无限积累。"② 我国学者仰海峰也非常清晰地总结和归纳了景观社会的理论演变过程，他还对景观社会提出了自己极具学术价值的解析，他指出："居伊·德波所描述的景观社会所表现的是情景主义者们一直关注的一个时代，正因这个新时代的到来，过去生产占统治地位的年代已然让位给此时消费占支配功能的时代，对于每个情景主义者来说，'景观社会是一个商品实现在社会生活每个细微之处统治的时刻'；商品社会中作为商品的物被分解为使用价值与交换价值，却在景观社会中被替换成现实（reality）与意象（image），因此，景观社会就是这种被意象所操控的社会；'景观社会不是简单的意象组合，而是将意象作为所有社会关系的中介物'，换句话说，这是一个意象可以操纵一切的社会时期；倘若说，在葛兰西、卢卡奇所讨论的垄断资本主义时期物化可以统治一切，可是，他们所论及的物依旧是一种真实的存在，但在景观社会这里，物的虚像被信奉成真实的存在，例如在现今媒体中播放的商品广告充斥着物的意象，可对于真实世界中存在的物是否能够与之相符，已然不再是一个值得关注的问题，景观社会中对意象的崇拜与对真实性的忽视造就了人类对于自身生活当下流行的一种新的思维方式，而这种思维方式同样成全了景观社会在这个时代的合理性与合法性。"③

---

① 仰海峰．商品社会、景观社会、符号社会——西方社会批判理论的一种变迁［J］．哲学研究，2003（10）：23-26.

② ［法］让·波德里亚，王为民译．完美的罪行［M］．北京：商务印书馆，2002：1.

③ 仰海峰．商品社会、景观社会、符号社会——西方社会批判理论的一种变迁［J］．哲学研究，2003（10）：23-26.

此外，《景观社会》一书的翻译者张一兵也不断地对景观社会进行理论理解介绍，他在《颠倒再颠倒的景观世界》一文中表明："在分析中，德波将马克思所研究的第一阶段的资本主义初期物化经济的主要特性提炼为一幅从商品物质生产脱离开来的现代第三阶段资本主义意识思维的全景视觉图画；他将马克思所指认的市场交换中那些颠倒为物与物的，以物为直接的统治者的物化了的个人的生存方式和人们之间的劳动关系，转换为现实（reality）与意象（image），以影像为中介的人们之间的虚化了的伪欲望引导社会关系。"① 此外，结合波德里亚在其《完美的罪行》一书中所得到的逻辑结论，可以看出："景观社会的产生乃是资本主义社会向消费社会转向后的一类新异化态势，它包括两个层面内容：消费主体与消费对象，而在消费对象这个层面到处充满了一种依凭视觉影像媒介建构而成的不真实虚幻世界。此种逻辑结论与波德里亚之后所总结的'拟像'运动是一脉相承的观点，他们共同揭露了景观社会在现实世界种种虚幻假象动态中暗藏的'完美的罪行'。"② 学者仰海峰在其《商品社会、景观社会、符号社会——西方社会批判理论的一种变迁》一文中对此种现象也有明确的立场："景观社会中所树立的影像不再让人仅仅去推想现实，因为它已经成为现实本身；影像也不再能让人幻想实在的事物，因为它自身就是其虚拟出来的深入人心的实在，因此景观社会经影像媒介传播后引发了物态实体的成像化、符号化以及虚幻性。另外，针对消费主体来说，也将导致媒介与人互动后的同质化与异化问题；同质化方面，媒介开始了人化的历程，异化方面则是人出现媒介化结果。在对福柯的话语理论继承发扬后德波总结道："与其说这个世界是主体构建媒介，还不如说媒介才是构建主体的决定因素；人在景观社会的拟态世界里不断被符号化和被异化，却浑然不能自觉。"③ 如果进一步用德波自己在《景观社会》一书中的表述来表达的话就是："从生活的各个方面抽离而来的影像群（images）汇聚成一条共流的河水，如此，生活想要再次实现统一重建已经不再能够实现；景观

① 张一兵. 颠倒再颠倒的景观世界［J］. JOURNAL OF NAN JING UN IVER SITY（Philosophy, Humanities and Social Sciences），2006（1）：5-17.

② ［法］让·波德里亚，王为民译. 完美的罪行［M］. 北京：商务印书馆，2002：1.

③ 仰海峰. 商品社会、景观社会、符号社会——西方社会批判理论的一种变迁［J］. 哲学研究，2003（10）：23-26.

社会则重新将这些生活元素编撰成新式样、新整体，一个有关于片段现实景色，而它展示给我们的是一个纯粹隔离开来的、静观下的伪世界（pseudo-world）。”① 同时，张一兵在其《颠倒再颠倒的景观世界》一文中也论及：“在这个景观世界的影像专业化已然构成了一个能够自给自足切实的虚幻世界，在此处，骗人者同样享受着被欺骗和蒙蔽，它已经成为一次非生命物体的自转运动，作为生活具象的颠倒景观自处；是现代生活中各种‘片段景色’叠映的后果，其本质乃是影像网织而来的被隔绝的‘虚拟世界’；因此，现实倒映于景观，景观直接就是现实；这是一种新时代下的异化分离关系，而这种关系却是现存景观社会的根本与支撑点。”②

以上学者们针对景观社会所探讨的各种理论对笔者在写作中，把握整体理论方向、分析现实现象等方面起到了极大的助推作用。

5. 日常生活及其理论

“日常生活”一词，在我国《现代汉语词典》作出了“‘属于平时的’生活”这一解释，一直以来都广泛运用于口语中。而其作为学术用语则是一个源自西方的概念。中国著名学者刘怀玉在其著作《现代性的平庸与神奇》中总结道：“‘日常生活’这个术语首先是昂利·列斐伏尔（Henri Lefebvre）所提出，并且将其形容为‘每天生活的重复，持续不断的每天生活的重复’，但在当时仅仅是指沉闷的、单调的每日生活现实，它终究要被一种革命的、非异化的社会生活所取代；并且，列斐伏尔强调了日常生活的同质化、重复性与碎片化特征。”③ 布达佩斯学派主要代表人物阿格妮丝·赫勒（Agnes Heller）继承其老师卢卡奇的思想，针对“日常生活”在这一概念上做了深入研究，并总结出：“‘日常生活’应被界定为‘那些同时使社会再生产成为可能的个体再生产要素的集合’。”④ 这一看法注意到了日常生活与个体存在的关联。吴学琴在论文《日常生活的意识形态矩阵分析》总结了日常生活的基本活动并将其分为较为清晰的三层：“第一是日常生产消费活动，主要是指饮食男女们关于衣食住行的具体内容，主要

① ［法］居伊·德波，王昭风译. 景观社会［M］. 南京：南京大学出版社，2007：3-4.

② 张一兵. 颠倒再颠倒的景观世界［J］. JOURNAL OF NAN JING UN IVER SITY（Philosophy，Humanities and Social Sciences），2006，(1)：5-17.

③ 刘怀玉. 现代性的平庸与神奇［M］. 北京：中央编译出版社，2006：39.

④ ［匈］阿格妮丝·赫勒，衣俊卿译. 日常生活［M］. 重庆：重庆出版社，1990：3.

是以延续个体的肉体生命为目标宗旨的生活资料获取与消耗的活动，是日常生活世界的最基本的层面，古往今来，概莫能外。在这种意义上，可以把日常生活世界称为消费世界，日常生活资料的获取与消费活动对于个体肉体生存的极端重要性，进而对于个体精神生活和社会再生产的不可或缺的基础地位，很容易为人们所承认，在这一点上，古人和今人可以完全达到共识。告子曰：'食色，性也'，中国古人千百年来一直固守'民以食为天'的信条。马克思和恩格斯在《德意志意识形态》中指出：'人们为了能够创造历史，必须能够生活；但是为了生活，首先就需要吃穿住以及其他一些东西；因此，第一个历史活动就是生产满足这些需要的资料，即生产物质生活本身；'当然，马克思和恩格斯在这里重点强调的是物质生活资料生产的重要性，而我们则要进一步揭示衣食住行等日常消费活动本身的机制。第二是日常交往活动。杂谈闲聊、礼尚往来等通过日常语言这一媒介，以遗传血缘关系和传统天然情感为基本的日常生活交往行为，也是日常生活世界的最基本层面之一[①]。如果说，日常消费活动代表着日常生活领域中的主客体间的关系，反映的是'主体—客体'结构，那么日常交往则代表着日常生活领域中的主体间关系，反映的是'主体—主体'的结构。在人类社会的未来发展中，交往问题，特别是日常交往的地位将日渐突出，占据日常生活的重要地位，这是因为，一方面，随着科学技术的发展与物质财富匮乏的相对缓解，日常消费给人造成的压力会相对减少，使人有更多的机会调整人际关系；另一方面，要消除迄今存在于非日常社会交往中的异化和物化现象，不仅取决于社会体制自身的调节与完善，而且有赖于日常交往与非日常交往的协调统一发展，从而造成一种自由和平等的人际关系，这一点在后面还将进一步探讨。第三是日常观念活动，是人们在日常生产消费活动、交往活动以及其他行为中逐渐形成的日常观念意识方面的活动，是一种非创造性的、以重复性为本质特征的自在的思维活动。[②] 为了便于研究，本书在对西江整体日常生活研究中将借鉴这样的划

① 吴学琴. 日常生活的意识形态矩阵分析［J］. 安徽大学学报（哲学社会科学版），2012(1).

② 吴学琴. 日常生活的意识形态矩阵分析［J］. 安徽大学学报（哲学社会科学版），2012(1).

分类型。另外应该可以看到社会现实所表现出来的是极其丰富且善变的多重复杂特征，日常生活所蕴含的各种方面既具备其独有的个体性，也可以拥有与其他社会组成部分的统一性质；既可以是自发的，也可能为自觉的。日常生活与非日常生活的界限并不是非常清晰，两者交错纵横，边界不断变化。吴学琴亦在《日常生活的意识形态矩阵分析》中总结道："人类历史发展上的各时期日常生活与非日常生活关系复杂、交错而生，人类大概历经了这样两个时期：以近代工业机械化大生产作为分界来划分，之前的人类生活大部分都是以日常生活为主导；之后的工业革命导致了两者之间的界限逐渐模糊不清，甚至于两者关系形成错位颠倒的趋势。"①

周宪曾在其《文化表征与文化研究》中总结过："关于日常生活的定义及其演变的历程中，可以看出日常生活的基本特征：第一，机械性和重复性，也就是千篇一律、例行公事或墨守成规的特性，用一个传神的英文单词表示，就是'routinization'；第二，工具理性的制约性，是指人们的日常生活在现代技术的控制下，完全失去了价值和理想，完全受制于机械工具；第三，从众性，是指在现代技术和媒介的共同作用下，现代人丧失了反思和批判的能力，以时尚差异标榜个性实质，掩盖其思维力的弱化，最终走向同质化和同一性；第四，物化，是指人们的经济生活、日常生活甚至政治生活越来越依赖于物化的技术，最后被物控制。"②

所以，在大多数情况下，人类探讨"日常生活"之时，总会将其混同于零散、重复、平淡、无奇、细碎这些词汇，而与普遍、必然、惊奇、系统、宏大、秩序相去甚远。然而，个别与普遍、偶然与必然、平淡与伟大、细碎与系统、日常与非日常之间，追根溯源，前者是基础。因此，笔者认为本书立足于对调查地当下真实日常生活的观察、分析、总结是较为科学的做法。日常生活虽然看似烦琐细碎，但它这种偶然的、变动的、不确定的、片段的琐碎特点展示着其社会理性和意识形态性，同时也构成了社会生活最为初级的"具象世界"，通过对这些外显的初级具象地加工处理，可以找到更为深层次的普遍、必然和秩序，它们常常总是有意或无意

① 吴学琴. 日常生活的意识形态矩阵分析 [J]. 安徽大学学报（哲学社会科学版），2012（1）.

② 周宪. 文化表征与文化研究 [M]. 北京：北京大学出版社，2007：294-298.

地与情感、习惯、规则与制度相关联。同时，日常生活所具备的本真状态，是与每一个个体或集体生存息息相关，是随机变动的、真实可靠的，这也是在各种人文学科研究中不断被借鉴以立足于日常生活观察的民族志调查方法的根本所在，从日常生活实际出发，去伪存真。另外，学者孟伟在其《日常生活的政治逻辑》一文中充分指出了日常生活的意义："虽然我们总是凭借固定的说话方式、思维方式、情感表达方式、行为方式等，来进行日常生活中的各种活动；因此，不管我们愿不愿意、能不能或者善不善于发觉那些普通日常生活中一直涌动着的看似几乎毫无联系的偶然、隐秘、片段、微妙的'小事件'；可是，这些'小事件'总是人们维系漫长生命之不经意间的跃动，也是人们可以直接或间接触摸得到的日常生活的奇异'拐点'。"① 而这类在日常生活中表现出来的相对完整的过程构成的"小事件拐点"，正如吴学琴在《日常生活的意识形态矩阵分析》中断言的："它们才恰恰是人们内藏的深层次意识思维最生动且最真实自然的外在表述；我们应该意识到，即使我们的意识形态或我们的理想有何等之宏伟，最后看起来如何超越我们波澜不惊的日常生活，但是，正因为有了我们原初时零散、平淡且重复的日常生活的细枝末节，最后才能波及或转变这些日常最为细碎的生活必备，创造出能够跨越普通细微的宏观理论知识体系，而这些从现实日常所生发的宏观意识终将回归到其源头——日常世界中去；所以，借助日常生活微观事件以及事态发展演变流程来把握深层的意识形态思维，才能真正抓住思维观念的根本所在，具有单纯思辨无法与之比拟的价值，也是日常生活的重要意义之处。"②

1.3.2 研究方法

1.3.2.1 宏观——方法论层面

1. 多学科交叉研究方法。本书广泛借鉴传播学、民族学、人类学、文化学、历史学、社会学、哲学等各学科的理论和研究方法，目的是在理论

---

① 孟伟. 日常生活的政治逻辑［M］. 北京：中国社会科学出版社，2007：13.

② 吴学琴. 日常生活的意识形态矩阵分析［J］. 安徽大学学报（哲学社会科学版）. 2012（1）.

联系实际的过程中，力求尽可能扩展民族学理论的广度与深度。

2. 民族志方法。笔者通过为期一年多的田野调查，深入指定文化群体中去，从其内部着手，进行相关行为和意义的整体描述与分析，做出理性的判断、分析与研究。

3. 规范分析、定量定性分析相结合的方法。本书运用数据、图表对观察到的现代西江文化传播现象，进行理性思辨、描述、解释和说明，并据此在实证分析的基础上，进行了规范分析。

1.3.2.2 中观——方式层面

1. 实地考察。本书是建立在民族志田野调查之上，若没有实地调查的资料作为研究根据，就难以搜集研究对象的第一手资料进行深入的研究，很容易逾越整篇论文研究的语境，也会丧失研究的意义。

2. 变量分析。在现代性语境下，少数民族文化传播现象中出现了很多变量，当多个变量回归影响一个有典型性的少数民族村寨时，找出变量进行分析，这种变量回归分析的方式将支撑整篇论文的基调。

3. 再解读。本书将把文学研究中再解读的方式引入文化传播研究，考察当代少数民族同一社区不同的文化现象在现代性意义中的不同结构方式、冲突与矛盾，在继承传统的同时打破传统。

1.3.2.3 微观——技术层面

1. 访谈法。结合运用结构式访谈法与非结构式访谈法，通过人际交往中深入细致地深度访谈获得丰富生动的定性资料，并通过研究者主观地、洞察性地分析，从中归纳和概括出某种结论，建立在叙事上的哲学上进行分析。

2. 问卷法。为了了解苗族文化传播的现代性特征，调查中也应用了社会学的问卷调查法，针对所需要论证的问题，设计一些问卷进行发放和回收，然后进行分析。

3. 参与观察法。对一个群体的研究是一种软性的工作，而本书的重点则是研究苗族当前社会文化背景下的文化传播中呈现的过程与特征，人们与事件所发生的关系以及深层的因果，以局内人和局外人的身份交替参与其中，从而达到人文与实证的结合。

4. 实地观察法。在整本书中，一手材料的主要来源是作者一年多的民族日志，借鉴人类学家们的做法，扎实观察、体验、思考，记录日常生活点滴，采用现代科技手段尽量做到资料的客观性与思考的理解性同步。

5. 对比分析法。除了文献对比、文本对比、内容对比外，本书的对比分析重点在于理论与实践的对比结合，力图找到独特合理的阐释视角。

1.3.3 研究的重点难点与创新点

1.3.3.1 重点难点

1. 重点

（1）在本书资料的具体采集与变量的选取上，要明确采集什么资料，资料的侧重点；变量的取舍，变量与变量之间的关系等涉及本书核心内容的问题；

（2）本书的学理是建立在现代性理性批判基础上的，运用哪些理论，从什么角度，如何建构理论阐释框架，文章结构安排等是本书的重中之重；

（3）可以预计到本书并非单独的学科研究，如传播学，或文化研究，或人类学、民族学调研，而是基于传播视角的多学科阐释和分析。运用多学科、跨学科的理论有助于去表象求内涵，去单一求多元的科学研究，也符合了现代化社会少数民族村落多层次变迁的人文关怀的情怀。

2. 难点

（1）语言障碍。自小在县城长大，不会说苗语，到西江千户苗寨做研究，语言是一大障碍，虽然当地人多能说汉语，沟通起来不难，但他们的日常生活以说苗语为主，如何融入他们、理解他们、成为一大挑战。

（2）孤寂的民族志调研。民族志调研的目的是让研究者获取新鲜的第一手资料，需要直接考察语言（文化）在情境背景中的使用，把一个社区作为语境，把传播习惯作为一个整体进行考察。而这种研究方式与其说是考验研究者的理论功底倒不如说是考验研究者的心态和毅力。长期而孤独的民族志调研是每一个研究者必须经历的，如我国著名人文学者费孝通在云南村落调研十多年而写出江村经济。沉着、冷静、耐心是必需的心理素质。在这里我十分感谢我的导师对我的大力支持，是他不断地鼓励和指导让我毫无顾虑地回到村落去做民族志调研。

(3) 做田野调查最容易出现的失误往往是理论的“悬置”，或者生硬地用理论去套所观察的现象，学理与实践恰如其分地运用将是本书成功的关键点，更是最难贯彻的一点。

1.3.3.2 创新之处

1. 尝试找出调查地——西江整体日常生活所呈现的最为显著的特征。虽然近几年来对西江苗族现代化背景下社会文化变迁进行研究已经提上了日程，也有了一部分为数不多的研究成果。但是，现在的研究中大多集中在某一个问题或问题的某一个方面，如对村落手机、电视使用状况，或对妇女生活婚恋情况的研究。本书将从西江日常生活各方面进行观察，总结最能体现其本质变化的地方，站在整体的角度进行反思与研讨，力图找到西江苗族文化在现代性语境下所呈现的最为显著的特征。

2. 用文化传播视角研究西江苗族文化。在近些年的西江苗文化研究中，从文化传播角度分析苗文化问题的论著较少，大多集中于新媒体在村落的运用状况的研究上。笔者看到了西江苗族在新时期下的文化传播所呈现出来的不同于传统社会的现代性新特征，通过对西江苗族文化传播的现代性新特征的整理发现苗族现实社会建构的阶段性特点，是对文化传播进行阐释找出其现实意义的做法。

3. 将景观社会理论引入苗文化研究。近年来，运用西方哲学理论解析苗族自身新的社会文化变迁已然屡见不鲜。在全球化背景下，苗族社区的现状作为大环境的投射对象已经并入了整个世界，通过借鉴、批判与应用世界理论，分析新语境下的苗族文化传播现状是合情合理的。在众多苗族现代研究中，用景观社会后现代批判理论视角分析西江苗族文化传播现象，沿袭法兰克福学派的批判意识，对西江现状进行反思，是本书立论的关键所在，也是本书的创新点之一。

4. 对西江文化生态演变进行一定程度地总结。就目前对西江苗寨的所有研究看，梳理其文化生态演变这一部分的研究暂为空白，在本书第二个章节中便是对西江现代化语境下文化生态演变过程地整理。此章落脚在对介入西江现代文化生态的变量因素地解析上，从而总结西江现代化语境下文化生态所呈现出来的特征，及它们又是如何建构西江新的文化生态结构的。

5. 立足于当下现实问题尝试寻求可行性方案。本书不仅研究西江当下的问题所在，还尝试在本书最后部分针对相应的问题提出具体可操作的应对之策。这些方案基本都是笔者对当下的反思所得。本书中所设计的方案还有许多欠缺之处，主要为笔者个人的思路体现，虽为创新，但也是探索，仅供参考之用。

1.3.4 调查点“西江千户苗寨”的选择

1.3.4.1 选择理由

笔者研究主题确定后，调查点的选择便成为本次研究的重点，是否可行性与可操作性是研究成功与否的关键。费孝通选择江村为博士论文研究对象时曾说过：“为了对人们的生活进行深入细致地研究，研究人员有必要把自己的调查限定在一个小的社会单位内来进行。这是出于实际的考虑。调查者必须容易接近被调查者以便能够亲自进行密切的观察”。①

首先，从地理位置选择上来说，苗族是一个整体散居各地局部聚居，以村落的形式生存的民族。而“西江”从空间上来讲主体由 4 个大寨组成，周围连接了 10 多个小寨，布局集中，空间错落整齐，形成一定规模；从人口上来说，村寨的人口几乎全是苗族，而且人口支系历史来源清楚，历史高度传承；从文化层面上说，“西江”苗族文化典型且凸显，苗族文化内容丰富完备，也是周围苗族内部的典范区域，族群内部文化凝聚力强，备受尊敬（可从其举办牯藏节来看，苗族内部只有人口数量、富裕程度等达到一定规模才有资格举办 13 年一度的祭祖大活动，并且受到周围苗民尊重）；从现代转型上说，由于“西江”显著的文化地位，算是较早以苗族族群形象接触外界，与外界交往的苗族形象代表，是最先一批“开化”的苗族地区，开放程度较高。并且值得注意的是，在国家官方现代文化产业打造的区域中，“西江”远远领先于周遭的苗寨，成为一个“模范

① 费孝通．江村农民生活及其变迁［M］．兰州：敦煌文艺出版社，1997：13.

示范点”，在短时间内，迅速上升成为苗族对外文化产业传播的“品牌”。这样一个具有典型传统文化和典型现代文明冲突的地点，从其现实性、可操作性、科学性上来说理所当然地能够成为研究苗族文化现代转型的代表区域。况且，笔者是在距离西江只有两小时车程的州府凯里长大，对其已有了解，做比较研究相对便利。

1.3.4.2　区位分析

从地理位置上来说（如图 1-1 所示），西江地处贵州省黔东南苗族侗

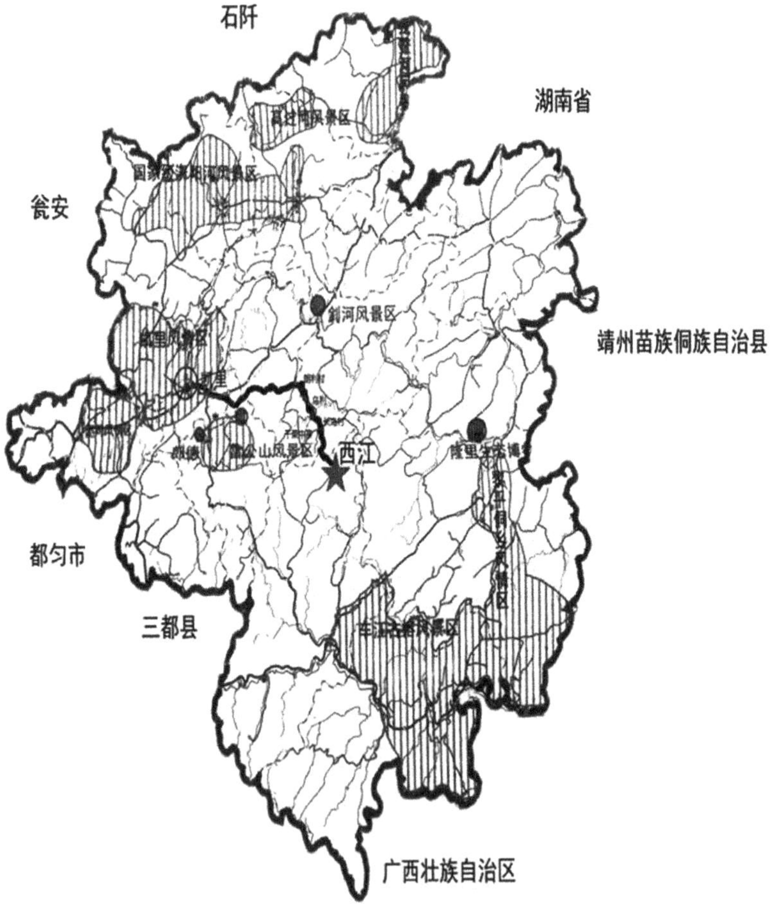

图 1-1　西江区位图

族自治州雷山县北部，海拔833米，东经108°10.20′，北纬26°29.07′，东北毗邻台江县，东南是雷山县方样乡，西北接凯里市，西南接雷山县丹江镇，距雷山县城36千米，距黔东南苗族侗族自治州州府凯里35千米，是西江镇镇政府所在地。[①] 它位于贵州东南部的雷公山麓，距海拔2178.8米的雷公山主峰28千米，是沅江支流清水江源头之一。地处黔东南雷公山风景区下，成为当今黔东南文化带的重地。西江属于断层的地质结构，断岩及断裂谷地明显，周围山脉脊梁地势有骤然降低，也有斜缓而下，形成天然小块盆地。境内地势东南高、西北低，镇内四条河流均由南向北流入清水江，该地理环境造就了西江半坡建造吊脚楼，寨子周围开垦层层梯田的生活场景。西江属于亚热带季风气候，雨量充沛，冬无严寒，夏无酷暑，冬春多雨，年均气温14—16摄氏度，最冷月平均气温3.5摄氏度，绝对最低气温-9摄氏度，最热月平均气温20摄氏度，绝对最高温35.1摄氏度。年降雨量1200—1500毫米，相对湿度80%以上，无霜期250—270天。

西江的另一个别称是“千户苗寨”，之所以有这样一个名称，是因为这个巨大的寨子是由四个大的村寨合拢而成，即现今的四个行政村：Vangx Bil（羊排）、Vangx Diongb（也东）、Nangl Gheit（南贵）、Vangl Deb（平寨），与周边10多个自然寨组成，包括Vangx Tongd（也通）、Ghab Diongl Mangx（干同免）、Diongb Yenx（东引）、Vangl Dab（羊丹）、Eb Gaf（欧嘎）、Vangx Hob（也蒿）、Ghad Vangl（更扬）、Ghab Nangl Bangs（干南邦）等，多村寨互连成片，形成整体的千户苗寨。据统计，西江在清朝咸丰年间有600多户，民国34年（1945年）苗寨人口为1000余人（因1942年的“黔东事变”，使西江人口减少）。1949年为3100余人。1952年为3300余人。1953年第一次人口普查为3400余人。1964年第二次人口普查为1040户5326人。1990年第四次人口普查1227户5858人。1997年为1115户4616人。据2005年最新统计，西江千户苗寨四个行政村为1258户，人口5326人，仅有24人为其他民族，苗族人口占99.5%。西江千户苗寨日常生活基本展现了一套苗族文化全景。

① 杨夫林．西江溯源［M］．贵州：贵州省雷山县西江千户苗寨，2006：1.

第2章 西江苗族文化现代化生态的演变

从文化生态学的视角来看，文化并不是人类某一单一活动的直接产物，而是受制于一定环境中各种各样的复杂变量。正如斯图尔德所认为的："我们应当从人类生存的整个自然环境和社会环境中的各种因素交互作用来整合研究文化产生、发展、变异的规律，即解释文化对于环境的适应过程以及影响文化发展的各种复杂变量（自然环境、科学技术、经济体制、社会组织及社会价值观念等）间的互动共生关系（斯图尔德，1955）。"[①] 由此可见，研究现代西江村落建设与文化发展势必会引入生态学的研究传统。

西江千户苗寨（以下简称西江）地处贵州苗疆腹地，长久以来，苗族历经"古三苗"的多批迁徙，与当地"羊赏"人定居在西江山地大坝（天然小块盆地）。他们有着自己自然形成的社会组织，过着封闭的自给自足的农耕生活，加上其社会主体为单一民族，自成规模，一度成为"化外"之界，形成了独特且完备的地区传统文化生态结构模式（如图2-1）。

基于图2-1所示的文化生态系统结构，西江的文化特性融入在此长期生活的当地苗族人的日常生活中，梯田耕作、亚热带季风气候农作物与饮食习惯、民族语言、独特服饰、无文字口语传播、民族传统节日、吊脚楼建筑、"鼓主"与"事主"制、习惯法等适宜传统文化生态结构的文化类型与文化模式历时两千多年逐渐得以完善并固定下来，这样的状态一直延

① 司马云杰. 文化社会学［M］. 北京：中国社会科学出版社，2001：151-178.

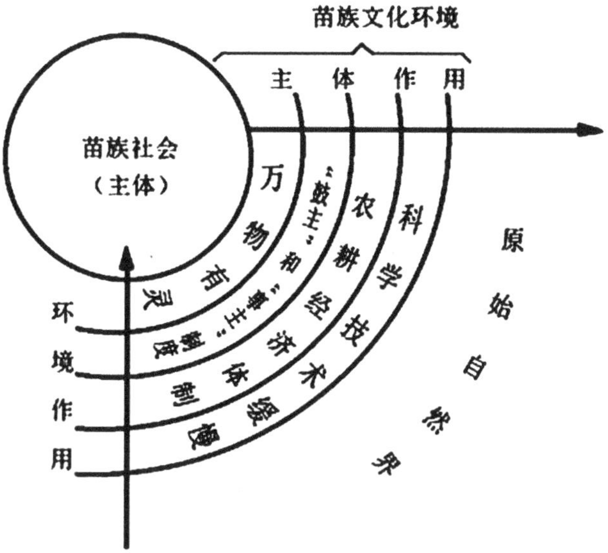

图 2-1　西江传统文化生态系统结构模式图

续到改革开放之前。

一般认为，中国现代化运动开始于 19 世纪中叶，在时间上比欧洲大约晚了 100 多年。[①] 那么西江进入现代转型则是一项晚之又晚的工程。中华人民共和国成立对西江的经济、政治、文化产生了深远影响，但西江的现代化进程依然缓慢，“改革开放”打破了这种“平静”，犹如一座界碑，把西江划分为传统与现代两段。当农耕经济生存方式不能适应现代环境时，西江苗族人也在探寻着新的现代生活方式，如发展养殖或外出打工等，虽整体收效甚微，但“改革开放”已然在封闭的“化外”生地上的苗族人“排外情绪”中打开了一道缺口。应该看到的是，西江的现代化是由外向内的被动过程。随着外围异质文化对西江村落的社会情景越来越多地介入，西江传统文化生态系统结构滑落，在传统毫无招架的时间内，西江不由自主地开始了现代社会变迁。基于此，本章着力于解决的问题便是介入西江现代文化生态的变量有哪些，它们所呈现出来的特征有哪些，它们是

① 于维栋. 中国现代化战略的新思维 · 中国现代化的战略思考［M］. 北京：中科院中国现代化研究中心，2010：44.

如何建构西江新的文化生态结构的。

2.1 纳入全球化场域

一个偏远落后村落的现代化启动，并非得益于自身社会领域中科学技术的进步，而是来自现代化的外在驱动力——全球化。正如吉登斯在其《现代性的后果》一书中所描绘的："这种全球化倾向，使得在全球与地方这两极发生变迁的复杂辩证法上，把个体同普遍大规模系统相互连接起来。"①

2.1.1 全球化作为一个场域

虽然全球化是当今时代最为明显的特征之一，但学术界对全球化的概念探讨众说纷纭。本书对全球化的概念界定，重点参考了当代英国全球化理论家戴维·赫尔德（David Held）对全球化集大成的概念界定。李刚在《论戴维·赫尔德的全球化理论分析框架》一文总结了赫尔德关于全球化的观点："全球化即是一项（或者一组）反映了社会交易与社会关系之间空间组织进行变革的具体过程，对这一过程的衡量标准为其速度、强度以及广度，它可以缔造一个跨区域、跨大陆、跨时间的流动、交往、活动以及权力所能触及的网络系统。"② 可见，全球化首先是一个关系网络，在这个网络里允许各主体进行跨时间跨地区的相互交往，而这些交往则是一种现代性语境下社会关系的交往。其次，以全球化作为主体交往关系的网络并非是静止的，它具有流动性、可变性、运动性。因此，赫尔德全球化概念的定义充分反映了全球化作为场域的特质。"场域"，是布尔迪厄社会学理论的概念之一，是他从事社会学研究的分析单位。布尔迪厄指出："从分析的角度来看，一个场域可以被定义为在各种位置之间存在的客观关系

---

① ［英］安东尼·吉登斯，田禾译．现代性的后果［M］．南京：译林出版社，2000：67.

② 李刚．论戴维·赫尔德的全球化理论分析框架［J］．南阳师范学院学报（社会科学版），2009（2）：13-16.

的一个网络（network），或一个构型（configuration）。"[①] 我国学者于鹏杰认为，就“场域”这一概念来说，既是多学科观点融合的产物，也是顺应个体和社会关系研究的一个综合平台，所以“场域”是进行现代社会研究的一种新的视角。

倘若要追溯这个时代的发展，那么应该是缘起于 17 和 18 世纪的欧洲科学、技术和理性思维的兴起，启蒙运动将这个世界推入到了工业文明时期。应该意识到当今世界正在经历一场新的历史的裂变。人们脱离了以往生活的轨迹，打破了所有类型的社会秩序，建构起全新的生活，这是从未有过的体验，人们的生活遭遇了意义深远的变革。这种变革扩散在世界的上空，形成了一张看不到边际的关系之网。正是现代性具有的这种全球化倾向，造就了一个社会的“场”，界定地方和全球两级的复杂辩证的社会变迁，把个人同大规模的系统及客观的、主观的连接起来。可以将现代性的这种“全球化场”设想为一个空间，在这个空间里，现代性的诸多特征得以发挥出效果，并且，由于这种效果的存在，任何与这个空间有所关联的对象都会受到“现代性”或多或少，或迟或早，或公平或不公平的洗礼。全球化以“场”的外形完成了对社会的现代性生产。它强大的囊括力，让现代性所到之处的时空领域无一幸免。布尔迪厄在对“场域”的社会学分析运用中指出：“根据场域概念进行思考就是从关系的角度进行思考”[②]，用吉登斯对黑格尔公式改动后提出的“现实的就是关系的”观点来说，全球化正是这样一个现代性后果的关系网络，它客观存在，“独立于个人意识和个人意志”而存在，它联结了现代性世界中的个体与整体及个体与个体。

在全球化这个场域里对于某个地方某些人而言不论是幸福的源泉还是悲惨的祸根，全球化都是世界不可逃避的命运，也是无法逆转的过程。借鉴布尔迪厄的“场域”理论，把“全球化场域”作为本书一个分析的基本背景。在这一背景下，全球化场域成了现代性的“大场域”“元场

---

① ［法］皮埃尔·布迪厄，李康译．实践与反思：反思社会学导引［M］．北京：中央编译出版社，1998：133-134.

② ［法］皮埃尔·布迪厄，李康译．实践与反思：反思社会学导引［M］．北京：中央编译出版社，1998：133.

域”，这个“大场域”“元场域”的界限则是位于其场域效果停止作用的地方，它不再受到国家或地区边界的束缚，以同样程度和同样方式影响所有的人。从某个层面来说，唯独在“被”全球化的这一意义上大体上是相同的。

西江，以长久的“化外”身份构成了相对自主的具有自身逻辑和必然关系的小世界——自我场域。在这个小世界里，它的所有对于外界场域来说都是不可化解、不可支配的。回顾起来，或许以往这种场域之间的距离在很大程度上还受困于地球物理的种种因素——自然的和人为的领土边界、人口和文化区域的各自特性。但在现代性所带来的“地理终结”的全球化场域中，西江再也不能偏安一隅。

迫使西江这个“化外”之地被动选择，进入全球化元场域的原动力，便是对“金钱”的欲求。杨秀刚在其所撰写的《天下西江》中这样描述：“在这种方兴未艾的大背景下，不仅是专家学者，就是一介平民再与西江人谈起旅游开放，我们都可以看到，西江人淳朴的脸上不仅淡去了许多警惕，而且还增添了少有的企盼。因为改革开放以后，西江人不再为吃饭发愁，但钱包却始终没有鼓起来，他们也在尝试着各种探索，包括发展养殖或外出打工……”①

西江在改革开放前，社会是建立在不患寡而患不均的平均主义财产分配观念之上的，而金钱大部分用于对外换取少量的稀缺基本生活物质。正如戴维·哈维所指出的那样，随着运动总体速度的加快，随着时空的“压缩”，某一些物体比另一些物体运动得更快。现代性全球化场域中，“经济”——资本即金钱和成就事业、赚取更多金钱、创造更多产品所必需的其他资源迅猛发展，其气势足以永远领先任何（地区性的）可能企图遏制和转移其运行的因素。对金钱的渴望，与更远地理位置的社会生活的对比，从患不均到患寡的现代经济思维的植入，使西江现代化正式开场。“经济的入世”让西江这个小世界与现代性后果下的全球化大场域发生了关联。改革开放后，现代性使西江苗族人感受外面世界奇妙巨变的同时也在改变着西江苗族人自身的社会。现代化把西江千户苗寨

① 杨秀刚. 天下西江［J］. 衫乡文学，2012，(12)：4-10.

这个边缘村落转型成现代化主体部分的同时，也把其改造为现代化的客体对象。正如阿格尼丝·赫勒在其《现代性理论》一书中所谈及的："依据波曼所论述的：成为现代的部分就是能够让我们自己发现将会面临这样的境遇之中，它包容我们大家与整个世界前往强大、成长、变化、冒险，但与此同时，又将会粉碎我们过去所熟知的、所经历的、所拥有的、所使的一切；我们将卷入一个类似黑洞一样的巨大旋涡中，在那里永恒的便是挣扎与含混、革新与分裂、痛楚与矛盾。"① 现代性的全球化场域从西方到东方，在成功解决完时空压缩中的技术问题后，它成为一个"家族相似的"开放概念。不管愿意与否，无论是有意还是无心，全球化场域用其固执有力的开放张力改变着所到之处，西江固定的传统"本土"特色，在这个由"全球人"定调和制定人生游戏规则的现代性场域中，迫使自己处于一个既不愉快又不得不容忍的难堪处境。在一个永恒改变的世界中，静止不动、"化外"自治、独善其身都已变成非现实的选择，西江在西方对东方的全球化推力下缓缓撕开最后一层面纱。伴随现代性特质的循序渐进，全球化场域作为西江现代身份的"元场域"，外面世界的所有新奇为西江打破传统，进行现代化发展开辟了另一条轨道，起到了"示范效应"。至此，西江在全球化场域中与世界范围的联系不断被强化，过去神秘的面纱慢慢被揭开。用吉登斯在《现代性后果》一书中的话来说："全球化可以被定义为，世界范围内的社会关系的强化，这种关系以这样一种方式将彼此相距遥远的地域连接起来，即此地所发生的事件可能是由很多英里以外的异地事件而引起，反之亦然。"② 吉登斯认为，在前现代社会中，人类的活动是受"在场"（presence）支配的。在西江传统社会中，西江与外界的接触主要以战争与简易交换这两种"在场"交流活动为主。战争，根植于苗族部落的历史中，几千年来，与外界的交流几乎都是以战争的形态存在。战争以敌对双方在场的残酷血腥形式促使西江对外一直保持着一种"警惕"。虽然偶有简易的物物交换，但对于有内部严密完善管理体制的西江苗寨来说更不可能有丝毫撼动。西江因全球化自身与生俱来所蕴含的"缺场"因子，突破了时空

① ［匈］阿格尼丝·赫勒．现代性理论［M］．北京：商务印书馆，2005：4．

② ［英］安东尼·吉登斯，田禾译．现代性后果［M］．江苏：译林出版社，2000：56-57．

必须“在场”的局限，人们之间的互相交流在全球化进程下不再受限于必需“在场”这一逻辑条件，哪怕不“在场”，也拥有对“在场”控制的能力。人类之间的时空距离的转变，让时间与空间能够分离，社会自身原有的体系脱离原初状态，受新的因素影响，在新的“配件”下重新组合。“在场”与“缺场”的交叉，把相距遥远的社会事件和社会关系与本土的具体环境交织起来，由此，现代性走进了西南边远山村——西江。这种时空分离的“缺场性在场”虽然极具隐蔽性，但在这个场域中，事实是反映和表达了被全球化了的人们经验的新部落和原教旨主义倾向，即全世界广为推崇的高级文化——全球化了的“高级文化”①。它造就了西江新时代的文化生态，新的意义和价值生成超越传统疆界，自由流动，这一新的生成对“好”与“坏”“富有”与“贫穷”“正常”与“反常”或“违法”等种种传统的区分做出了新的阐释。

2.1.2 旅游作为全球化的体现

如果在过去，“活在世上”对于每个西江苗族人来说是过着一种“他者”定义中的异质文化的当地生活，如“万物有灵”“父子连名”“同寨不能开亲制”“一鼓一社制”“榔规榔约的习惯法”等，那么，在进入现代性全球化场域后，地方性已完全被外来的影响所侵入，从而大大改变了西江“个体现象世界”的实际状况，西江必须对全球化场域现代性特征做出反应。

早在这个时刻到来以前，在西江传统社会之外的早已存在一个先于西江进入现代社会的国内环境，各种形塑传统世界的秩序与砝码已然被世界全球化场域所持之新的社会价值标准所替代。如何理解这个陌生世界，成为无法回避的问题。正如马克思在分析相似社会中“异化”这一概念时所阐述的，西江作为个体在现代化全球场域不得不将已有的对自己生活环境的权力让渡给现代化生产下的生产方式及其依循的生产规律，从而支配西江文化现代性的一切内容，这即是西江起初所经历的异化起

① ［英］安东尼·吉登斯，赵旭东、方文、王铭铭译．现代性与自我认同［M］．上海：三联书店，1998：23.

跑线。

在这个起跑线上人的动力受到客观存在的社会发展语境所映射，由此可以推出，全球化使现代性的步伐得以全方位延伸，而被罩在这个全球化圈中的每一个“个体”终将成为这个不断拓展边界的怪圈里无法躲避的一颗“粒子”，身处其境后，唯一能感受的只是过去的自主性不断被掠夺的无奈。西江在现代情景中被带入不同的遭遇与环境的场景中，成为场景中的一个部分，而这个场景要求西江用不同于以往的“得体的”行为方式生活。正如戈夫曼研究的那样，当个体离开某种遭遇而进入另一种遭遇中去的时候，他要小心谨慎地把“自我的呈现”调整到某个特殊情境所需要的行为方式中去。传统的“活在世上”面临了前所未有的自我困境，面对现代性强烈且广泛的异化，西江又将如何保护和重构自我？换句话说，参与现代性的关键在于，在全球化场域中找到一个属于自己的位置。

实践证明，西江在现代性全球化场域中寻找到的方位与自我救赎的方式便是旅游业。那么为什么西江会选择将旅游业作为自己现代性的突破口呢？

首先，旅游已然成为现代生活必需品，成为全球化的一个重要表现。旅游从其自身的发展历史来看是极其悠久的，是一种非迁居性的旅行活动，是伴随人类文明发展起来的。伯林（Berlyne）认为所有的人类都试图保持一颗好奇心，同时寻求“人为的刺激……以此来补偿他们周围环境的不足”（Berlyne，1968），旅游被认为是对普通和枯燥生活的弥补。旅游不是一种新发明，而是一种“再创造”，这种“再创造”可以使我们从这个枯燥的世界中解脱出来，以获得身心上的恢复（格雷伯恩，2007）。旅游是一种休闲活动，与有规律、有组织的工作与生活形成对比，起到调剂作用。在中国古代，不管是在异乡为官的“宦游”，到各地经商的“商游”，读万卷书、行万里路、寻求救国道路的“文游”，朝圣拜佛的宗教旅游，还是各种各样的“浪迹江湖”，其多数并不是以旅游作为根本目的，旅游不过是这些活动的副产品。在西方，旅游业历经旅游史前期、贝德克尔时代到后来的大众化旅游时期[①]。陈来成在《休闲学》一书中提到已经有学者指出："原始人一生中的劳动时间占33%，而闲暇时间只占16%；进入农业社会以后，人的一生中的劳动时间占28%，闲暇时间占22.9%；到了工业社会，人的一生中的劳动时间约为10.4%，闲暇时间能占到38.6%。"[②] 从旅游时间来看，过去的旅游活动是没有条件的普及。另外，旅游活动不能普及的原因还有很多，例如交通工具、道路条件等。在现代技术发展以前，人类对自然的征服是有限的。旅游在工业文明全球化时代发生了变化，即大众旅游（mass）。美国著名社会人类学家马康纳同样从自身研究领域对旅游做出了相关研究，他认为旅游乃是一个社会发展中不可避免的事实，更是一种与现代性的多种形态极其相关的社会现象。旅游现象充分体现着现代性下的各种形态。而全球化与大众化，则是现代旅游最为突出的属性，历史上开始历经了一个从"个体旅行者"到"大众社会游客"的转变，而且这种"大众社会游客"现象是全球化的。旅游在欧洲、北美普及，甚至在世界其他大多数地方不断呈上升趋势，体现了游客是"现代"体验的主体特征。一个人如果不"离家旅游"就如同没有汽车和豪宅一样，旅游是现代生活的必不可少的组成部分，如果人们不去旅游将是人生的一种缺陷和遗憾。大众化旅游，让旅游不再专属于某一层面的群体，旅游成为一种"必需品"，是现代社会的地位标志（the marker of）。如果人们不去旅行，那么，他们就没有地位。"我需要度假"不容争辩地反映出一种现代话语，它是基于这样的思想：人们只有经常出去"离家旅行"，他们的生理健康和心理健康才可以得到恢复。[③] 旅游，在全球化的现代性生活中已然成为不可或缺的一种方式，不再受时空的限制，成为全球化的一个话题。西江的现代发展从此着手顺应了时代的发展，可行性较强，前景乐观。

其次，民族文化成为现代旅游业的需求。在不同发展时期，人们的旅游需求也是不同的。从人的需要出发，是为了满足或实现人们某种需要而做出相对应的行为，产生了行为的动机，而旅游动机直接决定了旅游类

---

① ［法］朗加尔，陈淑仁，马小卫译．国际旅游［M］．北京：商务印书馆，1995：2-8.

② 陈来成．休闲学［M］．广州：中山大学出版社，2009：1.

③ ［美］John Urry．游客凝视［M］．杨慧译．广西：广西师范大学出版社，2009：3-8.

型。旅游动机确实是旅游行为背后一个重要的变量和动力（Crompton，1979）。就个人而言，皮尔斯的 TCL 模式（旅游生涯梯形）（Pearce and Caltabiano，1983）（如图 2-2[①] 所示）表明，游客的需要或动机以层次结构或阶梯形式组织，个人的旅游动机随着他/她的旅行经验而变化。当游客越来越有经验时，他们也越来越多地寻求更高层次需求的满足。科恩把不同需求的旅行者类分出来，而不同的旅游类别也体现了不同游客的追求（如表 2-1[②] 所示）。

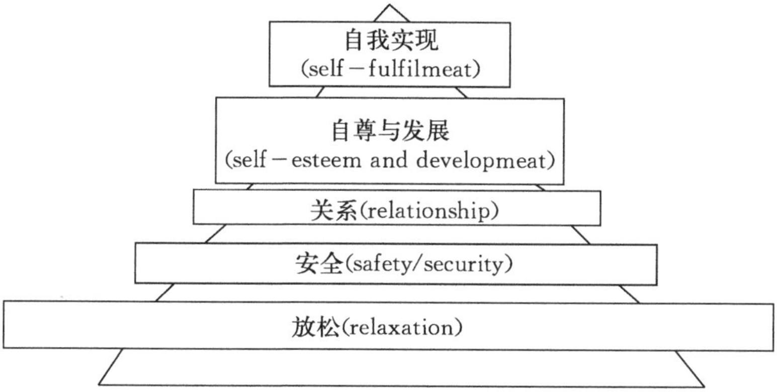

图 2-2　旅游生涯梯形图

表 2-1　科恩旅行者分类表

1. 娱乐型旅游者（Recreational）	本土社会
将其精神中心置于本土社会之中，他们寻求娱乐体验，而对了解和体验别处的社会和文化不感兴趣。	
2. 消遣型旅游者（Diversionary）	
中间类型，他们虽然一定程度上远离本土社会，但仍受本土文化牵制，不寻求在别处的真实体验。在一定程度上，度假或旅行的目的在于暂时忘记本土环境。	

① 王宁，刘丹萍，马凌．旅游社会学［M］．天津：南开大学出版社，2008：120.
② 王宁，刘丹萍，马凌．旅游社会学［M］．天津：南开大学出版社，2008：71.

续表

3. 试验型旅游者（Experimental）	精神中心
寻求在旅游目的地的真实性，寻求体验另一种文化和社会，但并不认同这些文化，也不拒绝自己的社会文化。因此旅游只是为了补偿本土生活的不真实性，最终他们必然还要回去。	
4. 试验型旅游者（Experimental）	
寻求重新定位其精神中心，但是却停留在本土的精神中心和另一个处在他乡的精神中心之间。对他们而言，真实的体验是最本质的。但却不能够完全沉浸任何一种文化之中。	
5. 存在型旅游者（Existential）	他乡或别处
与娱乐型旅游者相对的另一个极端，他们脱离于自己的本土社会，将精神中心置于别处，旅游者完全沉浸在旅游目的地当地的社会文化中，在新的地方和精神中心寻找意义和归属感。	

可见，不同类型的旅行者对于旅行的预期需求也是高低有别，各取所需的；就不同的历史时代而言，人类也有不同的旅游形态。例如古代人就生活在唯美的大自然中，不需要像现代人那样为了逃避城市生活或过快节奏的生活而想回归大自然。现在，伴随工业文明的发展，人们的旅行属性已完全改观，它与古代宗教部落或中世纪那些远游者的宗教的、商业的或军事的迁移相比，则大不相同，旅行需求也发生了很大的变化。随着社会的发展，人们的精神追求也越来越高。对当代部分旅游者来说，旅游不仅是一种物质享受，更重要的是满足精神上的需求。美国学者史密斯（Valene Smith）曾把旅游分为五种类型（如表2-2[①]所示）。

① 瓦伦·L·史密斯编. 东道主与游客［M］. 云南：云南大学出版社，2007：4-5.

表 2–2　史密斯五种旅游类型表

序号	旅游类型	说　明
1	民族旅游	主要是以地方的“奇异”和异域的民族风俗习惯为特色，民族旅游活动主要包括到当地人家和村落拜访，观看民族歌舞和民族仪式表演，购买当地的土特产品。对艺术史学家来说，部分产品有很高的内在价值，这样的旅游目标常远离“旅游热点”，只吸引那些少数由于好奇心驱动的游客和精英游客。“一般来说，游客较少的地方，主、客间的影响就要小些。”
2	文化旅游	主要是以参与和感受地方文化为主的旅游。这种旅游包括参观“如诗如画”的或具有“地方色彩”的目的地，参观那些即将消失的“古老”的东西，如建筑、手工纺织品、牛车、马车、从事农耕活动的工具、人工制品等。具体的活动包括到乡村小饭店吃饭，观看民俗演出，观看着民族服装的演员的节目表演、马术表演。在这样的旅游中，东道主和游客之间的相互影响很大。因为许多到这里来的游客的目的就是为了观看当地农民的生活，并把他们变成研究的对象。
3	历史旅游	主要是参观历史遗迹、古建筑、博物馆或教堂等。受欢迎的活动有：由导游带着参观历史古迹，观看书上介绍过的表演及展示地方生活的戏剧，等等。这样的旅游往往受到许多有一定文化层次、接受过教育的游客的欢迎。这种规范化的旅游业或者说“旅游文化”可迎合大量的游客，这样，东道主与游客之间的接触常常是非个人的和疏远的，主要是经济上的而不是社会性质的接触。
4	环境旅游	主要是指到边远的地方去旅游，感受大自然的纯净。这样的旅游往往从属于民族旅游、它吸引一些旅游精英到边远的地区去旅游。由于环境旅游主要是指地理方面的，所以许多想接受教育的旅游者很喜欢到大山和农村去观察人与自然的关系。在那里，人们可以看到当地的物质文化是如何适应当地的环境。同时，游客还可以品尝当地的食品，观看各种当地的舞蹈，在环境旅游中，东道主与游客之间的接触是多种多样的，这可以就不同的地方去进行评估。
5	娱乐性旅游	这样的旅游往往与沙滩、大海和性有联系。许多人就是因为看到某些美丽的绿片而激发起去这些地方旅游的念头。这样的旅游所产生的东道主与游客之间的关系也是非常的不同，而且因受季节的影响，娱乐方式也不同。

这五种类型的旅游都能够在西江找到。西江，就其自身的特质来说，

在全球化场域中以旅游作为其定位进行现代化发展是得天独厚的。首先，西江地处边陲，自然生态没有受过工业化带来的负面影响，自然环境与城市化环境形成鲜明对比，弥补了现代自然环境的缺失。其次，西江是一个典型的苗族聚居的村落，规模较大，体系完整。苗族是一个历史悠远的部落式民族，传统文化因其封闭自在而保存良好。从而可以满足现代城市人怀旧、好奇的心理，同时填补现代人与现代社会产生的疏离感和空虚感。最后，西江苗族文化博大精深，不管从语言、传统、饮食、音乐、舞蹈、建筑、信仰、服饰等，都自成一派。不仅可以满足旅游者走马观花的低需求，更可以满足他们精神层面的高需求。而进行这样的满足多元需求的旅游，既了解了异地的风土人情、回归了大自然，又缅怀了历史，增长了文化知识，这种在旅游活动中追求知识、文化的经历，是20世纪游客所向往的经历，也是20世纪旅游业所倡导的。所以，在西江建立旅游业，成为其现代化的出口。西江的现代化进程是从旅游业开始的。

具体来说，西江的旅游起始于改革开放初。1982年之前的西江旅游基本上处于民间自发状态，不成规模。直到1982年，旅游才真正在西江落户。政府对西江旅游环境进行了一定改善，旅游知名度有所增加，但是此时的西江旅游一直都是地方自主性经营，依旧偏安一方。旅游对村落社会经济生活结构并无过多改变，这种状态一直维持到2008年。

2.1.3 “2008·一会一展一节”[①] 作为西江的大事件

2008年，对于西江来说是最为重要的一年。从这一年开始西江正式进入现代意义上的旅游时代。自此，旅游以全村整体态势落户西江，成为人们生产、消费、消遣及与他人交往的代名词，并因此形成一个重要的经济产业。

“一会一展一节”对西江最为突出的改造便是应大会需求而进行的主会场打造。西江为办好2008年“一会一展一节”，省、州、县各级政府投

---

① 2008年在西江召开“贵州旅游产业大会·第三届产业大会”的同时，举办第一届“多彩贵州·中国·原生态国际摄影大展”和“第二届中国·贵州·凯里原生态民族文化艺术节”，简称“一会一展一节”。

入近 3 亿元改善西江的硬件、软件旅游环境（如表 2-3[①] 所示）。

表 2-3　“一会一展一节”西江重点建设项目情况一览表

序号	项目名称	投资额（人民币）	情况说明
1	主会场	680 万元	占地 $1300m^2$，其中表演区占地 $7200m^2$，看台区占地 $5800m^2$，建筑面积 $2760m^2$。
2	河滨道景观房屋	630 万元	10 栋苗族建筑风格房屋，总建筑面积 $2822m^2$。
3	“核心区/三线下埋”工程	260 万元	供电 0.4w 低电力缆线埋设，总长 3.047km；电信电缆埋设总长 1.3km；移动线路埋设总长 2km。
4	西江背后坡和寨内绿化工程	350 万元	西江四周可视范围内的绿化面积 424 亩，树 2.9 万棵，西江寨内的绿化，植树 495 棵。
5	西江苗族博物馆	220 万元	建筑面积 $1560m^2$，走廊非标面积 $300m^2$。
6	寨内饮水及消防系统工程	800 万元	包括饮水工程、供电线路整改、改灶改池、修缮房屋等。
7	寨内步道及排污	115 万元	西江东引村、羊树村、也环村排污沟及游览步道，总长 3568 米。
8	西江小学	676 万元	西江小学搬迁建设，总建筑面积 $3992m^2$。
9	白水河河道景观建设	244 万元	左右岸 1095 米河堤砌筑，搓河坝改造 5 座，新建搓河坝 1 虚，延伸河堤 200 米，碾米房、水丰建设。
10	5 座风雨桥	275 万元	干瑶风雨桥、东引风雨桥、西江小学风雨桥、西江中学风雨桥、平寨风雨桥的建设。

① 费广玉，陈志永．民族村寨社区政府主导旅游开发模式研究［J］．贵州教育学院学报，2009（6）：28-35.

续表

序号	项目名称	投资额（人民币）	情况说明
11	西江农业观光步道	20 万元	步道总长 3000 米。
12	“苗家乐”改造项目	45 万元	改造 20 户农家乐。
13	活路头景观改造	6 万元	羊树村蒋姓景观改造
14	供销社改造	165 万元	总建筑面积 1476.65m^2
15	朗西旅游公路	5000 万元	西江境内旅游环线公路、北大门停车场、汽车站、西江中学同车便道、计生站至南贵水寨河滨道、朗利至西江公路。
16	西江观景台	130 万元	总建筑面积 1077m^2，包括观景台、管理房屋等。
17	二星级宾馆建设	1500 万元	占地面积 5360m^2，包括职工住房、主楼、餐饮楼、生态楼。
18	主步道和河滨步道装	246 万元	主步道全长 620 米，河滨道步道总长 680 米，采用不规则和规则青石块拱花，采用鹅卵石镶嵌苗族鱼园景。
19	灯光系统工程	360 万元	土建设部分包括电缆沟开挖、回填，灯具支架基础浇柱，接线井砌筑；电气部分电缆及护管教设，接地农安制、灯具安装、控制线　设等。
20	旅游公厕建设	85 万元	一个民族旅游公厕（161m^2，18 个蹲位），一个生态旅游公厕（146m^2，13 个蹲位）。

从这 20 多个项目来看，几乎遍及西江整个生态空间，对用第一自然原生态理念修建的传统聚落村落进行了彻底的人工打造。以最直接的、立竿见影的国际旅游标准对传统生态进行现代改造，将西江旅游直接带入现代产业化建设之列，这种效果也是明显的。

朗卡尔是这样形容全球化下的现代旅游的：“通过旅游，各个不同的民族社会都进入了国际化的进程，它们逐渐同国际范围内组织起来的经济、社会、文化体制衔接起来，同时，各国本身的参照体制却在解体”。① 现代旅游通过2008年在西江的落户，使一个苗族小村落具有与过去根本不同的属性，一个边远小村的发展被编入了全球化旅游话语体系之中。犹如杨慧《马康纳（Nean Mac Cannell）及其现代旅游理论》一文中所描述的那样：“当下盛行的现代旅游产业凝聚了全球资本的巨大力量，它可以使历史消逝，包装地方特色，重建地方性的遗传基因，它可以让所到之处的一切事物从时空中抽离出来，并将其重新设置编排进其规定好的场景中实施驯化活动后，旅游便不再作为纯粹的放松娱乐或休闲度假行为了，它摇身一变即刻转变成构建文化以及神话故事的原动力，而旅游所创造的文化已然成了可以缔造整个社会生态语境的强力元素，它在不断自我复制的推移中构成了一种消融自我的解构现象。”② 2008年后的旅游产业对西江社会进行整合，开始了一次分门别类地目录编撰，将西江过去所拥有的一切的基本元素从自然、历史及文化传统生态中剥离出来无差异化地编织入自己的目录。而唯一未被取代的、允许保留下来的就只剩下其民族身份——“苗族”。这恰好是旅游产业吸引看点的“炫丽”之处。西江现代旅游已经被当成一种产业，它提供了一套自己的生产话语。这也充分体现了全球化场域在西江的“原生态”地位。此外，也应该留意到推动西江全球化场域中旅游生态得以运行的另外两个必不可少的助推器——媒体与国家。

2.2　苗族现代传播生态生产

现代社会凸显的特征之一就是人人都对传播感兴趣，传播极大地影响着日常生活。随着传播介入越来越多文化的建构，传播信息的变化改变了文化进程、文化之间的关系和与文化相关的所有行为。传播成为文化生态

① 王宁，刘丹萍，马凌．旅游社会学［M］．天津：南开大学出版社，2008：274.

② 杨慧．马康纳（Nean Mac Cannell）及其现代旅游理论［J］．思想战线，2005（1）：97-101.

中不可或缺的量值之一。关注文化在传播的过程和逻辑下如何被维持、如何被认识、如何受到挑战成为现代文化研究中不可避免的一个问题。

象征互动论者认为传播发生在特定情境中，而这种在情境中的传播过程指的就是传播生态。传播生态学的主要观点是，越来越多的社会行为发生在传播生态的情景中，媒介和技术无可争议地对社会生活产生影响，文化亦是如此。本书关注的是，进入现代生活后的传播生态结构是如何以独特的方式影响苗族及西江文化的。本书所要探讨的文化传播生态意在尝试理解苗族及西江文化是如何被传播组织起来的，以促使它们在新的时代下被内化，被改变的。

在现代社会，许多行为离开传播媒介的影响就很难被理解。越来越多的行为只能以它们如何被组织起来、如何被解释和如何被执行的角度才能被理解。如今，更多现实的行为被纳入引导人们理解的传播范式之中并“被”塑造，社会生活因而随之改变。当行为进行调节和改变以跟上传播的步伐时，行为自身就改变了。时代对传播在性质、影响力和偏好方面的变化无疑是促使文化变迁的一个重要因子。从某种意义上说，生态并不是作为一种（物理性）事物而存在的，而是一个变动不定的流动的结构，人们将把它视为一种表述或框架。所以，建立在传播基础上的表述或者框架也是传播生态。对于传播生态自身来讲，不同时期的不同范式导致传播过程中在对经验和信息的选择、组织和展现上有着不同的特质。这种传播生态表述的变化使文化越来越受现代性标准的指引和评价，促成了新文化传播范式的发展。同样，它在对现存文化加以改变的同时也帮助塑造新的社会文化类型。传播生态的概念一般建立在对意义的追问上，牵涉意义的转换，而不是对缘由或技术决定主义的探寻。传播的基本要素为社会行为提供了一种结构、逻辑和能力上的支撑。媒介对文化的传播规则和逻辑在最近几十年中随着现代性的到来产生了极大的改变。它们在这一过程中增加了新的文化维度。①

2.2.1 现代传播中苗族文化客体化生产

传播的仪式观把传播看作一个创造、修改和转变共享文化的过程。那

① ［美］大卫·阿什德. 传播生态学［M］. 邵志择，译. 北京：华夏出版社，2003：2-9.

么，对于苗族形象的现代文化传播生态建构也是一个不断渐进过程。如果把生态视为一种表述或框架，那么生态的建构表现在传播过程中即为传播话语的建构。话语指的是对主题或目标的谈论方式，包括口语、文字以及其他的表述方式。倘若要找到现代意义上苗族文化生态的生产轨迹，就应围绕现代传播“话语”和“话语分析”进行探究。

2.2.1.1　形象——传播中的话语建构

1.“边城”形象。西江的传播话语建构最初是来源于对苗族文化生态的建构。现代苗族文化传播话语建构中，最为典型的应属以沈从文的《边城》[①] 为领衔创作的早期苗族系列小说作品，及其各种传播话语生态建构中所塑造的“湘西”苗族形象。沈从文在其创作生涯中最为突出的就是对以湘西社会生态与精神状况为主题的苗族传播话语的发现。文敏在《沈从文对苗族民族性格的“深描”——以“苗族传奇”为例》一文中很好地总结了沈从文苗族文学的创作：“因为沈从文在1928年到1933年得知自己有一部分少数民族即苗族血缘之后，便拥有很深厚的苗裔的身份认同感，常年以苗族自称，并且创作出了一系列脍炙人口的关于苗族这个神秘浪漫奇异世界的小说、散文、故事等，产量丰富。如，《阿金》《神巫之爱》《龙朱》《月下小景》《媚金·豹子·与那羊》《七个野人的最后一个迎春节》等。”[②] 其后在《长河》《柏子》《萧萧》等作品中，沈从文同样倾注了他对湘西世界异乎寻常的眷恋和关注。而其散文《湘行散记》《湘西》则直接以湘西作为时空定位予以记录。在沈从文一系列湘西苗族文化话语建构的基础上，从小说、舞剧（如舞剧《翠翠》）、电影（如电影《边城》）再到电视散文（如电视散文《边城印象》系列）等各种关于“湘西苗族”的传播方式逐渐构建了现代苗族文化生态基调。就《边城》类传播话语的文本向度来说，“苗族”在“边城”类特定话语结构中被建构成的“客体”特征大概有以下三种：

---

① 小说《边城》是苗族小说家沈从文创作于1933年秋到1934年春之间，最初连载于天津《国闻周报》，1934年9月，由上海书店出版单行本，曾多次收入现代作家的作品集中。1999年6月，《亚洲周刊》推出了“20世纪中文小说一百强排行榜”，这部小说名列第二。

② 文敏. 沈从文对苗族民族性格的“深描”——以“苗族传奇”为例［J］. 昭通师范高等专科学校学报，2007（4）.

首先，“苗族”所处空间生态往往是优美田园牧歌式的自然生态。沈从文在其小说《边城》的开头就给人们展现了一幅优美的图景：“一条小溪，一座白塔，一户人家，一个老人，一个女子，一只黄狗，仿佛陶渊明笔下的桃花源，绕着溪水流淌的清澈水源直通大河，如弓形般的地势走向，水中鱼儿，河床大石，玛瑙石子所铺，黄墙、乌瓦、高山，干净闲逸的河名与村名，四周所到之处都搭配得相得益彰，妥帖和谐，使人心旷神怡。”①

在小说《边城》中，作者基本采用绘画式笔调勾勒一幅朗然入目、清新淡雅的水墨空间生态。“溪水清澈透明，白日，白石子，玛瑙石子，粉红、粉白的花朵，紫花布衣裤，黄泥墙，乌黑瓦，这些明丽的色彩及简洁的文字还原出一幅白水流域的四季风光图，给人以清新真切，心旷神怡的感觉，边城风韵尽收于此。另外，《边城》的文本记叙风格表达上也配合着文字展示出一个质朴纯洁的桃源境界”②，电影《边城》更是以直接的视觉画面印证文本（如图 2-3 所示）。沈从文因此也自评过：“一个对诗歌图画稍有兴味的旅客必定会对湘西这幅美妙的风俗画神往倾心。”③

其次，“苗族人”以本真纯朴自由为民族性格的精神生态。《边城》类的湘西作品最不吝笔墨的便是湘西苗族人民的民族性格的刻画。沈从文因其自身为苗族，取本位立场，写出了苗族民族性格的优与劣。对不受羁绊、勇往直前、无所畏惧、浑然天成、质朴率真、不事雕琢的民族性格塑造，话语建构者主要以爱情的形式表现。如《月下小景》《龙朱》《媚金》《神巫之爱》等。文敏在其文章《沈从文对苗族民族性格的“深描”——以“苗族传奇”为例》中详细地论证了这一点。在《边城》类小说中不惜笔墨地表现苗族的恋爱方式，以情歌大胆示爱；男女在恋爱中自由平等；健康自然不悖人性的独特婚恋追求，从《媚金》中豹子和媚金从早唱到晚的真挚情爱表达，到《月下小景》中傩佑和女孩虽不能终身相依，但也要轰轰烈烈相爱一场，殉情而亡的对自由爱情的执着坚持；再到《神巫

① 沈从文. 边城 [M]. 北京：人民文学出版社，2000：4-8.

② 闫晓昀.《边城》时空维度与叙事意图. 海南师范大学学报（社会科学版）[J]. 2008（6）：94-98.

③ 沈从文. 边城 [M]. 北京：人民文学出版社，2000：8.

图 2-3　电影《边城》截图

之爱》中花帕族女人无所畏惧地追求真情真爱，自由主动的示爱场景，与神相爱的大胆率真。沈从文在其文学著作中搜集的大量苗族情歌歌词里，用苗族的恋爱、生活、语言方式等能够体现苗族不同于现代社会其他民族的层面搭建起了“文学”中苗族族群的精神生态系统。

最后，“苗族”日常生活中异域风情的社会生态。在“边城”类的文学创作中勾勒了苗族社会日常生活的场景，这些“边城”类文本话语透露了众多的文化因子并建构了一个有别于汉族与汉域的“异域情调”文化生态系统（如表 2-5 所示）。另外，沈从文还将苗族风俗习惯融入生活记录文本呈现出来。如，《边城》中整个故事的背景便是苗族一年一度的端午赛龙舟场景；在《神巫之爱》里盛大的跳傩场面等（如表 2-4 所示）。

表 2-4　苗族形象在传播话语建构中的文本分析——沈从文

作者	著名名称	类别	文本内容	说明
沈从文	《边城》	苗族一年一度的端午赛龙舟	划船的事各人在数天以前就早有了准备，分组分帮各自选出了若干身体结实手脚伶俐的小伙子，在潭中练习进退；船只的形式，与平常木船大不相同，形体一律又长又狭，两头高高翘起，船身绘着朱红颜色长线，平常时节多搁在河边干燥洞穴里，要用它时，施下水去，每只船可坐十二个到十八个桨手，一个带头的，一个鼓手，一个锣手；桨手每人持一支短桨，随了鼓声缓促为节拍，把船向前划去；坐在船头上，头上缠裹着红布包头，手上拿两支小令旗，左右摆动，指挥船只的进退；擂鼓打锣的，多坐在船只的中部，船一划动便即刻蓬蓬镗镗把锣鼓很单纯的敲打起来，为划桨水手调理下桨节拍；一船快慢既不得不靠鼓声，故每当两船竞赛到剧烈时，鼓声如雷鸣，加上两岸人呐喊助威，便使人想起梁红玉老鹳河时水战擂鼓，牛皋水擒杨幺时也是水战擂鼓；凡把船划到前面一点的，必可在税关前领赏，一匹红，一块小银牌，不拘缠挂到船上某一个人头上去，皆显出这一船合作的光荣；好事的等人，且当每次某一只船胜利时，必在水边放些表示胜利庆祝的五百响鞭炮	苗族社会日常生活的仪式场景
沈从文	《神巫之爱》	跳傩	松明，火把，大牛油烛，依秩序一一燃点起来，照得金坪通明如白昼；那个野猪皮鼓，在五羊手中一个皮追道重击下，嘭嘭作响声闻远近时，神巫上场了；他头戴红巾，双眉向上竖；脸颊眉心擦了一点鸡血，红缎绣花衣服上加有来给花虎黄纸符箓箓；他手执铜叉和镂银牛角，一上场便有节拍的跳舞着，还用呜咽的调子念着娱神歌曲；他双脚不鞋不袜，预备回头赤足踩上烧得通红的钢犁；那健全的脚，那结实的腿，那活泼的又赤露完美的腰身转折的姿势，使一切男人羡慕、一切女子倾倒；那在鼓声嘭嘭下拍动的钢叉上国儿的声音，与牛角呜呜喇喇的声音，使人相信神巫的周围与本身，全是精灵所在	

表 2-5 “边城”类文本中苗族文化呈现表

文化类型	内　容	出　处
服饰文化	花帕、侗锦、大耳环等	《神巫之爱》《湘西》
建筑文化	吊脚楼、依水而居	《边城》《凤凰》
婚姻文化	对歌定情、自由恋爱、聘金等	《边城》
节庆文化	赛龙舟、四月八、迎春节、祭祖、跳傩、赶场、唱歌等	《边城》《龙朱》《媚金·豹子·与那羊》
原始宗教信仰	赶尸、蛊术、巫术、落洞等	《阿金》《神巫之爱》《山鬼》《龙朱》《凤凰》

“湘西”系列现代话语体系与阐述方式就如同沈老先生本人一样，有着浓重的“乡情”“乡音”。沈从文笔下的湘西是一个唯美世外桃源的时空维度：山美、水美、情美、人亦美。在湘西、在苗区生命都充满了原始的活力：积极、单纯、乐观，憎恶随性，爱恨由情生。人性是优美、健康、自然的。在沈从文的“边城”类话语中，他塑造了一个与“都市”相对立的“乡下人世界”。据统计：“在沈从文早期创作的 106 篇作品中，有 49 篇肯定农村和乡村民间艺术，有 27 篇否定城市生活，此外还有 20 首诗和 10 篇其他作品”。① 而这个乡下人的湘西世界一直以来都是以补充现代文明的形象出现在文化想象话语场中。虽然沈先生本欲从近代兴起的新闻报道所建构的一系列“他者化”了的湘西想象压力中摆脱，以本体地位组建新的正面话语体系。但是应该看到，他用很大部分的创作构建出的理想世界，还是基于对现实现代文明社会的反思，隶属于主话语场。

而“湘西”长久以来都是在修正现代文明意义中生存下来的。陈长春在《透视〈边城〉论沈从文小说的反现代性》一文中评论其反现代性意义：“沈从文通过其边城类作品所营造出来的边城世界里所塑造角色的淳朴健硕、坦荡勇敢、重义轻利中不断对民族的发展进行自我的反思，经由其作品中透露出来的赞美自然虔敬合一、浑然天性等人格与心理的外露，从自己的角度审视着区域地方性本土生态中与其历史文化紧密关

① 陈长春. 透视《边城》论沈从文小说的反现代性［D］. 沈阳：东北师范大学，2008.

联与交织的优美形态，将现实社会的发展与深层文化观念之间进行恰当的嫁接，这些表达手法无不显示其对备受煎熬与摧毁的民族本土真实客观情景的关注，并宣扬其对文化发展理想构思，与此同时，他更加揭示了自己民族在现代性转型过程中所凸显的过去与现代文明之间某一深邃的‘差异’‘断裂’‘消融’和‘异变’等现象的思索，边城世界与现代社会所形成的强烈对比性映射出沈从文主体深层反思后的某些希冀与呼喊。”①

2. 神秘的“巫蛊”形象。以异域化、妖魔化的表意策略来进行苗族传统话语建构的方式，一直延续到清代甚至近代。如，在清人编纂的《黔苗图说》中，记载着苗族的82个分支，其称谓带反犬旁的占半数以上，有的干脆比照动物之名称之。苗民在和中央王朝发生冲突时，更是被称为“逆苗”“匪苗”“癫苗”“贼苗”“悍苗”等。上述两类蔑称，在古代典籍中可以说俯拾即是。“巫蛊”文化的想象与指控长久以来都是妖魔化苗族形象最为坚固的话语形态。如潘文献在《苗族巫蛊之谜》中所论述：“《乾州厅志·卷七》载，苗妇能巫蛊杀人，名曰‘放草鬼’。遇有仇怨嫌隙者放之，放于外则虫蛇食五体，放于内则食五脏。被放之人，或痛楚难堪，或形神萧索，或风鸣于皮肤，或气胀于胸膛，皆致人于死之术也。将死前一月，必见放蛊人之生魂，背面来送药，谓之催药，病家如不能治，不一月人即死矣。不仅如此中国古代的很多法律里面都严禁蓄放蛊毒，例如，《大明律》里面就规定，蓄造蛊毒或者教唆犯都是斩首的大罪，即便妻子儿女等家属不知道蓄造蛊毒的事情也要流放两千里。只有在蓄造蛊毒者和被害人是一家人，被害人的家属如果不知情才可以免于被流放”。②

而现代大众传播进行的苗族的“巫蛊”话语重构，除去了恐惧色彩，增添了几分吸引观者好奇心的神秘感。在现代传媒中，对“巫蛊”与“苗族”族群的神秘文化营造最为流行的应数“金庸”的“武侠小说”及其衍生出来的现代传播形态（电影、电视剧等），还有“卫斯理”的“科幻探秘小说”及其衍生现代传播形态（电影、电视剧等）。

① 陈长春. 透视《边城》论沈从文小说的反现代性［D］. 沈阳：东北师范大学，2008.

② 潘文献. 苗族巫蛊之谜［J］. 今日民航，2009（12）：62-69.

在金庸的小说中，对苗族文化元素的使用更是精心设计。苗族人往往与吉祥鸟凤凰联系在一起，不管是《笑傲江湖》中的蓝凤凰，《雪山飞狐》中的苗族人凤都均带一“凤”字。苗族人热情好客，《碧血剑》中五毒教主何铁手出场那一段有这样的生动描写：“啊哟，这么多客人，快拿椅子来，请坐……搬出几张椅子给袁承志等坐下”。去过苗家的人深有体会，苗族人对生人多以客相待，而且热情大方。苗族人生性爽朗大方、不拘小节、自由自在，金庸笔下的蓝凤凰便是这样一位“不懂你抛书袋的说话”“不懂中原礼仪”“毫不拘泥”“重情义”的教主。从引本中不难看出作者对蓝凤凰的描述用意在于讽刺岳不群等一干所谓武林正派小肚鸡肠、斤斤计较、繁文缛节的丑恶嘴脸。苗族与苗族人在金庸武侠小说中可谓是自成一派的非正统群体集合。“五毒教”便是金庸给予“苗”的江湖即社会归属，他们武功诡异，善于下蛊用毒，并且其用毒比起中原门派来说甚是不同。他是这样描述的：“五仙教中教众苗族人为多，使毒的心计不及百药门，然而诡异古怪之处，却尤为匪夷所思。江湖中人传言，百药门使毒，虽然使人防不胜防，可是中毒之后，细推其理，终于能恍然大悟。但中了五毒教之毒后，即使下毒者细加解释，往往还是令人难以相信，其诡秘奇特，实非常理所能测度。”并且金庸还花了不少笔墨对苗族用毒治病、变害为宝的医疗细节加以描写。应该看到，“苗”是金庸的话语结构系统中被构成、被定义的“客体”之一。在其生产出的武林江湖中，“苗”被渲染上了独特的“武”与“侠”，“情”与“理”。他们武功独特、侠肝义胆，情感自然、以义为理，苗族的“巫蛊”更具有不少的神秘色彩。“苗”在金庸的小说中第一次在主流话语中拥有了立体、传奇的形象。

另外，因苗族人所居地处边疆，地势多为山地，地况复杂，也成为一些探险科幻小说中的题材。其中，以倪匡执笔的卫斯理系列小说①最具典型。卫斯理科幻小说情节大都气氛逼人、构思奇巧、情节诡异、风格雄峻，给人以崇高美的享受，深受年轻人的欢迎。倪匡在中国现代传

① 1962年，倪匡在金庸的鼓励下，开始用笔名“卫斯理”写小说。第一篇小说名为《钻石花》，在《明报》副刊连载，至第四篇小说《蓝血人》起，卫斯理系小说正式走向科幻系列，总共有140部之多。

播媒介中对“苗族人”“苗疆”和“苗族”话语建构的影响不可小觑。倪匡因其早年的编剧生涯，小说大多用电影结构策略，迅速切入主题，制造一个个悬念，再一个一个将谜底揭开，结尾处戛然而止，给人干净利落，奇幻无比的陈诉方式。小说中以苗疆历险为主线建构出了一个“卫斯理式”的“苗族”与“苗族巫蛊”。在卫斯理140部科幻小说中就有5部直接以“苗”作为客体进行创作，分别是第15部《蛊惑》，创作于1968年2月16日至1968年4月7日，另外的第86、87、89、95部苗疆探险系列一二三四《探险》《继续探险》《烈火女》《祸根》创作于1990年6月9日至1992年1月29日。卫斯理系列以大手笔、集中地进行“苗”的刻画，使“苗”成为炙手可热的流行话语。其塑造的如白老大的阳光土司，白素的母亲烈火女，白素改造的“野人”红凌，苗女蓝丝、芭珠等成为科幻“苗族”的代表人物。温宝裕在苗疆的历险经历引发了年轻一代对边远山区异域色彩的好奇心。第一，他在《蛊惑》中臆造出苗族“阿克猛族”即“蛊族”；第二，他营造“苗”以“蛊”为权威的误读，并且在蛊术中大力宣传“爱情蛊”，给苗族蒙上了浓浓的浪漫、神秘、强硬等气氛，如他在《蛊惑》一文中这样记叙了下蛊过程（如表2-6所示）；第三，在苗疆探险系列中，倪匡创造了一个与现代文明世界全然不同的奇妙世界，常常是探索外星生命的地带。如《烈火女》中他所塑造的众多人物的一次关于苗疆谈论的内容，充分提到了苗疆与外星人有着紧密联系（如表2-7所示）。探险系列将苗疆置于一个过去、现在、未来的交叉维度上，充分激发了读者对边远少数民族——苗族的探索热情。

表 2–6　苗族形象在传播话语建构中的文本分析——蛊惑

作者	著作名称	类别	文本内容	说明
倪匡	卫斯理·《蛊惑》	蛊惑	他们这一族人，是附近数百里所有苗族人之中，最权威的一族叫着“阿克猛族”，只有几百人……叶家祺讲到这里，又顿了一顿。然后他叹了一声，道：“那时候，我不知道‘阿克猛’在他们这一族的语言中的意思就是‘蛊’，如果知道，我或许不会去了；但……那也难说得很，因为我对于‘蛊’的观念，也模糊得很，我根本不知道苗族人之中，有一族叫作‘蛊族’的，而且，芭珠的笑容……”叶家祺又苦笑了一下，才又道：“猛哥说，他们那一族，多少年来，居住的地方，是绝不准外人进去的，只有五年前，有一个金头发，绿眼睛，全身都有着金色的细毛，鼻子又高又勾，皮肤白得出奇的‘怪人’，因为曾救了他们族中的一个人，所以曾进入过他们居住的所在，而那‘怪人’立即迷恋住了他们居住的地方，所以一直住了下来	神秘的『巫蛊』形象
倪匡	卫斯理·《蛊惑》	下蛊	我想那老者一定就是猛哥和芭珠的父亲了，我正在想着如何向他行礼才比较得体，却突然看到，有一串，足有六七尺，三寸来长，赤红色的毒蝎子，正在那老者赤裸的上身之上爬着！那六七只毒蝎子的尾钩高高地翘着，……不知甚么时候，在我的手背上，爬上一只长满了紫黑色长毛的黑蜘蛛，……我僵立着，身子在发抖，那老者则微笑，欠了欠身，用一只乌羽做成的扫帚，在我的手背上扫了一扫，那只蜘蛛扫了下地，那只蜘蛛，迅速地向他爬去，爬上了他的膝，爬上了他的身子，我清清楚楚地看到，那蜘蛛爬到了他的胁下，就伏了下来不动，像是回到了它自己的窝中一样！我感到一阵昏眩，在那样的情形下，我也不顾礼仪了，我连忙拉开门，我几乎是跌下梯子去的	

图 2–7 苗族形象在传播话语建构中的文本分析——苗疆与外星人

作者	著作名称	类别	文本内容	说明
倪匡	卫斯理·《列火女》	苗疆与外星人	她们又认为："宇宙飞船一定是那一带苗疆的常客，千山万壑隐秘非常，正是外星来客在地球建立基地的好所在；事实上，已经可以证明有一个外星人的基地在苗疆——金月亮和杜令医生的那个，两者之间，说不定大有联系；"说了之后，她们又觉得这个可能性不大，所以解释："至少他们全是外星人，总也算有关系；"我对她们的讨论，也很有兴趣，提醒他们："那艘宇宙飞船中的外星人会飞，而且速度极高，你们到了苗疆，不妨向苗族人多多搜集这方面的资料，……三言两语之间，温宝裕就弄明白了良辰美景即将到蓝家峒去，他现出羡慕之至的神情，长叹一声："那里是世界上最美丽的地方"……	探险的苗疆地区

综上所述，苗族现代传播生态的构型，赋予了"苗族人""苗疆""苗族""苗蛊"等一系列不同于传统印象的话语符号。自然优美干净、人性纯朴善良、社会生活丰富多彩、神奇古怪、神秘玄幻等成为"苗族"的现代社会身份。

2.2.1.2 形象分析——客体化表意隐喻

作为以汉文化为主体的中国主流媒介对苗族文化形象的想象与表述是一个久远的历史过程，在他们眼中，苗族其实一直都是以边远"异族"的身份存在。在福柯的早期考古学研究（福柯，1972）中，他从"文本"分析入手创立了一种建构性的话语观，涉及将话语看作从各个方面积极地建造或积极地构筑社会的过程：话语构建知识客体、社会主体、自我"形式"、社会关系和概念框架。① 从本书上一部分关于苗族的分析中可以看

① ［英］费尔克，殷晓蓉译. 话语与社会变迁［M］. 北京：华夏出版社，2003：38.

出，现代传播话语生态对苗族形象的生产是一种现代性质的苗族族群的重构。也就是说，现代媒介主体依据现代人的生存需求而运用话语手段把苗族作为“客体”构筑成了一套全新的信息知识集合。萨义德在其《东方学》一书中就已然开宗明义地描述过：“作为知识的‘东方’和作为知识生产的‘东方学’的性质是截然不同的两个概念：东方是世界文明与社会文化的内在结构的一个组成内容，东方学则是一种话语表达方式，或者意识思维模式方面对于东方的构想与表达，东方学在理论术语系统、意象研究范畴、正统信念、词汇构架等方面甚至在殖民研究理论体系上都有着其久远的基本框架，‘东方学’无形中将东方建构成与西方文明相对应的‘他者’，使其能够足以与西方平等独立对立存在，并且作为西方的参照体而存在。”① 更加准确地表达就是：东方学“发明”了“东方”，真正的东方则因东方学的存在而失语。苗族在这一现代传播话语生态建构中也历经了类似的发明套路。它的被发明是建立在“语义学工程”上的“幽灵再表述”，是“与话语有关的欲望可能位置”下的象征化过程，是一种现代性派生出来的“新生儿”。在这里，所涉及的是一种“客体化”表意策略，即现代传播媒介中苗族生态的新建。美国当代人类学者路易莎·沙因在萨义德的理论基础上提出了“内部东方主义”（internal orientalism）② 根据路易莎·沙因的观点：“‘内部东方主义’源于对‘中国人’身份的认同产生了危机，人们便开始关注少数民族，希望从那里寻找中国的‘过去’与‘传统’，以证明自己的身份；汉族对‘苗族’及其文化的现代形象进行的‘客体化’想象与建构，将苗族‘他者化’，以此来区别‘已’与‘异

① ［美］萨义德，王宇根译. 东方学［M］. 北京：三联书店，1999：2-7.

② 路易莎·沙因（Louisa Schein）认为，从1957年至1958年的“反右派运动”到1966年至1976年的“文化大革命”这一时期，我国的少数民族和汉族都要求用更为统一的社会主义文化取代“传统”文化。这一政策一直持续到20世纪80年代，使得很多传统文化因素失落，因而在新时期很多中国人都强烈地渴望恢复“十年动乱”中所失去的一切，而改革开放也增强了人们“保存过去”的愿望，害怕失去被他们看作是根本的中国身份，于是便产生了她所说的“身份危机（the crisis of identity）”。这使一些文化制作人转向少数民族文化，把这些文化当作现存文化的真实来源。简单地说，就是人们在经历了社会动荡之后，面对西方文化的冲击，对于“中国人”的身份认同产生了危机感，需要通过某种方式来证明自己。然而在当代的汉族文化中好像很难找到中国的传统文化了，于是，人们纷纷将眼光投向貌似保留着更传统的中国文化的少数民族。鲍瑾. 关于苗族文化形象的想象与建构——由“内部东方主义”引发的思考［J］. 美与时代（上），2013（3）：47-49.

己’，达到取得自我身份的目的；因此，苗族在以此为语境的话语体系中，都是作为汉族的一面‘镜子’而存在的；所以，现代传播生态对苗族等少数民族文化形象的想象与建构只是汉族历来‘传统的一种余绪；虽然，这种余绪与汉族是否面对自我‘身份危机’或许不一定有着过多的联系，因为他们并不会因此在少数民族文化中寻求自己的过去与历史。”① 苗族在现代文化生态中的主体建构中却是一个失语的存在，最起码从其话语效果来看是这样的。苗族是否与他们所描述的一样，他们是不是真实地对苗族进行了解读此刻已然不再重要，最重要的是“他们无法表述自己，他们必须被别人表述”。② 正如庞书伟在《朝圣之旅——“内部东方主义”视野下的沈从文湘西小说》一文中指出的：“在沈从文那里通过对‘湘西’的表述而实现了对真正的表述者——在‘内部东方主义’话语结构中处于强势的东部的臣服，并对臣服姿态进行了阿尔杜塞意义上的‘绝对担保’，自己借此获得了‘表述者’的命名。”③ 在这个时代语境下，又该如何来看待这样的“客体化”过程呢？或者说，现代传播生态中的客体化表意策略又具备了怎样的特质呢？

一方面，现代传播生态“客体化”表述体系中对苗族“灵韵”的重建是必需的。应该认清，“灵韵”几乎贯穿于现代传播想象的始终。这种生态重构中的“光韵”情调就是在西马哲学家本雅明的《机械复制时代的艺术作品》一书中所提及的：“它是人们在一定距离之外，但感觉上如此贴近之物的独一无二的显现。”④ 同时，这种感知方式随着社会的变迁而变化。他认为，这种“灵韵”的韵味已然在现代感知媒介“机械复制”下衰竭，“机械复制时代”的艺术（如画报、新闻影片等复制品）在使古典“灵韵”销蚀、崩溃，源于它以“众多的摹本”取代了“独一无二”的“原本”。同样，在本雅明《机械复制时代的艺术作品》一书中他是这样论

① 鲍瑾．关于苗族文化形象的想象与建构——由“内部东方主义”引发的思考［J］．美与时代（上），2013（3）：47-49.

② 庞书纬．朝圣之旅——“内部东方主义”视野下的沈从文湘西小说［J］．北京大学研究生学志，2008（4）：34-46.

③ 庞书纬．朝圣之旅——“内部东方主义”视野下的沈从文湘西小说［J］．北京大学研究生学志，2008（4）：34-46.

④ ［德］瓦尔特·本雅明，王才勇译．机械复制时代的艺术作品［M］．北京：中国城市出版社，2002：12-14.

述的："很明显，在新闻摄影与画报所复制的作品和我们肉眼视觉呈现出来的形象是不尽相同的，这个形象将永恒性与其独一无二完整结合起来，犹如可复制性与短暂性和复制产品之间的关系一样，将一个事物从它的躯壳中剥离开来，毁灭它的光韵，标志着其感知层面，约翰·耶森所倡导的'人间万物皆平等的意识'可以强化到如此程度，以至于可以代入复制方法应用到独一无二的事物上，从而提炼原本光韵的感觉；因此，在理论研究领域所崇尚的令人瞠目结舌的统计学量化方法也在此处形象塑造工程中也得到了重现并显示了日益重要的地位，这种把大众与现实紧密结合在一起的互相映照的结构，不仅对于思维方式来说，并且对于感觉层面来讲也是无限伸展的。"① 关于"光韵"阿多诺在与本雅明的多次通信中表达过其鲜明的立场，他认为"光韵"正是现代文化工业中最为凸显的流行素材，现代工业利用各种科技手段，精巧地将附着在文化产品中的"光韵"重生与扩大，重构"光韵"已成为现代传播生态建构的普遍旨趣。苗族，在现代社会中这种民族文化的经典"光韵"被无数现代传播技术表述为一种精美的客体存在：他的质朴、他的善良、他的纯真、他的自由、他的奇特、他的妖娆等一切都成为现代文化工业生产不可或缺的生产资料，作为最为流行的元素被生产、再生产。在现代苗族文化传播中，为使现代的人们对古老"光韵"再次膜拜，"光韵"填满其内容，无所不在。无论是在沈从文的《边城》中对边远苗区秀美的大自然的描述，还是金庸小说《笑傲江湖》中对蓝凤凰神秘、豪放性格的描写，还是《月下小景》中苗族人对情爱的自由追寻……这一切正是现代人们怀念向往的"光韵"。显然，"光韵"重生、多次复制、建构流行话语才是文化工业中最为擅长的伎俩。应该保持这样的觉悟：现代传播"客体化"表述中大量"光韵机械再生"使独一无二变得大众化、世俗化、非神秘化，也就是说："光韵的流行再生便意味着光韵的消失，重复目睹神秘之处那么就不再变得神秘。"对于本雅明笔下的"光韵"的"独一无二"性，阿多诺在其《启蒙辩证法》一书中是这样评价的："在文化工业的标准化生产模式下个性的保存仅仅只是一种幻觉，并且个体只能与普遍存在这一性质达成一致它才能得到这个

① ［德］瓦尔特·本雅明，王才勇译. 机械复制时代的艺术作品［M］. 北京：中国城市出版社，2002：12-14.

社会的容忍与承认，才被归类为正常不会出现问题的东西；流行才是这个世界的虚假个性，我们可以看到那些即兴进行表演的标准爵士乐，各路明星必然会用卷发来遮住他们的眼睛，也以此来代表他们是具备原创天赋的特立独行的那些拥有光韵的人一样，各种流行皆是如此；在这里，个性的标签只不过是社会普遍盛行后所具有的评价权力偶尔为之的细节商标而已，也只有如此，它才能让这些权力接受；个人所标榜的强硬阳刚或者花枝招展的装扮都只不过是时下流行的大众物品，自我的特色，只是受社会支配的垄断产品，总是在传播中假意表示成自然天成的东西，社会所流行的各式风格形式，只不过都是一路货色，单个人的表情与动作只能在流行这个普遍性权力允许下被认可，这才是真正的悲剧所在：每个人已然不再能够成为原初的自己了，他们听命于普遍化流行趋势所提倡的焦点，只有服从普遍性事物才能整体或者全部转化为流行趋势，成为可用的受人尊重的东西，也正因如此，大众文化的形成本身就暴露了工业社会下‘个体’承载的虚假特质，也只有在这样绝对的运作模式下，那些竭尽全力鼓吹特殊与普遍只有微米距离的力量，才最后露出其生猛不讲道理的一面，在这个文化工业世界里，个性原则自身就满腹矛盾，个性化始终是不可实现的，以阶层分居的群体存在类聚，使得每一个人都只能停滞在类存的单一阶层里，工业社会的所有特性，即使它们之间时常存在分歧，但也正是具备了各种分歧，才能够凸现出它们所共同拥有的特性：即不是你死就是我活的社会市场竞争机制；社会所依附的每一个个体，都被打上了时代的烙印：他们虽然看似自由自在，事实上却只是作为商业经济和社会机制的副产品。”①

在现代传播生态中，“光韵”的权力本身建立在表述者的权利基础上，且通过最大限度的流行造成对人们的影响，获得人们的认知和拥戴。对苗族的提取性标准语义单一概括已然替代了丰富的苗族日常生活文化的全部。文化转化为文化标的物，化整为零，独一无二的几点光韵斑点的每一次强调，都是以牺牲其他日常生活内容作为代价的。苗族除了这些没剩下什么东西了。其实，光韵斑点的存在意义在于“他者”们余兴向往与憧

---

① ［德］马克斯·霍克海默，西奥多·阿道尔诺，渠敬东，曹卫东译. 启蒙辩证法［M］. 上海：上海人民出版社，2006：140.

憬，正如作为“乡村生活”的苗族人向往“大城市”一样的特殊意图。更为糟糕的就是，现代客体化话语已经把苗族分割成了“需要”与“不需要”，并一一对应了文化“精华”与“糟粕”，“光韵”与“暗淡”两面。对待这两面，现代的人们一方面热情洋溢，一方面专横跋扈。西江是这样做的：他们满怀高涨的情绪，他们每天必须衣着盛装，他们住破旧的被称为文化载体的“古老吊脚楼建筑群”……同时，他们被要求从小学习汉语、学习汉族礼仪、不能上山打猎、不能自由出入自己的赖以为生的寨子（必须出示证据）……，如若不从便被认为是野蛮无礼的文盲与非法者。在现代传播生态中，处处充满了自相矛盾，在客体化地被“人格”分裂后，苗族人开始了现代意义上的自我认知与文化传承。在这里，在西江，即使有表现自己完整一面的美好愿望，想要修复社会系统被分裂而带来的心灵创伤，想要真实但陈旧地表现自己，不想再用现代广告似的欺骗手段去行事作为，但这所有这些愿望都是徒劳的。现代文化传播生态的“光韵”生产中，一切业已消失，仅仅剩下了“光韵”，模仿最终变成了绝对的光韵模仿。“光韵”在现代传播中，从精神创造的美妙事业转型为了一个中性化产业。“光韵”的现代审美具备了野蛮性，那些对现代精神创造构成威胁的因素荡然无存了。当人们提及文化之时，恰恰就是在与文化作对之时；文化已经变成了一种很普通的噱头，客体化表意策略也变成了表述者惯用的伎俩。受到这种文化观念的影响后，文化已经变成了话语归类活动。

2.2.2　从“边缘”到“中心”的当代西江传播生态建构

虽然“苗族”在现代话语系统中崭露头角，但不管从其所占话语比例还是从话语归类来看，从始至终都地处“边缘”地带，更何况是与“西江”相关的文化。并且，从本质上看客体化的表意策略更加表明其“非中心”的身份。

当改革开放成为一个契机，与开发并举的传播话语表述为作为中国少数民族典型代表——苗族（也可以说是以西江千户苗寨的苗族文化为代表）的当代传播生态重构提供了全新的平台与机遇。“边缘”开始努力尝试“中心”话语的建构。

应该申明的是，本书中的话语“中心”乃是话语的“显要性”。这一概念由传播学中的议程设置理论借用而来。对于文化传播来说，日复一日地重复某个话题，让这一话题处于舆论中心，是这条消息重要性的最有力证明，也就是话语“显要性”。温纳这样总结道：“我们在文化方面的感觉(关于什么是新的，什么是重要的，亦即我们的文化议程）在很大程度上来自电视上播放的内容”。由此可见，在公众中建立显要性，将某个文化议题或话题置于公众议程，使之成为公众关注、思考甚至采取行动的重点，这些是舆论形成的初始阶段，也是文化生态形成的初始阶段。那么，当代西江千户苗寨文化生态的初始阶段又是如何将西江及其苗族文化从“边缘”推向“中心”，赋予它文化议程上的显要地位的呢?

2.2.2.1 专家系统的文化认证

吉登斯在《现代性与自我认同》中提出现代性动力机制①时曾论及，专家系统在将现代制度与前现代制度的文化及生活方式明显区别开来，影响着预先（原有）存在的社会实践和行为模式，它作为现代制度推动力之一，起到了抽象化机制的作用。如果借用福柯“知识/权力”视角，权力对知识超越日常经验，成为一个无法检验的“黑箱”式的存在（福柯，1969)，即抽象化过程的介入方式，同样可以找到专家系统的影子。吉登斯这样描述专家系统：“建立在权威信任基础上的专家系统则通过专业知识的调度对文化知识加以分类，并且这种知识的效度独立于利用它们的具体从业者和当事人。在现代性的条件下，这种专家系统无孔不入，渗透到社会生活的所有方面，如食品、药物、住房、交通等。专家系统并不局限于专门的技术知识领域。它们自身扩展至社会关系和自我的亲密关系上，就现代性的专家系统而言，医生、咨询者和心理治疗专家的重要性和科学

① 其一，时空分离，即跨越广阔的时间与空间领域的社会关系的联合，并一直到包括全球体系的状况；其二，抽离化机制，即由象征标志和专家系统（它们合起来等于抽象系统）所组成，抽离化机制使互动脱离了场所的特殊性；其三，制度反思性，即定期地把知识应用到社会生活的情境上，并把这作为制度组织和转型中的种建构要素。［英］安东尼·吉登斯，赵旭东，方文，王铭铭译. 现代性与自我认同［M]. 北京：三联书店，1998：11-23.

家、技术专家或工程师一样，并无差别”。①

西江，作为苗族文化“宅基地”获取抽象的文化认证，始于学者和专家系统对苗族文化所做出知识认知、选择、验证等一系列研究过程，再依附于现代媒介的超时空信息传递，才开始成为大众经验的一部分。因此，现代的许多文化问题往往都是在专家的“呼吁和警告”中才逐渐被日常生活中的人们所“注意、理解和接受”，西江当然也不例外。

从目前能查到的资料看，西江，进入当代专家系统论证视野，源起于 1982 年美国加州柏克利大学人类学博士研究生路易莎（Louisa Schein）对西江的研究。

图 2-4　路易莎全家照片

著名美籍苗学专家路易莎博士（Dr. Louisa）（如图 2-4）先后六次到

---

① ［英］安东尼·吉登斯，赵旭东，方文，王铭铭译．现代性与自我认同［M］．北京：三联书店，1998：20.

中国调查访问，在中国苗学界享有盛名（如图 2-5 所示）。1982 年，为完成其博士论文，路易莎赴被誉为“世界苗族之乡”的中国进行首次调研。在中央民族学院学习少量苗语后，经贵州民族学院接收，路易莎选择在贵州省雷山县西江苗寨进行为期一年多的田野考察。在西江苗寨，她不仅学会了喝米酒、吃酸菜、穿苗装、讲苗话，而且还拜一位苗族阿妈为干娘，取苗名“阿娜”。因其在西江千户苗寨所做的苗族研究成果获得了很大反响，她现已是一位国际民族学界知名学者。其著作有《苗族和他们的工艺品》《当代中国的苗族》《贵州苗族文化的复兴》等。其中，她从人类学的角度研究苗族与女性的集大成之作《minority rules：the miao and fiminine in china’s cultural politics》于 2000 年由杜克大学出版社出版。此书是她 18 年苗族研究生涯的总结性著作，在人类学文化研究理论方面有许多突破，已经被美国一些人类学系选定为教材。路易莎博士在西江千户苗寨进行田野调查中，曾多次就西江未来发展选择与探究向贵州省、黔东南州提出相关意见，建议西江开发民族风情旅游，希望西江所承载的苗族文化能够受到重视。这些提议在很大程度上为后来的西江发展道路选择提供了参考价值。

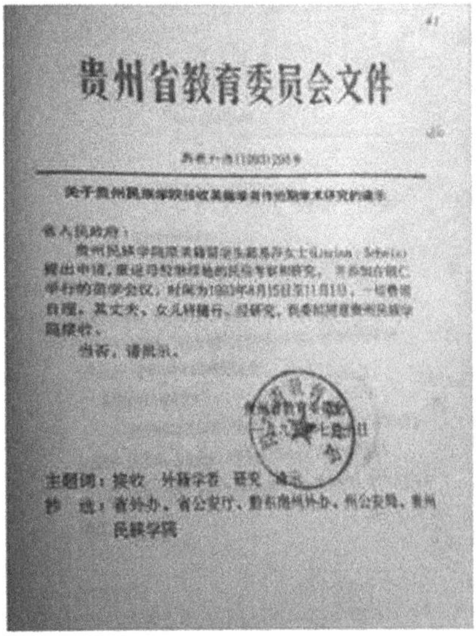
贵州省教育委员会文件

抄　送：省外办、省公安厅、黔东南州外办、州公安局、贵州民族学院

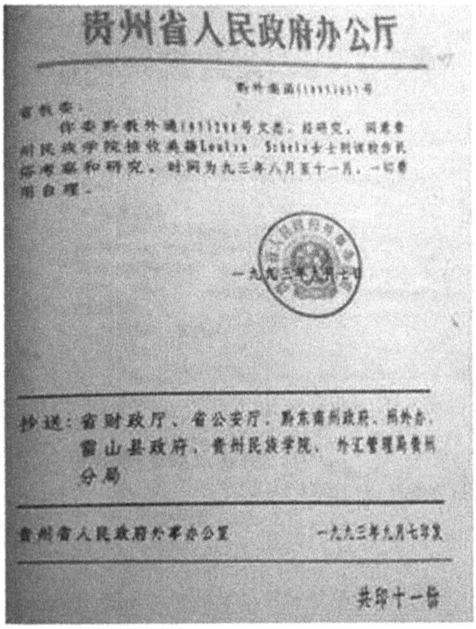
贵州省人民政府办公厅

抄送：省财政厅、省公安厅、黔东南州政府、州外办、雷山县政府、贵州民族学院、外汇管理局贵州分局

贵州省人民政府外事办公室　一九九三年九月七日印发

共印十一份

图 2-5　路易莎 1993 年第二次来中国调研外事审批文件

在对当代苗族文化的诠释中，专家系统就西江作为苗族文化重镇的认证是明显的。西江近几年不仅成为苗族传统文化的典型实证，更甚的是旅游开发后的西江也成为学术界对苗族新时期文化与社会变迁的研究基地。可从本书绪论对西江千户苗寨的学术研究总结中看出，此处不再累述。西江在苗学学术界中，从路易莎开始逐渐占据苗族专家文化议程的中心位置。

2.2.2.2　图式化传播运作

在当代传播生态中，文化议程最不可忽视的力量便是大众传媒。文化传播作为大众传播的一个社会作用已然成为各方面的共识。在《议程设置》中，马克斯韦尔这样谈论大众媒介的议程设置："除了监视环境这种早已确立的作用之外，大众媒介的议程设置作用还体现于达成社会各方面的共识以及传承文化上；世界范围内的大量证据表明，关于时代的主要议题，大众媒介能够创造更大的共识；其他具有启发意义的研究结果表明，媒介对于文化的各个不同方面存在重要影响，这些方面可以是政治参与、集体记忆以及个人身体形象。"①

他将议程设置过程用图 2-6② 非常直观地表述出来：从图中可以看出作为传播的"客体显要性"受到大众媒体的影响是显著的。西江在改革开放后的当代传播生态中也以积极的主体身份参加大量对自身大众媒介"客体化"话语生产。在黔地苗族文化表达框架中，西江始终处于核心部分。西江千户苗寨因其在苗族文化界的知名度，成为以黔东南州、雷山县宣传部门为导向的大众文化媒体争相传播的对象，议程设置"客体显要性"不容置疑。从 1994—2013 年的大众媒体对西江的传播活动总结来看，西江经大众传媒议程设置后，其"客体显要性"效果明显（如表 2-8③ 所示）。

---

① ［美］马克斯韦尔·麦库姆斯，郭镇之，徐培喜译. 议程设置［M］. 北京：北京大学出版社，2008：177-179.

② 同上.

③ 材料由黔东南档案局提供，作者整理所得.

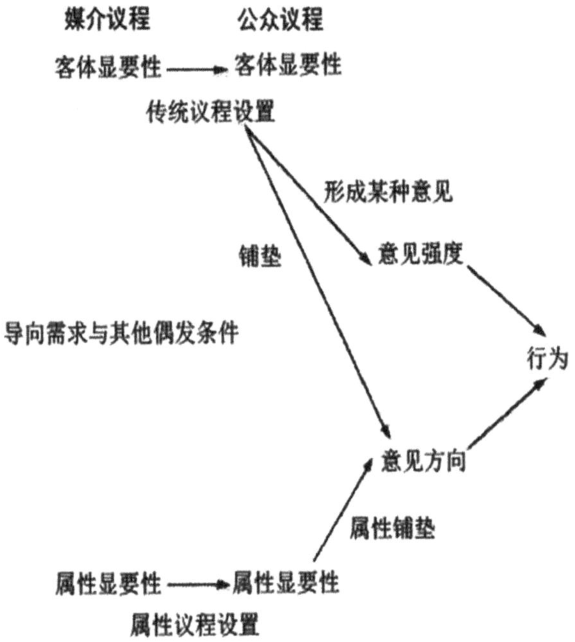

图 2-6 议程设置及其后果图

表 2-8 1994—2013 年“西江”大众媒体传播活动一览表

时 间	媒 体	活动内容
1996 年	中央电视台、贵州省电视台《民族大家庭摄制组》	重庆几家大旅行社负责人到我县实地踩线踩点进行风情片拍摄
1996 年	韩国中央电视台、国家外办《民族风情》	风情片拍摄
1996 年	广东钟山摄影协会	全省旅游成果十年回顾展展板风情片拍摄期间西江也有所宣传
1997 年	《贵州日报》《黔东南日报》	旅游文章刊登
1997 年	韩国国家电视台、香港电视台、加拿大旅游推销商、北京电视台、山东电视台、中国台湾电视台、广东电视台、贵州电视台	风情片拍摄

续表

时　间	媒　　体	活动内容
1997 年	安徽美院、湖南美院、湖北美院、四川美院、广西美院	实习采风
1999 年	贵州省气象影视中心	99 生态环境游雷山旅游景点资源简介
1999 年	贵州省、州级媒体	中国·贵州·凯里原生态民族文化艺术节暨原生态民族文化旅游节
2000 年	日本专业旅游杂志记者团	8.28 凯里国际芦笙节
2000 年	中央电视台 CCTV4《东方家园摄制组》	电信局制作旅游网站拍摄西江千户苗寨风情片
2000 年	广西卫视台	采访
2000 年	雷山县委宣传部、旅游局	《2000 年神州世纪游中国. 雷山苗年节总体方案》《雷山县旅游指南》中对西江重点宣传
2000 年	雷山县旅游局、文化局旅游资源探险考察组	风情、风光照片
2002 年	雷山县政府	2002 年开始每年举办苗年文化周重点推出西江苗年
2005 年	中国民族博物馆	建立了《中国民族博物馆西江千户苗寨》西江苗寨文化地位提高
2007 年	黔东南州州政府	邀请余秋雨参观西江，并定下广告语“用美丽回答一切”
2008 年	贵州省省政府	旅游发展大会主会场，投资 2.6 个亿改修西江苗寨，打造《看西江知天下苗寨》为主题的精品旅游目的地
2011 年	中央电视台	撒贝宁到西江千户苗寨共庆新春，拍摄宣传短片

续表

时　间	媒　　体	活动内容
2012年	中央电视台	《我要上春晚》和拍摄微电影《缘分西江》，替“游方之旅”做宣传
2012年	省级媒体	接待中央领导（李长春）
2012年	省级媒体	西江艺术团与哥斯达黎加艺术家同台联谊

以上有关西江的大众传媒活动表明，活动遍及大众传媒的各种类型，可以用雷山县旅游局工作总结中的一段话形象概括有关西江的大众文化传播状况：

首先我们要联合宣传、文化、广播、电视等单位，调动文学、摄影、电视、广播、广告等一切宣传工具和手段，大力宣传雷山绚丽的自然风光，多姿多彩的民族文化，热情好客的苗族人民。然后我们还要在广泛制作各种旅游宣传广告，加强多层次宣传的基础上，主动与州、省和省外的旅游局、旅行社联络，增强我县旅游业的知名度和吸引力的提高。将广泛的宣传和主动的联络作为我们的重要任务来抓。力争使工作上台阶、出效益，赢得较大的发展。

资料来源：雷山县旅游局1996年工作要点

阿多诺在其《启蒙辩证法》一书中这样论证过文化工业：“因为在今天，文化给一切事物都贴上了同样的标签；电影、广播和杂志制造了一个系统；不仅各个部分之间能够取得一致，各个部分在整体上也能够取得一致。”① 这是一种图式化的运作技巧，我国研究者谢志文在其《阿多诺文化工业批判思想的理路分析》论文中这样解读阿多诺的图式化运作过程：“在阿多诺的读解中，图式乃是对有待征服的自然所做的预先准备，理性构成了算计的审判法庭，它按照自我保护的目的来调整世界，只知道从感

① ［德］马克斯·霍克海默，西奥多·阿道尔诺，渠敬东，曹卫东译．启蒙辩证法［M］．上海：上海人民出版社，2006：107.

性材料中预先准备客体，以便征服它们；图式的真正本性……最终在当代科学中显现为工业社会的利益；因此，图式涉及如何解决范畴与其客体之间的差异的问题；直觉为主体提供了一个纯然由客观事物组成的世界，但这些事物是通过图式或概念工具处理的，以便让主体去感知、处理、操纵并生产一个他所意愿的世界；这种预先准备，通过排除主体性的差异预先排除了人的个性；这种对个体认知差异的排除既包含了对自然的暴力性调整，又包含了同质化过程。”①

文化图式化传播就是用传播来替代文化主体进行思考的客体化过程，传播媒介或者宣传媒体通过图式化运作力图营造一种特定的符合传播主体意图的思考，鼓励观众或者文化主体（被传播客体）依照媒体所宣扬的思路解读自己的文化与生活体验，形成流行标准，从而确保客体不至于以偏离被接受的方式进行解读，这些行为导致了一种大众趣味。高宣扬在《流行文化社会学》中以时装为例，论德国社会学家齐美尔评论：“流行是某一个特定模式的模仿，因而满足了社会适应的需求。它将个人引向人人经历的路途，它提供了最一般的条件，使每个个体的行为都有可能成为一种榜样。与此同时，在一定程度上，它满足区分的需要，提供一种趋向于区分化、变化以及个人间相互对比的势态。一方面，它通过内容的改变，以今日的时装为每个个体提供一种标志，以与昨日和明日的个体相区分；另一方面，它又以更加有效的方式，通过时装这个始终作为社会阶级的标志，通过社会高层借助于时装将自己与社会底层区分开来的事实，通过社会高层在社会底层刚刚跟上其时装转变的时刻就立即将他们抛在一边的事实，实现了社会区分的功能。因此，在各种社会生活形式中，流行文化无非是一种特殊的社会判断领域。通过它，我们在一种统一的行为中，力求将导向社会平等化的趋向与进行个人区分和个人多变性的需求联结起来。”②

总结来看，当代对西江所进行的图式化大众传媒生态建构，超越苗学学术神话，成为世俗社会的话题。这种超现实的世俗显要性促使西江迎来

---

① 谢志文．阿多诺文化工业批判思想的理路分析［J］．湘潭大学学报（哲学社会科学版），2005（2）：60-61．

② 高宣扬．流行文化社会学［M］．北京：中国人民大学出版社，2006：10-11．

了自己传播生态的新阶段——文化大众化时代。在大众传播生态中，西江不再仅是苗族文化的载体，还成为当代流行文化的话语素材。西江文化（如服饰）在流行中转变为像时装话语一样，通过流行文化的变身，脱颖而出，从众多苗族村落中剥离出来，成为传媒闪光灯下的焦点。借助流行文化作为桥梁或酵母（催化剂），将西江整合到社会主流话语中去，最终完成其文化现代化初始阶段的塑形，亦是其遵照景观性法则运行的起点。

2.2.3 西江消费传播生态的植入

为了更好地将西江融入现代流行文化行列，刚刚在"自由话语市场"中获取权力的西江文化传播主体们开始学习新语境话语构句法，以期快速赶上现代传播生态的步伐。真的有一种新的方式或者传播话语结构吗？答案是肯定的。高宣扬在《流行文化社会学》中指出："当代流行文化具有明显的商业性和消费性。"① 应该看到，以购物行为为前提的商业与消费丝毫不是一种自由和活生生的交换，而是一种受到事先规范运作规则的意义组合。西江民族文化自从归入流行文化的那一刻开始，这种购物构句法已然开启。

2.2.3.1 品牌新语言——"用美丽回答一切"

如果问用什么可以很好地总结消费作为"语言"的可能性，那么，首选应该是"品牌"的造句方式。在这个物欲横流的时代，所有产品都要冠以一个外加的品牌，每一个有资格称得上消费品的产品都有一个牌子，更甚于这个牌子的名字会成为事物本身的代名词。尚·布希亚在《物体系》中引用马丁诺的说法："品牌的功能在于标明产品，但它的二次度功能则是动员一个情感性的潜在意义。在我们高度竞争的经济里，很少有产品可以长期保有技术上的优势，如果我们要使它们销售良好，引起人们的情感上的依恋，那会表达在对品牌的忠诚度上的依恋，那么我们便需要给产品一些有个性意义的回响，使它能产生联想，使它们在众多层次上都有意义。这里进行的是一种消费者心理结构的重整，在一个单独的字眼上：

① 高宣扬. 流行文化社会学［M］. 北京：中国人民大学出版社，2006：254.

PHILIPS, OLIDA, GENERAL MOTORS…可以同时总结许多不同的物品和一群模糊的意义；综合性字眼，总结了综合性的感情：这便是‘心理商标’的奇迹；最终，这是物品和我们说话的唯一语言，也是它所唯一发明的语言。”①

在这个用品牌烙印自己“贵贱”身份的购物话语角斗场中，它们不再承认别的商品，它们为自己被特别授予的“名誉”而奋战，它们要努力扩张自己的影响力，四处奔走，就如同它是世界上唯一美好的存在。西江，在这场消费品牌战斗中也主动进行了“技能”升级。最能体现众多品牌实践中这一“名气”战斗决心的便是那场在2007年7月23日举行的“余秋雨黔东南之行——原生态的力量”对话论坛。这个挂着许多头衔（中国著名艺术理论家、中国文化史学者、散文作家、上海戏剧学院教授）的文化品牌“鉴定人”受到了西江文化品牌运作主体（黔东南州委、州政府）最为热烈的欢迎。历经一场盛大的“游园活动”后，名人余秋雨赠予了西江千户苗寨一种言简意赅的基本句法：“用美丽回答一切!”并用名为《用美丽回答一切》的考察手记与《解读贵州：余秋雨黔东南纪行》的著作“鉴定书”来加强认证（如图2-7所示）。

“用美丽回答一切”虽然不知道如何明确这一缺乏语法的词汇组合，但是基本能够明白它指的是一些可欲的、有益的东西。在这一最为模糊的暧昧字眼中，使欲望成为普遍化句式。它激起了一种拥有“深沉力量”的炼金术，将“西江”牢牢烫上了“文化名牌”的金色标志。西江的传播主体将其妆点起来，捆绑在西江的中心地带（如图2-8所示）。名牌效应再经过大众传媒渲染后，激起了一股“西江”欲念。据统计，西江在2007年十一“黄金周”所接待的游客人数超过10万人，总数比2006年增长了约30倍。在此次品牌演进中，西江历经了消费语言的定义，朝着内在的、简化的、有限性和不连续性的技术方向提炼，蜕变成一个语言结构。但这个语言结构并非语言：它不表达文化的意义，也不是文化的具体结构，而是一个消费“名誉”的指称，代表了西江作为消费品的“地位”。

① ［法］尚·布希亚，林志明译. 物体系［M］. 上海：上海人民出版社，2001：212.

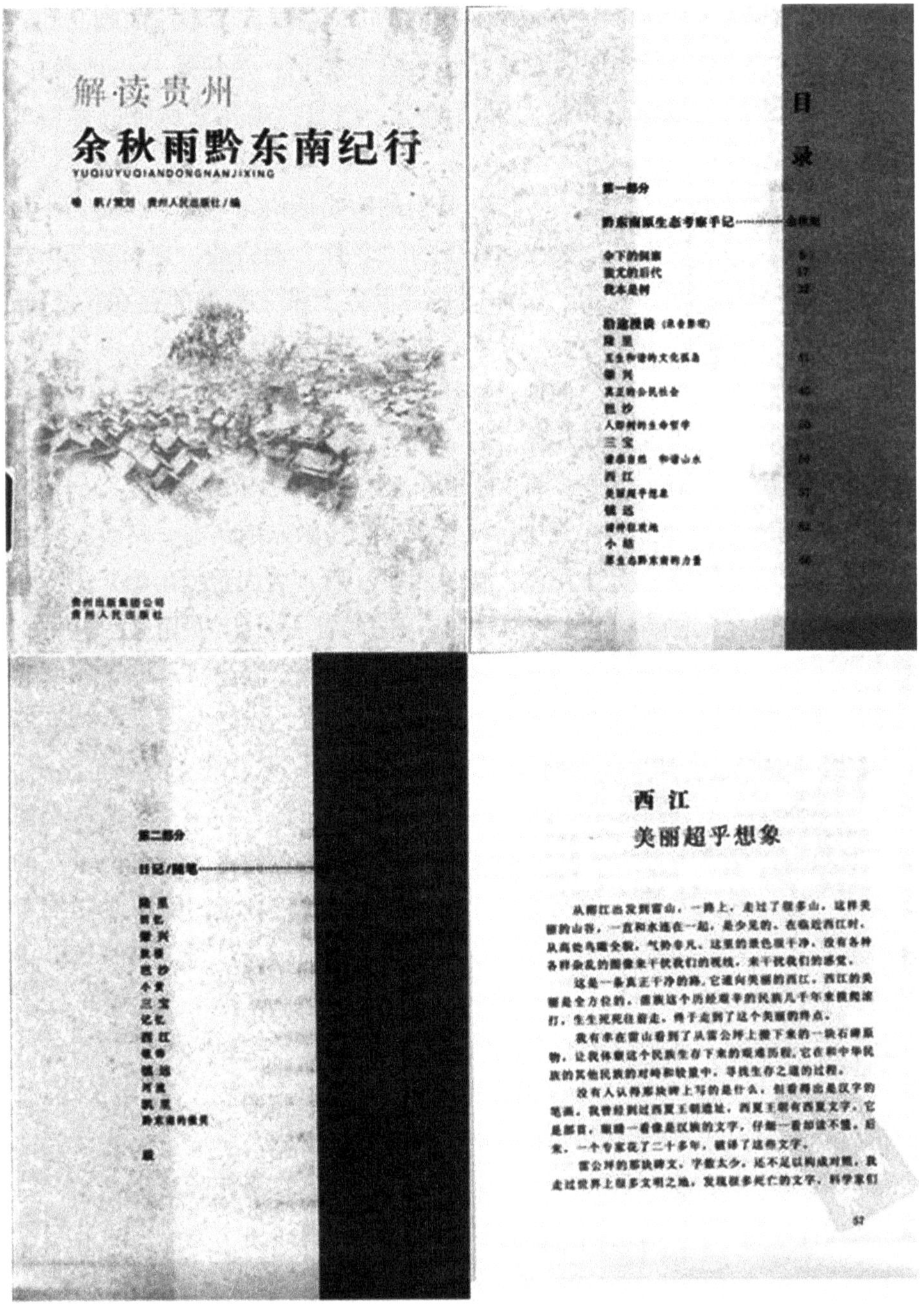

图 2-7　《解读贵州：余秋雨黔东南纪行》封面及相关页面

图 2-8　西江显要位置处所安放的“用美丽回答一切”景观石

第二次品牌赋名盛宴是在 2008 年，这一次“旅发大会”作为大事件是西江现代化转变的“拐点”。这次大会后，全方位立体式的品牌语言造势真正将“深沉力量”激活起来（如表 2-9 所示）。

表 2-9　2008 年“一会一展一节”西江宣传活动总结表

序号	宣传项目	宣传内容介绍
1	媒体宣传	1. 电视：配合中央电视台和英国 BBC 电视台完成《美丽中国》专题片在西江千户苗寨拍摄工作，完成中央二台《为你服务》栏目在西江的拍摄工作；雾山县电视台的专题节目；来自中央电视台、香港凤凰卫视、广东、山东、广西、浙江、贵州、日本等国内外 20 多家电视台的记者深入西江采风，从不同的角度不同的层面在国内外对西江旅游进行全方位的宣传报道； 2. 网络：建立游客网络资讯系统；建立西江千户苗寨网站；“新浪网分类频道”“贵州旅游在线”“贵州信息港”等网站发布西江旅游资源； 3. 报纸：贵州日报、贵阳晚报等； 4. 电台：配合中国国际广播电台采访工作，通过大型新闻媒体宣传西江千户苗寨。
2	会展	1. 一会一展一节：2008 年 9 月，“一会一展一节”在西江召开，大型原生态歌舞《天下西江》的表演； 2. 宣传推广会：委派雷公山风情旅行社负责人赴北京、济南等地参加省委、省政府组织的“一会一展一节”的宣传促销活动； 3. 参与竞赛：在北京开展“文化遗产和活在遗产中的人们——西江千户苗寨图片展”，选送刺绣和银饰手工艺人参加在北京举办的第二届“多彩中华”民族文化节，展示苗族丰富多彩非物质文化遗产。
3	名人效应	1. 2007 年 7 月 19 日，余秋雨以“多彩贵州风，苗乡侗寨情”为主的黔东南系列活动之西江行，其用“美丽回答一切”对西江千户苗寨给予高度评价； 2. 邀请省内外知名人士实地考察旅游发展现状，多次召开座谈会、研讨会。

续表

序号	宣传项目	宣传内容介绍
4	宣传资料	1. VCD、DVD：《中华美人谷》等； 2. 书籍：《西江旅游折页》《游西江千户苗寨》，西江旅游手册英文版正在编辑中； 3. 纪念品：西江旅游折扇等。
5	旅行社	1. 旅发大会邀请旅行社 86 家，共 158 人参加； 2. 联系贵阳、重庆、成都、长沙、广州等地的旅行社 200 多家，建立了良好的合作关系； 3. 2009 年 2 月与上海春秋旅行社达成输送客源协议。
6	市场开拓	开拓重庆、长沙、广州、北京、上海等客源市场，着手启动欧洲法国、日本市场。
7	其他	加强与全国历史文化名村名镇和民族博物馆沟通和交流活动

注：由笔者整理相关资料总结得出。

这次会议通过心理强攻的检查体制，完成了自我现代意识形态的塑造，还将“超我”具体物质化的巨大工程，对“深沉力量”起到了咏叹调式的召唤。引用消费哲学家们的论调：“深沉的力量，好像只要解放它，便会立刻得到幸福，它们动员了幻想，解放了冲动”，这便是消费语言的暧昧性。然而，尚·布希亚在《物体系》里指出，这些萦绕着消费意识形态的基本品牌消费语言，其实为无意义的缺乏句法的不规则信号式的语言：“不同的品牌接续、并列、一个取代了另一个，没有组构关系也没有过渡，它们是游走性的字汇，一个吞噬了另一个，而每一个个体都在一种无间断的重复中生活。这样的语言无疑是所有语言中最贫乏的一种，意义构成过程沉重集中，意念却是一片空虚。这是一种信号式的语言，所谓的品牌‘忠诚度’，不过是被引导的感情受制约的反射反应罢了。”①

尚·布希亚提供了一个被定义为现代性异化的消费话语生态，通过品牌鼓励“自由的”购物、选择、消费行为，消费快感一视同仁地内化进了这个文化属地——“西江”——一个安静的苗族村落。

---

① ［法］尚·布希亚，林志明译．物体系［M］．上海：上海人民出版社，2001：212.

2.2.3.2 服务区——迈向“消费”的定义

2008年后，在消费生态下为西江积极“量身定做”一处名为“雷山县西江景区营上综合服务区”的苗族文化商业区（如图2-9所示）。

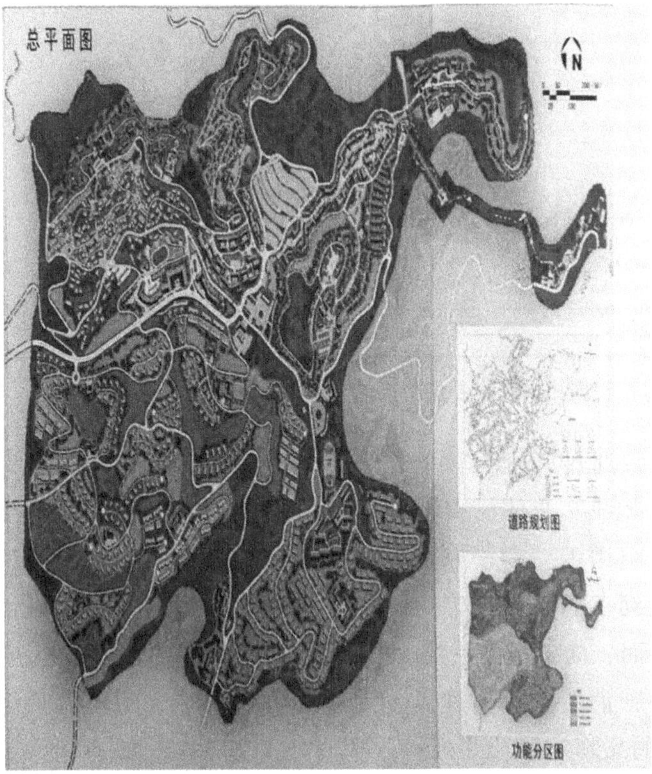

图2-9 营上服务区区位图

“服务区”建立在原村寨主体上，规划占地1.91平方千米，是一个集餐饮、住宿、娱乐等于一身的旅游度假小镇。此综合服务区直接被定义为一个为旅游业务发展而建设的“文化形象区”，也是主入口集散和综合服务的集中特色小镇。该地以苗家木屋的建筑风格建设，造就修新如旧的效果，作为中国历史文化名镇的“挂牌”载体。除此之外，还预将在3-5年内修建配套设施，发展成为世界级茶园养生度假产业启动区。此营上服务区分六个功能定位：

其一，行政服务功能：乡镇级的行政服务功能的集中地，包括政务办公、便民服务、医院卫生、安防、中学幼儿园；其二，居民安置功能：包括政府家庭、千户苗寨人均居住面积不足10平方米的贫困户，以及未来新增人口的需要，居民生活配套的公建设施等；其三，旅游服务功能：包括千户苗寨旅游区人口集散区、旅游服务中心、交通服务、信息服务、票务、景区管理办公等功能；其四，旅游接待功能：包括能满足各类游客量需求的旅游住宿、团体餐饮、特色餐饮、小吃作坊、团队购物、土特产、旅游纪念品等；其五，休闲度假功能：为大众游客提供的酒吧、主题俱乐部夜间休闲项目，还包括茶园度假区的生态养生度假、商务会议、马术运动等项目；其六，观光体验功能：对营上村寨的空间与环境进行改造，引导与辅助当地居民从事旅游接待与家庭作坊等生态的经营，把营上村打造成为游客观光与文化体验的休闲村寨。

资料来源：雷山县西江千户苗寨旅游发展有限公司

在这里用一个有关“消费”的定义对这个文化服务区做评价，因为，在服务区领域中的所有实践元素，都因为“消费”而完成。其六个功能定位就有四个功能都在被冠上服务、接待、度假、文化体验的“商业”字眼。这里被设想为一个工业文明下的苗族的特有模式，满足消费所需全部程序。消费在这里建立了一种将人、物、文化主动互动的模式。它是一种系统性活动模式，也是一种全面的时代回应。在它之上，建立了现代西江苗族文化体系。

需要明确的是，这里消费的对象并非是带有具象性质的物质，人们过去认为文化物质具象（房屋、服饰、食物）、文化体制（政治经济体制）、文化精神（艺术、信仰与宗教）才是人们享受的东西，但那都不是这里消费的东西。如果有理由使用“丰产”的文化字眼谈当代社会，不在于有着自己风格的服饰、建筑、苗歌，新鲜空气等，而是在于把以上所有元素组织成一个表达意义功能的意念，它虚拟、模糊、松动，它便是以消费字眼意义存在并操纵的系统，它真实的姓名叫作“意象”。在服务区内被消费的东西永远不是物品，而是西江与名牌之间叫作意象的关系本身，在这一文化记号中自我消解、自我消费。

正如所有广告表述的那样——“看西江知天下苗寨”，活生生地暗示，需要、感情、文化、知识、人文等一切力量在这里整合，并且它具有“可以看”的一种商品属性。文化作为消费品是一种充满悖论的商品，它如若完全遵循交换规律，那么它就不再可以交换；如若被盲目地使用，那么它终将不能再使用了。但文化产品又要在创造欣赏的许诺中与公众牵连。在消费中，如果它得不到欣赏，它将抱憾终身。服务区原初的目的就是想营造出一种文化与公众亲近的态度，不仅使公众选择文化变得容易多了，而且还可以帮助文化供应商（当地居民）卖出他们目前仅有的技能——文化，获取现代存活下来的资质。它节约了人们寻求与被寻求的时间，力争在自由市场发展的完备阶段确立自己的稳固地位。它加强了消费者与生产者之间稳定的关系。于是，文化服务区使“西江风格传播开来”，变成了苗族文化最为纯粹的表现。现在，走在去西江的路上，假如你不想再去深究只是匆匆瞥上一眼，那么你很难分清哪一个才是真正的西江，真正的苗族文化。服务区以充满热情、颇有天资的苗族形象描述消费中的苗族文化，所有这些都会给它带来新的崇拜者，它运用许多真实照片与细节，再现了一个最为理想、最贴近消费者意愿的信息，告诉人们：“苗族是什么!”

这里的服务区在文化工业化的现在并不是什么新鲜事物，与湘西凤凰、云南丽江等一起，都是文化工业生产流水线作业生产出来的成品，具有综合性和计划性等特征。它非常适合广告宣传，依照标准生产，可以部分拆卸，也可以随时替换。从文化技术的层面上说，甚至可以从任何“愿望”中抽离出来，用来服务于其他目的。它制造感动、产生感化并且独立复制，一切都可以为了推销来展览任何能够创造收益的文化商品。现在，每个展示苗族文化的地方都有它的大幅特写，央视、省台、州台、网络及每个人的嘴里都为它曲调捧场。文化、经济、政治、传媒、技术都融合起来了，对同样以出售文化为终点的理想进行机械复制。因为他们需要这个现代生产出来的苗族文化客体来征服消费者——他们不仅富有，而且还是陌生人。在苗族文化现代工业中，服务区已经取得了胜利，即便消费者已经看穿他们，也不得不去购买和使用他们所推销的文化产品。

这便解释了为何文化进入消费环节后便是无休无止地自我消解。我们想要越来越多的文化消费，那么它怎么才能让你满意收场呢？这时，消费改写出了有别于以往农耕文明的史诗，一首特洛伊城被攻陷都不可能结束的史诗，一首以变化为不变的碎片整合，正如德波在《景观社会》一书中对此种现象的描述："它颂扬商品及其激情；每个商品都追随自身的激情进行盲目的斗争，却不知不觉实现了某些超越它自身的东西：商品的全球化同时也是全球的商品化；因此，作为商品的狡计的结果，当商品的每一个特殊表现形式都最终阵亡时，一般商品形式却持续向前发展达到完全的自我实现；在商品丰裕的情境下，不再来自商品使用价值的满足，现在通过对作为商品的它们价值的认识来寻求：为了商品的至高无上的自由（它的使用价值对自身是充足的），消费者充满了宗教般的激情。"①

如果说，在当今这个"自由"的文化传播生态中没有给予少数人及少数文化传播的生态环境，那必定是不真实的。在当下，全球化的传播平台开创了鼓励任何文化主体进行交流的生态。作为西江的少数民族文化不再单单扮演传播对象，利用传播生态来助推自我文化的主体，文化实践活动不再是不可攻坚的难题。但是，有主体实践并非意味着有主体的意识或者实践的实力，正如处于话语的中心并非代表着话语权的掌握一样，以"他者"为生产之境的当代西江实践依据的是自我不断"客体化"文化传播逻辑进行现代文化实践的。

2.3　现代西江建设

倘若对照吉登斯相关政治理论，中华人民共和国将人从传统的封建礼教中解放出来，体现的是解放对于中国的意义。那么改革开放就是一种寻求幸福生活的政治价值观念。而助推改革、追求生活的主力一直以来都由作为在场装置的国家承担。

2.3.1　生活政治选择

西江所在地黔东南是一个少数民族聚居的地区。文化上的多样与富

① ［法］居依·德波，王昭风译．景观社会［M］．南京：南京大学出版社，2006：25.

有和经济上的贫困形成了一对最为突出的矛盾。改革开放以来，解决这一矛盾，争取个体的幸福生活成了当地政治价值与决策的核心。于是，西江的发展也就面临着吉登斯在其《现代性与自我认同》中深度思考的对政治决策选择上来，依据他对生活政治进行的概括，从实践中可以看出，西江在寻求现代生活突破的过程中政府扮演了至关重要的角色，并处于民族文化现代化发展核心与先觉的地位。事实上，西江的现代转型起步是非常滞后的，此时，全球化发展已然处于一个吉登斯称为后传统和后现代的西方国家反思趋势中，而国内现代性与后现代性共存的语境也是极其复杂的，于是，对于西江本土的生活政治抉择就成了一项需要拨乱反正的政治工作。从吉登斯所形容的“生活政治”中得到一定的启示，他说道：“生活政治是这样一种政治，首先，生活政治是一种生活方式的选择政治，个体在获取自我思维与行动自主权后开始将各种对生活的探索落实到日常生活中。生活政治是一种价值观取向，它是将民主实践贯彻入政治生活的尝试。它与现代性的产生有着密不可分的背景联系，而且深受全球化的影响，对现实生活进行反思从而调动自我实现的秩序因素，把自我与全球范围相连接，最终能够完成个体与集体双重层面社会活动存在性参量中严肃且丰富的政治选择。”① 他还指出生活政治源于后传统的语境生态，是一个关于全球化背景下自我实现的问题，两者相互影响与投射。虽然这些观点是过去的继承与张扬，但是他断言只有在稳定的高度现代性下才会发生；现今生活政治关乎于未来变迁，本质来讲，生活政治是在现代性“另一边”的社会秩序所发生与建立起来的。虽然吉登斯一直在强调生活政治是在现代性建构进入尾声时才能发生的，但从现代西江的发展历程看，在初期的现代化之时已然开始了自我发展在全球化背景下的探索，同样面临着吉登斯所描述的生活政治中所有的问题，因此，西江显然提前进入了吉登斯笔下的现代生活政治阶段。

应当重申，生活政治是一种生活决策的政治。这些决策是什么？该如何寻求对它们加以概念化？这就是生活政治对于自我认同的重要意义。西江的生活政治首先正如吉登斯所言，是一种对苗族文化的反思性结果，是

① ［英］安东尼·吉登斯，赵旭东，方文，王铭铭译．现代性与自我认同［M］．北京：三联书店，1998：251-253.

黔东南州官方意识到必须在全球化中寻找自我认同的积极应对决策。他们依据自己有限地对世界与未来的信息量与地方发展以及外来经验加以合理连贯，设计文化现代整合方案。但是这样的自我认同将会引发苗族文化迅速地变化，被全球化现代生活情境形塑、修正和被迫反思甚至于丧失自信心。同样，西江这种具有现代性质的生活政治选择，附带了争论与角逐，或许结果并不尽如人意。

黔东南州是一个民族自治地方，在改革开放的大语境下，虽然有一定的行政自主权，但这么多年来一直面临"经济贫困"的难堪局面。物质上的匮乏所带来的连锁反应一度让以生活政治作为主旋律的政治价值观面临挑战。"我们应该怎样生活?"变成"我们应该怎样把经济搞上去?"，"促进自我实现"也转换成了"促进经济发展"。以"解决经济贫困"这一命题传播国家要务便成为西江乃至黔东南的一种生活政治的具体实践。在这样的"经济"情景下，"文化"脱颖而出。"文化"因其具有很高的旅游经济价值成为西江"文化自觉"基调被提炼出来，进行现代旅游加工，为人们的生活政治选择提供了一种最为实用的幸福生活方式。于是，在西江问题上，几乎所有的国家行政力量都为经济增长而不遗余力。

2.3.2　国家作为装置的规划主导

应该看到，如若依靠西江自我社区的"内省式"发展是不足以达到质与量的快速突破的。正是由于这种强烈以"脱贫致富"作为生活政治的历史使命，引入国家装置的行政力量成了当下西江政治价值观的选择。将参与西江现代生活主体彻底地纳入了国家装置的运转中，以国家的行政手段规划设计式解决民生发展中存在的许多不便，实现公共资源的合理分配，成为西江经济，同样也是文化的出路。我国学者支运波在其论文《空间殖民、景观社会与国家装置》中对"装置的国家"总结道："现代国家以占有资源和提供服务实现对个体的控制，它是一种控制力，并以'独白式'回绝对话。"① 这就意味着国家作为一种控制力其力量是强大的，可以有效

① 支运波. 空间殖民、景观社会与国家装置［J］. 浙江师范大学学报（社会科学版），2011(5)：80-84.

率地调动所有公共资源，从制定旅游公共政策、投资基础设施建设、提供旅游参与平台、民族文化的保护与传承、制定规范、协调关系、招商引资、市场推广、环境营造、引进人才等方面进行高效的实践活动。

首先，政府制定发展规划。雷山县委、县政府先后编订《雷山县旅游业发展总体规划（2005—2020年）》《西江千户苗寨旅游详规》《西江千户苗寨综合性修建性详细性规划》《贵州省雷山县旅游文化产业园西江园区总体规划（2011—2025年）》等，在这些规划中，确定了西江过去、现在、未来的发展定位：以旅游产业为主导，产业经济、社会文化和生态环境等方面全面协调发展的民族文化旅游园区。战略目标是通过对园区资源优化整合、产业体系建设和文化生态保护，力争经过5-10年时间，把西江园区建设成为国际著名的原生态民族文化旅游目的地、中国苗族文化旅游胜地、中国民族地区综合发展示范区和国家5A级旅游景区。经济指标是到2015年，实现接待旅游人数250万人次，旅游收入6亿元；到2020年，实现接待旅游人数400万人次，旅游收入15亿元；到2025年，实现接待旅游人数500万人次，旅游收入26亿元。同时，确立了西江的国内、国际的市场定位等。为了确保各项行政规划的权威性、科学性，在编订上述旅游规划的过程中引进外地先进设计理念（如启用北京国际城市发展研究院和北京中景园旅游规划设计研究院等），让专家教授进行专业评审。在规划实施上也力图做到修建规划项目如旅游饭店、景点专项设施，可严格符合规划要求，公开投标竞争，合理分期进行。在宣传上规划依照法定程序制定后，实行公开公示，增大群众参与宣传的程度，加大监督管理，使社会共同参与。

其次，政府挂牌。挂牌启动是话语的一种权力，一种挂牌对象与所谈论语言中的赋权行为。话语系统如福柯所言，形成了它们所谈论对象的一种实践，话语系统对所谈论对象显示了一种权力，它们是一种权力与被赋予权力的关系。华中科技大学硕士郑进在其论文《国家与村寨社会的博弈：国家在场与社会式微——以贵州省西江苗寨“挂牌”现象为例的研究》中已经分析得比较透彻了：“‘挂牌’主要是指旅游产业开发建设过程中，在政府官方部门间接和直接推动下，相关单位或个人被动或积极主动把政府所授予的针对某一特定指向的许可证明与评价，如消费、生产、生活的其中之一方面，挂放在显要位置的名签牌匾，用来展示其得到权威认可的档次与品位。”① 而名签牌在西江千户苗寨的频频出现恰好验证了国家权力在西江这个苗族村落的实践行为以及存在意义。这是在西江成为旅游商业经济目标后所出现的新一轮国家在场形式，现如今，伴随西江在贵州省黔东南民族旅游规划中地位的不断提升，国家复归到关键地位。

郑进在其研究中将调研资料整理总结出西江的挂牌情况，大概有41个类型的名签牌，总共可以分成5类：支持经济开发的挂牌、维护治安管理稳定的挂牌、建设文明卫生的挂牌、社会救助低保困难的挂牌、消防防火的挂牌。例如“卫生清洁户”“文明卫生户”“农家乐接待户”“苗族刺绣作坊”“雷山县农村一户一技能示范户”“满意商店”“旅游接待示范户”“满意农家乐”等。其中不乏将文化与经济勾连起来的国家认证，隐喻着文化发展中国家装置的不断在场。

最后，大量人力、物力和财力投入。政府在西江进入旅游发展转型后，每年用于发展西江的资金投入与以往相比有了很大增长。如仅围绕2008年旅游发展大会“一会一展一节”的召开，政府投入2.6亿进行文化村落向文化景区的改造。西江景区的现代发展建设也集众多力量于一身，不仅受到了黔东南州各地以及全国各地的商业投资、银行贷款、工程项目建设投入，从当地人员配备上也打破了传统地域限制。外乡人、外地人、异民族人来到西江参与文化景区建设也受到了国家的鼓励与支持。从效果上来说，政府介入前后的差别是明显的（如表2-10所示）：

表2-10　政府介入前后西江千户苗寨情况对比

序号	收益项目	政府介入前	政府介入后
1	开办农家乐	2002年仅有8户，2003年上升至27户，2004年发展到50多户，旅发大会前后增至60余家。	旅发大会后升至140余户，现还有大量村民在大兴土木，修建房屋，建农家乐。
2	出租房屋	无外表经营者到当地租房	400—1500元/月

① 郑进. 国家与村寨社会的博弈：国家在场与社会式微——以贵州省西江苗寨“挂牌”现象为例的研究［J］. 民族论坛，2012（12）：64-69.

续表

序号	收益项目	政府介入前	政府介入后
3	开办商城	日用百货、五金、农业生产资料、衣物等。	增加了银器店、酒吧及相关旅游商品专卖店。
4	开办小吃摊	仅在赶场时经营小吃摊，仅有水豆腐。	除水豆腐外，还有豆浆、包点、糯米饭、糍粑等。
5	参与歌舞表演	大部分时间仅作为村民自误自乐的项目。仅有也东寨有业余的歌舞表演队。为外来游客提供歌舞表演为300元/场。	三个歌舞队，一个专业（文化广场，800天/场）、两个业余的（现景台芦笙场、也东芦笙场，约500元/场，游客5-10元/人·天，既是村民自娱自乐的项目，也是他们赚钱的方式之一）。
6	苗族盛装租赁	5元/套，仅文化广场边有4-5家左右。	文化广场6家，观景台芦笙场5家，10元/套，每家每天收入100元左右。
7	学苗歌、苗语点歌	无此类项目	芦笙场旁，一首歌20元左右。
8	出售农作物		水果、农作物、家禽等。
9	参拜鼓藏头	无此类项目	游客烧香祭鼓10元/柱。
10	纺纱、织布、刺绣点	纺纱、织布、刺绣仅供村民自己使用。	通过比赛选出3名熟练纺纱、织布人员，8名刺绣人员，为游客提供表演，平时表演20元/人天，农忙、节日时40-50元/人天。其产品还可以向游客出售。
11	米酒生产、销售点	村民生产的米酒仅供自己饮用。	出现了10余家依靠生产米酒维持生计的农户，他们除为游客提供参观、体验项目外，游客也可购买其米酒；他们还将米酒出售给农家乐经营户，价格为4-5元/斤。

续表

序号	收益项目		政府介入前	政府介入后
12	公司招聘员工		无此类项目	招聘当地村民 302 人（男员工 108 人，女员工 194 人），包括清洁工、导游、电瓶车司机、售票人员、歌舞表演人员等等。
13	政府补贴与奖励	补贴商铺	无此类项目	由政府给予景区主干道居民每月 300-500 元不等的补贴。
		家庭博物馆奖励	无此类项目	雷山县政府联合千户对家庭博物馆进行等级评定，对等级优良的家庭给予 800 - 2000 元不等的奖励。
		民居建筑保护奖励	无此类项目	为调动村民保护苗族建筑群的真实性和整体性，西江景区管理局根据建筑年代、房屋结构、消防安全等指标对村民居住的吊脚楼进行年度评分，每年从门票收入由提取 150 万元同于奖励该民族文化保护工作由成绩突出的村民户。

政府通过对土地、房屋建设、文化资源等进行综合治理，完成其现代化政治价值追求。从西江具体的文化现代化实践实例上看，不得不承认，国家——作为一个强有力的装置与其政治因素的永恒在场是当下文化发展不可避免的环节。

2.3.3　国家主导的文化产业转型

西江苗族文化进入规模化、市场化发展，国家力量同样发挥了其主导传播功能。让西江适应以旅游供求关系为基础的文化市场，敢于面向市场、研究市场又能够开拓市场，对于过去以传统农耕经济为主导的西江村落来说是一项较为陌生与遥远的事。文化一旦与商品媾和，进入文化工业时代，市场就显得尤为重要。在这场西江少数民族文化与全球化商品时代的文化转型市场博弈中，国家直接伸出了“有形之手”。

首先，西江所隶属的雷山县人民政府出台了《关于成立贵州省雷山县西江千户苗寨旅游发展有限公司的批复》的行政文件，将西江文化开发与发展统筹规划入企业制度，直接参与市场竞争机制。根据县人民政府《关于成立贵州省雷山县西江千户苗寨旅游发展有限公司的批复[雷府函（2009）40号]》文件精神，2009年7月2日依法登记注册成立了雷山县西江千户苗寨旅游发展有限公司，属国有企业，注册资本金为1000万元，出资人为县人民政府，法定代表人杨胜星任董事长。2010年3月增加注册资本至3348.8万元。截至目前，公司拥有资产1.3亿元，固定资产5980.28万元，其中2012年1月-5月拥有固定资产493.95万元。被商业银行评为AA级信用单位，4A质量环境认证已通过审核，是黔东南州仅有的两家旅游上市培育企业之一。公司目前的经营范围有：景区门票的管理；景区车辆营运；景区旅行社；游客服务中心的管理；旅游商品的开发与销售；经营性国有资源的开发、经营和管理；景区内相关旅游产业招商引资项目的合作、经营和管理；原生态民族文化产业的挖掘、开发和保护（含民族歌舞表演、传统民族工艺制作）；景区基础设施建设、维护与园林绿化管理；农副产品生产与销售；宾馆、酒店经营；周边景区、景点的开发、经营和管理。公司目前设执行董事兼总经理1名，副董事长2名，副总经理1名。公司内设12个部室，即总经理室、综合办公室、财务部、人力资源部、票务中心、交通营运部、保安大队、票务纠察队、旅行社、市场部、园林绿化部和安全与工程部，共有员工203名。公司运营状态良好。经过企业升级的西江苗族文化正式迈开了文化产业化发展的步伐。

其次，关于未来的西江，当地政府给予了这样一个产业定位：第一，产业选择，以旅游为主导，以满足游客吃、住、行、游、购、娱等需求为基础，围绕旅游发展生态农业，围绕旅游发展商品加工业，围绕旅游发展现代服务业，实现一业带三产，一、二、三产融合发展，形成产业聚集；第二，产业结构，整体构建园区八大产业，形成“一大主导产业，七大特色产业”的产业结构体系。“一大主导产业”：旅游业；“七大特色产业”：特色种植业、特色养殖业、工艺品加工业、农产品初加工业、餐饮住宿业、娱乐购物业、旅游地产业；第三，产业经济发展目标，到2015年，园区总产出达4.9亿元，农民人均收入6500元，创造就业岗位3600个，到2020年，园区总产出7.6亿元，农民人均收入8400元，创造就业岗位5300个，到2025年，园区总产出8.3亿元，农民人均收入12000元，创造就业岗位6000个。

通过民族文化产业化经营进行的生活政治制度正式在西江安家落户。

综上所述，西江文化生态出现了不少的变量，在这些变量因素交互作用下，以西江为空间载体的苗族文化开始了新的生产、发展、变异，用生态中描述文化的方式进行自我认同的描述，这将产生怎样的巴纳姆效应？[①]苗族文化的现代性又将呈现什么特点？这将是下一章讨论的问题。

① 巴纳姆效应又叫福勒效应，因为它最早是由心理学家伯特伦·福勒于1948年通过试验证明的。这个效应是以一位广受欢迎的著名魔术师肖曼·巴纳姆来命名的。它主要表现为：每个人都会很容易相信一个笼统的、一般性的人格描述特别适合他，即使这种描述十分空洞，他仍然认为反映了自己的人格面貌，而要避免巴纳姆效应，就应客观真实地认识自己。引自：百度百科 http://baike.baidu.com/view/17387.htm?fr=aladdin。

第3章　西江日常生活的景观化转向

苗族是个没有成文的严谨宗教教义的民族，其文化信仰处于万物有灵的原始信仰阶段。并且，其文化习惯渗透进日常生活的每一个元素中，即苗族人自我独特的生活方式就是其文化本身。所以，日常生活才是苗族文化的根本所在。也就是说，苗族人每天持续重复不断的生活才是其文化得以再生产的方式。因其日常生活是一种自在存在，所以苗族文化对于苗族人自身来说是再自然不过的事。虽然日常生活的自在、自我文化的纯粹及苗族人文化性格的纯朴成为传统苗族社会生活最为显著的特点，但也阻碍了其文化的自觉，致使苗文化一直以来在苗族族群内部尚处于典型的“无意识”状态。

从苗族的历史发展来看，苗族对外长期的“暴力”（战争）交流，导致苗族在历史上总是与外界和平交流的机会失之交臂。文化对比内省的缺失，造成苗族人对文化的自觉意识没有树立起来。西江苗寨是一个内部文化较成熟的传统村落社区，其日常生活是严格的并与特定的传统情景联系在一起的（阿格妮丝·赫勒，1970）。全球化对传统日常生活所带来的深刻改变，促使着西江旧的文化世界发生着一系列连锁效应。

3.1　意象的生产

3.1.1　时间的虚幻化堆砌

在现代计时仪器进入苗寨之前，古老社会还未解体之时，苗族人的计时方式是其族群对时间的定义。成形于前现代的西江苗族文化里有着自己独立的计算时间的方法。如同文字的创造一样，日历也是西江作为农耕文明族群的独特发明，它的发明是在传统变化的时间中给出一个有规律的、可循环的重复。对大多数人来说，对时间的认识仅凭个人感受。比如，在日常生活中，人们总会把时间与其他事物联系在一起，比如与地理位置联系在一起，而且这些模糊的参照计时方法，是非精确、易变动的；如果不参考熟悉的参照物，几乎无人能够十分准确地分清具体的时间点。在过去，“什么时候”一般总会与“什么地方”相关联；或者由某些有规律的事件、自然存在物等来加以区别。在这一点上，大多数苗族人对日常生活的时间认知中，显然个人感受扮演了非常重要的角色。

西方18世纪后半期开始应用机械钟替代传统的计时方式，机械钟的发明和运用推广，使时间从空间分离出来具有决定性的意义。人们可以想象一下，如果没有时钟日常生活怎么办？马夫德（Mumford）指出，像动力机械一样，时钟是现代秩序中的一个基本要素。在现代社会中，全世界的时钟都按照标准时间调校。这一联系根本上依靠于标准化社会规范的构成。这样的时空标准是理所当然的，它已成为人们日常生活中一个熟悉的部分。吉登斯在《现代性与自我认同》中是这样把握精确时间的：“时钟表达的是一种‘虚化’时间（empty time）的统一维度，用此种方式计算，就可以达到精确设计每日的‘分区’的目的，例如，对‘工作时间’的精确固定。”① 而20世纪80年代，钟表在苗寨的使用依旧属于稀罕物。如果，某人手腕上拥有一块被认为是“奢侈品”的手表，将会成为其他未获此物的苗族人对精确时间把握的咨询对象。但是，那个年代手表对于苗族人来说，只是一种可有可无的物件，手表（机械钟）对于族群的时间概念划分只是精确与否的衡量物，绝非日常生活的决定因素。可以推断，对于时钟“等值”的“虚化”的时间观念伴随手表的出现开始在苗寨悄然产生。直到20世纪90年代“电子表”才开始普遍使用于苗寨，“钟表”不再作为异质的象征符号，虚化时间成为苗族人生产生活必备的参照物，从而代替了自然的直接体验，成为组织时间的必要标准。机械计时工具的广

① ［英］安东尼·吉登斯，赵旭东，方文，王铭铭译．现代性与自我认同［M］．北京：生活·读书·新知三联书店，1998：18.

泛使用不仅促进而且预设了日常生活组织发生深刻地结构变迁。这种变迁不仅是区域性的，无疑也是全球化的过程。现在的苗族世界，并入了现代的计时体系中，拥有全世界通用的计时系统以及全球标准化的时区。

可以判断的是，即便苗族为了生产生活能顺利进行，也进行着定期的商品交换，但西江苗族生活从未正式进入市场经济时代。虽然伴随外出务工人数的增加，人作为劳动力通过雇佣关系在市场中以商品的方式进行交换，把劳动兑换成等量的“工作日”，从而获取报酬的时间计算方式在西江苗族族群内部生产生活中是没有使用过的。在西江苗寨，苗族人一年到头、一天到晚都在劳作，因而没有所谓的定期定量的闲暇时间。“劳作无处不在，闲暇无时不有”。苗族更多是依据季节的不同，有农忙和农闲之分。农忙为育秧、插秧、秋收时，即春耕秋收。除了春耕秋收，平时的劳作并不间断，但不紧张，更不定量。

根本转变发生在2008年后在国家装置下组织“千户苗寨”打造工程后，新型时间开始以整合的速度在西江运作开来。德波在《景观社会》中这样形容道：“现在对于时间的新观念显得如此自然，它与过去天然的循环时间的残余相混合，貌似可以重复前工业时代中操控人类生存的古老法则与节奏循环方式，但是，事实上目前的时间生产与再生产乃是在原循环时间基础上的一种隐蔽变体，对应的是：白天和夜晚、工作和周末、定期性休假等时间创新。”①

3.1.1.1 白天与夜晚

西江在古老的循环生活中，时间并未凸显出太多的节奏感，自然而私人化才是西江前现代时间的呈现方式。可以从笔者整理的对西江老一辈访谈中看到：

> 白天与夜晚没有精确的区分界限，但又是客观存在的。什么时候开始算白天，什么时候开始算夜晚，即便在现在也很难说清楚。昼夜长短更替以年为周期每天都在变化。苗族的白天从天亮算起，到天黑结束。天空泛白，走路能隐约看到路面，早起的人就开始出行干活，

---

① ［法］居依·德波，王昭风译．景观社会［M］．南京：南京大学出版社，2006：69.

这个时候算是亮而不稳，是由黑夜向白天过渡，也是白天的开始。显然，这与太阳活动是紧密相关的，因而，苗族对白天和黑夜的认识，主要以太阳为参照。

正午为白天的中间，太阳在当头，日影最短，苗族把这个时间之前叫上午。上午以太阳“来”到什么地方判断时间的早晚，上午之后，则以太阳“去”到什么地方来判断时间的早晚。苗族人民主要生活在山区，不管日出还是日落，都会有山的倒影。早上日出，东面的山的倒影在西山，清晨的第一缕阳光照到西山的山头，则表示天已经大亮，不能再睡懒觉了，从天刚蒙蒙亮到这个时候，是人们的起床期。一般是老人、女人、大人起得早，年轻人、男人、儿童起得晚。可见，苗族的时间是个人的时间。这个时间是该做什么，但并非每个人都如此。从西山的第一缕阳光开始，人们就以阳光照射西山的多少来判断时间，阳光越多，表示时间越往后推移，用阳光“来”（相对于下面的“去”）表示。“山头”“山某处”（苗族会给所有的山命名，而且山的每个部位都会有不一样的名字）、“半山腰”“寨上”“寨中”“寨下”“河边”等词汇是苗族的天然钟点。阳光照到东山后，时间开始被模糊化，直到正午之前虽然属于上午的尾声，但人们只以“远早”（离早晨远之意）来表示时间已经不早。太阳到当头则是下午的开始，但苗族叫下午为“中午”，这个时间从太阳正中到太阳“过河”为止。太阳“过河”即西山的倒影已经在东山出现，这个时候时间又具体起来，用阳光“去”表示。“过河”“山某处”“半山腰”“山顶”。太阳到山顶则是傍晚的开始，苗族把傍晚叫“将黑”，表示天快黑了。太阳落山后再看不到路，则是天黑，但是苗族的太阳落山是指东山再也见不到阳光。天黑，人们都回家，开始做饭，太阳不可能再作为参照，于是只以大众的生活计时。“做晚饭”“吃晚饭”“洗脚”“睡觉”成为苗族人的计时标准。睡觉后，苗族人自然不再关注时间，只以“夜深”来概括。“午夜”也是苗族的一个时间概念，但不是那么具体。接着是鸡叫。鸡叫是个很重要的时间参照物，鸡叫意味着天将亮，也即已经是下半夜，“头遍鸡叫”“二遍鸡叫”“三遍鸡叫”，是天亮之前的钟点。

白天用太阳计时，晚上还可以用月亮计时，与太阳计时一样，但是晚上苗族活动少，用的也就少。阴雨天气怎么办呢？这确实是困扰苗族人的一个问题。除了参照日月星辰，还可以参照动物习性。比如上面的鸡叫。画眉鸟是苗族的族鸟，画眉一般在天刚亮的时候第一次叫，傍晚天快黑，也会叫。傍晚，百鸟归巢，则意味着天快黑了。

资料来源：笔者民族志日记

以上验证的是一种体验式的时间概念。对于苗族人来说，在场的对照式生理体验时间主要校对标志是“日”“影”等的白天时间符号，“月”“星”等黑夜时间符号，所以在日历的编撰中太阳成为苗族人的时间主位参照。除此之外，这种参照性变化，“年”体现的是循环和固定的时间概念，也是苗族时间回归周期的体现。日常生活的“人为时间观”对参照时间起到一个必要的补充，成全了传统时间概念的完整性。可以得出结论，这种时间观念虽然不精确，但是具有丰富性；虽然变化，但是也有其稳固性，可以做到有迹可循；虽可客观参考，但也可以用主观感受补充。时间的在场体验是多触角发散的，与现在虚化的刻度单一时间划分比较起来，虽然少了许多等值可操作的物理性质，但是“人本位”的基数比例更大。

值得注意的是，在传统中，虽然一天的时间观比较模糊不精确，但是对白天与黑夜的体验比起现代时间观是严格的，苗族不提倡晚睡。山区的苗族人认为，晚上睡觉太晚，家里亮着灯，鬼怪会循着灯光找来。虽然表面上起到教育孩子的功能，但事实上是苗族人时间概念和思维逻辑的传递。“静态社会”使他们的历史运动减至最小，又在不变的平衡中设法保持他们与自然和人类环境的内在和外在冲突的社会。① 这种严格遵守的循环时间体验，对于人类生理结构来说极其健康合理，似乎更加科学，“不科学”的时间观念表象上渗透的是科学价值，使人的主观能动性与人的自然属性得以平衡，也是自然与人类的内外冲突的调解。传统循环时间观从本质上来说是没有冲突的时间。

虽然随着西江的通电而引进的一系列电器产品带来了夜间行动的便利与娱乐生活，但是日常醒与睡的分界早已根深蒂固。每逢黑夜，苗族人长

---

① ［法］居依·德波，王昭风译. 景观社会［M］. 南京：南京大学出版社，2006：58.

久自然而生的体内“钟表”，依旧会促使苗族人主动控制着黑夜的到来，进入黑夜，人们还会去拉动“电开关”，熄灭与黑色相冲突的伪白天，选择的权利暂时还掌握在个人的手里。

这种白天与黑夜、睡与醒的严格时间划分，在西江被颠覆性破坏的历史事件就是 2008 年后西江灯光工程体系的建成（如图 3-1 所示）。2008 年后，政府统一出资要求西江服务区内每一户人家安装一个标准的“马灯”（如图 3-2 所示）。每当夜幕初降时西江旅游公司工作人员按点统一开闸通电：夏季 7 点左右，冬季 6 点左右，通宵点亮。这种集体性强制对白天黑夜的整体压缩与拉伸孕育出来的时间规划，将人的自然生理活动规律排斥在考虑范围之外。① 这恰恰就是景观时间观念的本质特征，是一种被伪造的时间界限，“人造亮光”冲破了自然的分界，“休憩”在西江显得越来越不重要。“马灯”的亮起伴随的产物就是经济效益，一种可消费的夜晚的贡献，一种以虚假白天作为引诱力的循环景观利益价值，一种以时间进入视觉景观范畴而获取的消费报偿。这些全新的景观时间观念，在西江人的头脑中被毫无意识地点亮。

灯光工程位置示意图　　　　西江夜景

图 3-1　西江灯光工程示意图

① ［法］居依·德波，王昭风译. 景观社会［M］. 南京：南京大学出版社，2006：71.

图 3-2　西江 2008 年统一安装的"马灯"样式图

如若马灯虚化了昼与夜的界限，那么，农家乐的无限制经营扰乱的则是西江睡与醒的生命时间。以经营农家乐为主要产业的现代西江，当地人的时间表幻化为服务时间表。它以旅游者的时间为基准，伴随客人的需要而醒，伴随客人的休憩而睡（如表 3-1 所示）。

表 3-1　2012 年 10-12 月望乡楼（现在）与普通农户家（传统）作息时间对比表

天数	抽样日期		现在作息时间			传统作息时间		
			起床时间	工作时间	睡觉时间	起床时间	劳作时间	睡觉时间
1	10月	1	6:00	6:30-20:00	22:00	6:30	7:30-19:01	21:23
2		2	5:00	5:10-23:00	23:30	6:21	7:40-19:23	21:46
3		3	5:10	5:25-24:00	次日 00:30	6:38	7:20-19:07	21:32
4		4	5:30	6:00-24:00	次日 00:15	6:43	7:27-19:19	21:55
5		5	这一天通宵工作、轮流换班			6:37	7:23-19:56	21:17
6		6	这一天通宵工作、轮流换班			6:56	7:46-19:13	21:34
7		7	5:00	5:15-次日 00:35	次日 01:20	7:08	7:50-19:42	21:43
8		8	6:55	7:20-24:00	次日 00:27	6:49	7:28-19:00	22:00
9		9	7:30	7:57-22:43	次日 00:16	6:58	7:36-19:43	21:36
10		10	7:48	8:17-22:00	22:30	7:00	7:33-19:24	21:57

续表

天数	抽样日期		现在作息时间			传统作息时间		
			起床时间	工作时间	睡觉时间	起床时间	劳作时间	睡觉时间
11	11 月	13	7:47	8:20-22:19	22:25	6:53	7:34-19:07	21:41
12		15	7:00	7:38-22:48	23:00	7:09	7:23-19:49	21:46
13		17	7:15	7:40-22:17	22:30	6:51	7:26-19:39	22:16
14		23(鼓藏节)	6:05	6:32-次日 03:30	次日 04:27	牯藏节准备、举行祭祀仪式,时间几乎是全村集体商议后一起欢庆,时间比较随机灵活。大多数参加仪式与欢庆的人可以通宵达旦,少数老人由于体力不能欢庆的,可以早些回家休息。		
15		24	7:08	7:15-23:00	23:15			
16		25(苗年)	6:10	6:15-23:55	次日 00:14			
17		26	6:06	6:10-22:39	24:10			
18		27	这一天通宵工作、轮流换班					
19		28	这一天通宵工作、轮流换班					
20		29	这一天通宵工作、轮流换班					
21	12 月	6	7:05	7:26-22:50	23:10	6:48	7:25-19:43	21:14
22		8	7:00	7:20-22:00	22:20	6:46	7:31-19:20	21:20
23		10	7:20	7:45-21:20	22:00	6:38	7:28-19:17	21:40
24		12	7:09	7:30-21:47	22:05	6:45	7:23-19:00	21:32
25		14	7:30	7:51-20:00	21:30	7:25	7:48-18:50	21:09
26		16	7:24	7:50-13:10	21:20	7:17	7:32-18:35	21:14
27		18	7:40	全天无客	21:06	7:24	7:48-18:16	21:06
28		20	7:20	7:48-14:00	21:40	7:25	7:50-18:20	21:09
29		22	7:25	16:00-20:38	21:18	7:26	7:58-18:17	20:45
30		24	7:30	全天无客	21:30	7:28	7:54-18:24	21:00

注：通宵工作、轮流换班基本都是国家法定节假日或当地政府组织并大力宣传的民族文化节日，游客量极大，往往此时的农家乐都是通宵加班，尤其是在 2012 年 11 月 23-29 日政府把雷山苗年与牯藏节合并举办，计划呈现空前旅游盛况，而 11 月 26-29 日斗鸡、斗牛活动安排在雷山西江千户苗寨，此时的西江只要客人需要服务都可以随时叩开农家大门，昼夜不分。在旅游淡季，农家乐虽然都是依照客人的时间来选择，

但由于客流量的大大减少，传统时间才又在经营之外再次成为农家乐苗人的时间安排的补充依据。相比之下，传统普通农户家大多都在6：30之后7：30之前起床，苗族人大多勤劳，没有睡懒觉的习惯，而晚上睡觉休息都在睡觉8：30之后10：30之前，主要依据季节变化太阳的上升与落下为基准分辨白天与黑夜，在集体传统节日则是听从集体时间安排。

从以上的统计来看，在过去，西江传统时间的安排呈现了有机合理的生物规律性，与大自然的“白天—黑夜”极其相符。虽然自然四季的变迁在时间劳作上有着农闲与农忙之分，但那只是在于劳作的强度大小的区分，而对于“白天与黑夜”所固定对应的“劳作与休憩”是恒稳不变的。可是，西江人目前的时间作息几乎很难保持传统时间的规律性，尤其是旅游经营直接与人们生活嫁接、重叠后，西江人的时间安排直接紊乱，甚至于可以抛弃掉人作为生物基本的休息时间，白天时间无限延长，苗族人将时间的主体地位让给游客，游客的来去停留可以随时随意打乱西江的生活时间节奏，他们才是西江真正意义上的时间主人。很明显，劳动力有着不可取消的生物学限制——不仅在它对睡与醒自然循环的依赖是明显的，而且在由每个个体生命不可逆的时间证实人的生命磨损中也是明显的——但在现代生产制度中它却被作为次要的因素来处理（只是一种附件）。[①] 这一切预示着，非自然要素在生产制度的官方正式宣告中，体现其不断胜利进程中的消费性奖品都被忽视了。观众的意识固定在它的西江社会现代运转的伪造中心，不再经历作为一种旅程的从自我实现直到死亡的生活。[②] 西江对“黑夜”景观化后所产生的时间概念，使历史与记忆“瘫痪”了，并将建立在漫长历史变化中的时间基本规则用以指导社会组织运转的一切废弃掉，其实质上是时间的伪意识。然而，参与黑夜编织出来的景观时间的活动主体却并非“原住民”，其生命力与意义的缔造者却是“客人”——消费者。他并不靠熟悉西江的时间规则，在景观黑夜时间的每一次循环过程中，伴随消费赋予其引人注目的意义也依附着消费消失。无论如何它们总会被最快速地遗忘再快速地重建。西江真实生活着的东西与这种黑夜可消费的虚假循环时间形式没有关系。这与西江本真日常生活分离的时间经

① ［法］居依·德波，王昭风译．景观社会［M］．南京：南京大学出版社，2006：72.
② 同上.

历保持着一种全然陌生的语言、概念、结构，它自己没有任何记录的价值和意义，它更没有沟通和交往，总是被误解和忘记。西江苗族人在一次又一次的景观时间循环中扮演着生产者与服务者的角色，景观时间纳入传统的时间社会链条后，被重新安排了白天与黑夜。

3.1.1.2　劳动、休息与工作、周末

一般而言，循环时间的罔替更换是传统农耕社会最为基本的方式。根据整理材料可以得知西江苗族人在定居农耕后，结束了自由迁徙的生活，开始劳动与休息的更替，构成日常生活、生产时间是最为显性的部分。

> 苗族是个农耕民族，农作物的周期性生长决定了苗族人民的劳作模式，其劳作时间与季节变化及天气情况关系密切。农民主要解决吃穿住行的问题，苗族劳动内容也主要围绕这些进行。
>
> 苗族主要种植水稻、玉米、红薯、土豆、高粱等作物及应季的各类蔬菜。除了蔬菜，这些农作物生长期主要在春夏秋三季，因而苗族人民在这三个季节显得比较忙碌。起早贪黑是苗族人民劳作的基本特点。当然，劳动的强度和内容与性别、年龄、家庭角色等有关。一般情况下一个苗族成年男性一天的劳作过程如下：天亮即起床，上山割草喂牛，得割够牛一天吃的草料，一般都是去自家的田边，顺便可以看看田的状况。比如是否有水，田间作物长势等。这个过程大概需要一个多小时，加上来回的行程则约需两个多小时。回家吃午饭，上午基本上就过去了。午饭后，与家人闲聊，下午接着上山看田或锄地，包括除草、施肥、灭虫等。傍晚时，则去砍柴回家。到家则是晚饭时间了。虽然每天劳作内容有所不同，但基本上每天都如此，周而复始。到了农忙时节，主要是指春耕和秋收，除这些工作必做外，又不能耽误了主要的耕收工作。比如说，牛是每天必喂的，不能不割草，柴也是每天必烧的。成年女性也差不多，早起挑水，烧火做够一家一天的饭，煮猪食，喂猪等，午后打理菜地，顺便准备次日猪草。
>
> 上面所说苗族的劳作时间受季节变化及天气状况影响大，从春耕秋收就可以看出来。苗族的劳动是主动的，而非强制性的，因而

工作也非机械定时定量劳作，而是根据个人安排弹性劳作。当然，苗族地区的生产力低下，弹性幅度显然是有限的。夏天，天气过热，上山的苗族人也会在阴凉地歇息。而下雨或下雪对苗族人生产、生活影响较大。雨雪天气苗族人在家休息较多。比如秋收，雨天是绝对不收的。但雨雪天也需要给家畜备食料。晚上家人一起闲聊，男的打点家具或竹编用具，女的做针线活。这算是苗族比较闲暇的时候了。虽然闲暇，但并不闲着，这是一个勤劳的民族。苗族普遍睡觉比较早，依照现在的时间计算法，大概10点左右就睡了。这与苗族白天劳作较疲劳且基本不午休有关。同时，苗族也不提倡晚睡。山区的苗族人认为，晚上睡觉太晚，家里亮着灯，鬼怪会循着灯光找来。

以上是最一般的情况，在现实生活中，劳作与休闲和年龄及家庭角色等关系密切。在此，对未婚成年男女、未成年人再做简单叙述。未婚成年男女，白天劳作，晚上“游方”，即谈恋爱。男性结伴到女性寨子的游方坪与当地未婚女性谈情说爱。深夜后各自回家。这是未婚男女的休闲时光，但这是为了不影响白天劳作而做的安排，第二天又得早起，事实上是比较辛苦的。苗族未成年人，只要能参与劳作就开始参与劳作，是辅助劳动力。四五岁孩子就开始帮父母干活，比如带弟妹或帮父母喂鸡鸭等。大些的孩子，男孩砍柴、女孩洗菜打猪草等，完成力所能及的劳作后，他们可以满村子跑，因而他们是比较闲暇的。

串门和走客。苗族人的串门和走客的谓语动词都是同一个词“diangb”，在本村串门叫 diangb vangl（村），到亲戚家串门叫 diangb khait（客）。这是苗族人真正意义上的闲暇时间。串门是维持邻里关系的一种方式，苗族人串门比较普遍，而且主要是晚上。拉家常、摆龙门阵，火塘文化经久不衰。走客是维持亲戚关系的一种方式，你来我往，去时带一些礼物去的，当然也会得到相应地招待。走亲戚一定要喝酒，自然占用了劳作时间。因而走客并非经常的，只是有一定的事由才去，比如红白喜事等。

资料来源：笔者民族志日记

劳作与休息被固定在循环的第一自然时间体系内，相互交织互为补充，他们之间并没有刻板的界限，更无质与量上的本质区别。在循环时间中，劳作生产与其个体存在的消耗是真正相一致的，并无市场经济意义下的消费概念。劳作后的即时休息只是对个人生物系统体能的放松与解放，个人和族群内部交往成为其精神休息的主要手段，虽无空闲但是自在。劳作与休息在西江就是人存在的充分证明。时间流动的真实经历，与这种蕴含于劳作与休息交替中的人的存在相互映照，证实了时间是一种人类历经的真实存在，使时间“人化”。

虽然封建时期的西江苗寨曾经产生过地主与农民的雇佣关系，但这与西江现今并入现代社会意义下的雇佣关系本质是全然不同的。2008 年后，对西江村民天然劳动时间的性质进行的改变是跨越式的。短短五年，以个人生产消费为主的时间规律开始了商品化转型。村民开始了村寨内部的打工生涯，“打工”业已不再是外面世界独有的生存方式。人们对劳动与休息的时间安排不再具备自然属性，随意地、混合地、懒散地对时间的自我支配权利再无现实意义，“打工人”的时间被展示为纯粹等值的数量关系，划分的每一个时间片段只需要在时钟上计算。不可逆时间抽象化后，“西江打工人”的时间体验成了一种相等时间间隔的无穷积聚，时间除了可互换性之外，没有任何现实性。“劳动”转型为“工作”后景观时间在西江确定下来。就像德波在《景观社会》所中提到的：“时间就是一切，人什么也不是；他至多只是时间的残壳。”①

现今西江村落内部工作有两种途径：

一、“官方雇佣”，受雇于西江千户苗寨旅游发展有限公司（以下简称“公司”），2008 年前则受雇于旅游景区管理委员会。包括固定与临时两种用人方式。固定员工依照现代公司体制进行管理与发放工资。

临时雇佣，则是“公司”组织临时接待活动之时，公司内部人手紧张，需要当地村民配合演出，按出场天数支付适当报酬。

二、民间雇佣。村民、商户相互雇佣（如图 3-3 所示）。

---

① ［法］居依·德波，王昭风译. 景观社会［M］. 南京：南京大学出版社，2006：72.

图 3-3 村民招聘广告

这是旅游工作实践体系在西江建构起来的具体体现，改变了西江原初自我劳动形式，同时也占用了当地人的文化习得时间。不管是内容还是形式，现代劳动方式在现代语境下总会被赋予正当的性质，但这种正当性无理由永久在场。这无疑是垄断了重新划分传统时间的这项工作，主导了时间的安排，是一种时间的异化。作为中介主体——西江苗族人，通过失去自我又实现了自我，在变成“真正”自我之时，首先变成了他者——现代人。在这样的雇佣的关系中，村民的时间被兑换为“装备完善”的时间积木，成为商品旅游事业正常流通运行的专职供应。同时，它也为“村落作为旅游胜地”“文化作为消费”的村落现代性拉开历史帷幕。实际上这种时间意识是一种伪意识。在真实等值交换劳动力的背后隐藏的是商品性质。文化商品交换价值的时间生产促使消费环节得以完成，而文化的再生产时间积累也只是刺激更多的消费。商品的主体是消费者而非生产者，西江苗族人在时间中的话语权丧失显示出西江时间的异化，也是生产的异化，更是文化的异化。

正如德波在《景观社会》中所说的：“相对于古代社会运行的循环时间消费与那时社会的真正劳动相互映照一致的特性来说，现今发达经济下所导致的虚假循环时间消费是与其生产抽象化不可逆转的时间相对立、自相矛盾的；过去所经历的循环时间是真实不变的时间幻想，可是景观时间则是在虚幻中所经历的时常变换的看似现实的时间形态；目前景观时间所呈现的商业化瞬间是被当作有真实现实触感的瞬间让人们接受的，而这一瞬间所蕴含的正是我们对于消费生活的期待；与其说景观在更高层次来展示我们日常真实生活内容，复制自身现代欲望、展示自身现代需求，还不如说最后能够证明仅仅是景观时间自己运行后创造了一个现代人类正在经历的真实生活，我们都受其摆布。”① 这种景观时间消耗体验呈现出来的是一种虚幻的真实经历的时间，真实得无人察觉，只能把它当作真实生活的主要部分。

3.1.1.3 节日与休假

苗族的节庆活动颇多，并且各地不尽一致。由于同汉民族的长期接触交往，有一部分节庆活动很明显是从汉族移植的，但有相当一部分则属苗族自己特有的民族节日，有的节日名义上虽与汉族相同，但其具体内容和形式却有别。从节日的来由、内涵和主旨来看，苗族的节日有季节时序性、纪念和祭祀性、娱乐社交性。但大多互相交错，兼而有之。

苗族把过节叫“naox niangx naox dlongd”，过年过节之意，直译为吃年吃节。由此可见，苗族的节日体现在“吃”上。什么节吃什么东西，怎么吃，是有讲究的。过年过节，也就意味着好好休息，可以好好吃上一顿。在过去，苗族人吃肉并非常事，但过年过节必有肉菜。需要说明的是，苗族人过节吃肉不是为了自己吃肉，而是为了祭祀神灵、祖先，人们只是沾了神灵、祖先的光。既然要祭祀神灵祖先，就要举行仪式，这些仪式有严肃的、有娱乐的，是苗族文化的有效传递方式。苗族节日的严肃性体现在仪式的固定性上。特别是对苗族芦笙和木鼓两大重器的使用，需要遵守严格的仪式。什么节敲木鼓，什么节吹芦笙，吹什么样的曲子，这也是有规定的。违背规定的话，会引起神灵和祖先的恼怒。比如，平时不能敲木鼓，不逢年过节、没有重要活动不能吹芦笙，女性也不能吹芦笙。传说，苗族的祖先居住在木鼓里，敲打木鼓，长眠于此的祖先就会醒来，必须举行庄重的仪式迎接。因而，一般在牯藏节或其他重大节日的时候才能敲木鼓。苗族的每个节日都有

---

① ［法］居依·德波，王昭风译．景观社会［M］．南京：南京大学出版社，2006：70-71.

不同的寓意，但很明显的是，苗族的节日注重社交意义。因而，给青年男女提供游方机会，成为多个节日的共同内容。如，六月六、苗年、牯藏节、姊妹节等，都有游方的内容，但没有一个专门的游方节。

苗族节日都是以农历来计算的。苗族自己的节日有：二月二祭桥节、四月开秧节、五月端午节、六月吃卯、七月破卯、九月重阳节、十月苗年、十一月小年。苗族也过春节、元宵、清明节、中秋等汉族节日。苗族的节日主要是时令性节日，指导农耕、祈求丰收是过这些节日的主要意义，此外还有社交性节日和纪念性节日。苗族的牯藏节比较隆重，但严格来讲不是节日，而是宗教祭祀仪式。当然，各地的苗族还有一些其他节日。本民族节日除了二月二祭桥节、五月初五端午节和九月九重阳节是固定时间之外，其他节日按地支来算，因而每年同一节日的地支日是固定的，但不是固定的某月某日。如，苗年是在每年农历十月的第一个丑日，但每年十月的第一个丑日不一定是十月初几（如表 3-2 所示）。

表 3-2 西江苗族节日一览表

节日名称	时间	祭祀对象	祭祀用品	节日寓意	仪式
祭桥节	农历二月初二	桥神	鸭蛋、鸡蛋、腊肉、糯米饭、香、纸、酒	苗族认为从冥界之河过桥而来，每家架桥并祭祀桥神，以求人丁兴旺	早起备好祭祀用品，带着孩子去自家桥，给桥的四角点香烧纸，剥红鸭蛋壳放在桥四角，斟酒放肉，口念祈福语。祭毕回家祭祀祖先，全家团聚。小孩举行碰蛋比赛。
开秧节	四月某个丑日	丰收神	酒、肉、秧苗、草、香、纸	祈求神灵保护秧苗茁壮	丑日清早，天亮前出门，避免遇生人，割巴茅草到秧田，在秧田中莳一把秧苗并插上巴茅草。将秧苗带到耕好的田里，在田中间插个草标，围着草标插上几行秧苗。回家祭祀谷神和祖先后全家聚餐。第二个丑日也即十三天后正式插秧，进入农忙时节。以前，开秧需某个有威望家庭开始后各家才能开秧，现已不再遵从此礼。

续表

节日名称	时间	祭祀对象	祭祀用品	节日寓意	仪式
吃卯和破卯	六月第一个卯日吃卯,七至八月任一卯日破卯	稻神	稻苞(破卯用新谷)、粽子(破卯不用)、猪肉、鸡、香(必备)、纸(必备)、酒(必备)	祈求丰收	杀鸡、蒸粽子,到田里采刚抽穗稻苞九穗。备好酒肉,在开饭前祭祀谷神和祖先,将稻苞里的嫩稻穗打开,跟米饭一起放在碗里,将稻苞打成草节挂在神龛两侧(自然掉落或第二年吃卯才换成新的),给稻神和祖先酒、肉、粽子、稻苞等以示祭祀。举行一些文娱活动,如歌舞晚会、斗牛、斗鸟、跳芦笙等,年轻男女借此节谈恋爱,互诉衷肠,成为一个大型的社交节日。 破卯不是很受重视,各家自过,一般为稻谷快成熟时任一卯日。祭祀时,到田里抽一穗稻谷(甚至几粒亦可),手工剥壳后参上成米放入锅中煮熟,用以祭祀。一般会说,就煮了一把新米,竟能煮出一锅饭,今年会有好收成。
九月节	九月九日	祖先	鸡、肉、糍粑、香、纸	庆祝丰收	当日清晨,煮糯米打糍粑,杀鸡煮肉祭祀祖先,一年中苗族最爱吃的糍粑从这个节日开始,是苗族比较重视的一个节日。
苗年和小年	十月第一个丑日称大年,隔一个丑日即二十五天后为小年(各地不一定是丑日)	祖先	糍粑、鱼、猪肉、鸡、香、纸、酒	庆祝丰收	各地苗年日期不尽一致,但有其共同点:秋收之后,农事较闲时。节前家家户户酿酒,打糯米糍粑,放水捉鱼,有的还要做豆腐。年前赶场购买盐巴、蔬菜、香纸等,还要杀猪宰鸭。妇女们往往要制作新衣。祭祖是年节活动中一个重要项目。祭祖时间一般是在大年正日早饭时。 苗年期间,举行丰富节庆活动,有娱乐、社交、歌舞等安排,如跳芦笙、踩鼓等,也是探亲访客的好时节。

续表

节日名称	时间	祭祀对象	祭祀用品	节日寓意	仪式
鼓藏节	虎年十月	祖先和万物神	木鼓、水牛、猪、酒、鸡、鸭、鱼、香、纸	追忆祖先丰功伟绩,感谢祖先护佑子孙繁盛,感谢神灵恩赐万物	按照古代历法每隔12年过一届。按起鼓年、立鼓年、送鼓年程序进行,也即一旦过节则连续三年,现已将三年分别兴办的主要程序简化浓缩,合并在第三年里隆重举行。人们平常说某寨某年过鼓藏节一般就是指的第三年。西江起鼓是鼠年十月,立鼓是牛年十月,送鼓是虎年十月。过节的内容丰富多彩,祭祖,拜天祭地,庆贺丰收,唱歌跳芦笙舞,举办传统体育娱乐活动。 以宗族或房族为单位,在第二天或第三天分别邀请祭师唱诵呼唤天神地神和祖宗神灵来过节的“鼓藏歌”,追溯苗族自远古以来直到本家族的历史。西江苗寨近几次过节情况如下:第一天,寅日下午客人入寨;第二天,卯日清晨(一般都在四点左右)杀猪祭祖,下午请客;第三天,辰日继续请客;第四天,继续请客,也有下午起鼓的;第五天,午日起鼓,下午踩铜鼓;第六天,未日继续踩铜鼓;第七天,申日继续踩铜鼓;第八天,酉日继续踩铜鼓,一直到下午跳芦笙和踩木鼓后便藏木鼓最后结束。在举行跳芦笙、跳木鼓舞的同时,还举办斗牛、斗鸡、赛马、赛跑、篮球赛等活动。跳芦笙、跳木鼓舞的天数为7-13天(取单数)不等。每届各年尤其是第三年过节的天数不固定,年景好时天数就延长。

续表

节日名称	时间	祭祀对象	祭祀用品	节日寓意	仪式
春节	与汉族同	祖先	肉、香、纸	纪念祖先	跟汉族相似，受汉族影响，非苗族传统节日，过去并不隆重，但近年的隆重程度超过了苗年，虽然是汉族年，但也吸收了当地苗族元素。
元宵节	元月十五日	祖先	肉、香、纸	纪念祖先	跟汉族相似，受汉族影响，非苗族传统节日，吸收了当地苗族元素。

节日是苗族人对民族的“共同想象”（凯瑞，2005），集体地从事着各种聚集、仪式、交往，而这些集体性节日内容则是苗族历史生活的“原型”。苗族的节日是民族精神的一部分，是那种曾经意识到的，但以后由于遗忘或压抑而从意识中消失的内容。可以说是集体无意识的一种浮现。以节日的形式再次对精神存在的体验，在神话研究中把这种节日承载的精神称为“母题”。比较宗教学领域称之为“想象范畴”，阿道夫·巴斯蒂安称其为“原素”或“原始思维”。这种精神虽未被常常提起，但它被年复一年地承袭，年复一年地重新记忆。倘若要深究，只要问问老人、问问传说、问问故事，也便能恢复原本的意义，无关乎金钱，却与精神有关；看似愉悦与悲情、但从不娱乐与消沉；无须组织安排妥当，但一直有序、激情而庄严。

旅游时代中的西江，节日成为一个文化买卖内容，开始被写入广告的活页，旅游攻坚手册的主栏中，一直被提起，从未被“正确经历”。节日的气氛每天都在被营造，每天都能在入寨的街道旁看到苗年“打糍粑”；也能到处见着挂着“红鸡蛋”从餐馆走出来的旅游人；每个饭馆商铺前饭点准时备好欢迎仪式；每年不定时在过去节日的时刻推出几台“别出心裁”的赛制式民族流行音乐会（如图 3-4 和图 3-5 所示）。节日天天都在过，处处都在展示，而真实节日的仪式庆典，既丧失主体，降低族群参与度，也褪去了共同想象的集体性质。

图 3-4　打糍粑、挂红鸡蛋的客人、仪仗队表演组图

图 3-5　2012 年 4 月 22 日《听西江的声音，唱苗家的酒歌》
大型山水实景民族流行音乐会

"黄金周"是苗寨中新近流行的话语，整个西江迎接"黄金周"的状态犹如逝去岁月里苗族人迎接自己的节日一样隆重。可参见以下资料：

近年来，黄金周到西江旅游的人数正以惊人的速度增长。2011年"十一"黄金周西江景区共接待游客9.35万人次，景区实现门票收入3509900元，同比增长49.4%。旅行社团队个数583个，同比增长120%，团队人数10998人，同比增长154.6%，4日最高接待量达22356人次。7天车流量累计达12378辆，最高日流量为4号，达3290辆。2012年"十一"黄金周期间，景区共接待游客17.72万人次，比去年同期增长82%，门票收入647.33万元，比去年同期增长85%。如此大量的游客集中涌入，给当地造成了巨大的接待压力。2011年"十一"黄金周节前，根据各岗点预计，国庆期间共需500余人投入一线工作，管理局、西江派出所、交通协警、县公安局、交警大队、运管等部门和西江千户苗寨旅游公司全体员工人全部投入一线工作外，还需补充人力资源。根据工作岗位性质，分别与凯里职院、州保安公司对接，取得两家单位支援43人，临时聘请景区附近村寨人员20人，并做好节前培训工作。增加了售票和检票窗口；安保和各部门配合；成立了"公务接待服务咨询岗"；为了满足黄金周游客对导游的需求量，旅行社与职院联系，增加了13名学生，加上旅行社工作人员共有导游31人等。

2012年"十一"黄金周节前，召开了西江景区2012年旅游黄金周工作安排会议，在寨门、游客聚散广场摆好花卉、盆景，完成公路沿线的绿化；在寨门安装景区广播，适时播放经典苗歌，活跃气氛，增添喜气；定时广播温馨提示，提醒游客注意安全，有序购票进入景区，游客出入秩序良好。该年黄金周原有各类人员100人，包括交通运营部40人，安保部45人，旅行社导游15人，同时面向社会聘请临时人员100人，共计200人。

资料来源：雷山县西江千户苗寨旅游发展有限公司

农家乐等着"黄金周"的客满；民族饭馆商户等着"黄金周"的满座；民族产品的经营者等着"黄金周"的狂购。可以看出"黄金周"已然成了一个苗寨人全力维护的“节日”，集体参与度极高。“黄金周”原本是日本的舶来品，在我国1999年国务院公布新的《全国年节及纪念日放假办法》，将春节、“五一”“十一”的休息时间与前后的双休日拼接，从而形成7天的长假，这是一场彻头彻尾的休假，而且与苗寨原初日常生活本无关联。“黄金周”，一个人造的“景观节日”，一种经济功能大于文化传承功能的人造物，已然在西江苗族人日常生活里占据一席之地。并且，此类“舶来节”的整套仪式与其本质意义渐渐开始被传统节日的民间译码解读。德波在《景观社会》中这样评论这种人造节日：“尽管我们的时代经常将自己展现为一个一系列多重节日的时代，但实际上，我们的时代是没有真正节日的时代；在循环时间中的那些时刻，那些共同体的成员聚集在一起享受生活的奢侈消费的时刻，对没有共同体也没有奢侈的社会是不可能存在的；这一时代庸俗化的伪节日是对真实对话和天赋的滑稽模仿；它也许煽动起了一种过度经济消费的浪潮，但它们导致的不过是一种幻灭，一种只能被即将到来的一些新的诺言的幻灭所补偿的幻灭。”① 这就是一种现代西江生存的时间，一种景观性质的时间。

对这样的节日与休假体验，西江本地人是这样描述的：

2012年9月7日笔者与李伟（苗名Luf）的对话。他回忆道：还记得1985、1986、1987年这几年的时候，西江很热闹，我那时差不多才15岁，我们一家兄弟姐妹不少于三个，西江一千多户，这样加起来有两三千人，外加周围ghongd bat（空拜）、khait dlees（排羊）等周边临近苗寨，过“吃新节”热闹的样子让人兴奋不已，长长的队伍排满整整一条街，没有电，我们每个人用手电筒，马提灯照亮整条街。东看看、西看看，这个姑娘漂亮，那个姑娘也漂亮，我们当场编歌对歌，我们走到哪吃到哪，带上一些糖，到了其他村落，大嫂们给我们煮饭吃。有时，一天到晚大嫂都在煮饭，哪家要是女孩子很多很漂亮，大嫂甚至供应一百多号人吃饭。我去别人家吃饭讲礼貌，带上一包糖，嘴甜一点，叫嫂叫哥，人家看我懂礼貌好好招待，我后面跟着十多个小伙，不认识的认识的都分不清了，一起到了，一起吃饭，一

① ［法］居依·德波，王昭风译. 景观社会［M］. 南京：南京大学出版社，2006：70-71.

起谈论当天看到的姑娘。可是这种现象在1990年后就几乎看不到了，基本上不太真正过节了，也无以前热闹。

在这样的回忆中，李伟一直带着笑容、满足，提到兴起之处手舞足蹈，连连大笑，他诚实地告诉我："虽然我是咱们西江带头搞农家乐的，可是自从有了农家乐，我开心的时候少很多，你看2006年刚刚把这边的木房子盖好，我就只想着能挣到钱够生活就好了，可是，一年一年，一家比一家，挣得越多越比，其实，有时候躺床上想想现在的生活，没有以前幸福，也没有了以前的快乐，尤其是黄金周，人累得个半死，都不知道为什么活着。"

资料来源：笔者民族志日记

以上的西江时间体验可以印证西江"可供消费的虚假循环时间"已经凸显，时间进入了景观化进程；在这里，虚假循环时间与现代经济生存的消费相连，日常生活不再由传统的时间经历决定，传统被时间排斥，它的时间排序成为腐败的象征，不再需要被遵从，而新的时间服从的是现代异化劳动模式看似合理的虚假秩序。居伊·德波在《景观社会》一文中清楚地指出："虚假循环时间是一种被工业改造过的时间；这一时间以商品生产为基础，并是它自己的一件可消费的商品，这件商品重新组合了一切事物，即：那种在古老整体社会解体时被区分为私人生活、经济生活和政治生活的一切事物。"① 现代西江虚化、虚构出来的时间以流行形式强加于生产者身上。现代社会以激进的方式将主体与主体掠取的活动相分离，实际上也将主体与他自己的时间相分离。正如黑格尔指出：时间必然异化。

3.1.2　空间图景生产

西江常常意味着两件事：一件是地理意义上贵州东南角的一个边缘少数民族村落，另一件是与之并存的对该场域的"看法"且这种"看法"是关乎想象的空间定义。这两件事正好对应了"空间"这个概念的两种属性，即自然属性和社会属性。自然属性和空间的物质性结合在一起，而社

① ［法］居依·德波，王昭风译．景观社会［M］．南京：南京大学出版社，2006：69.

会属性和社会关系紧密相关。现代性的强大动力效应是对时间与空间的分割，当然包括与地方背景的脱离，地域不再是认同的明显依据了（吉登斯，1990）。现代全球化生态中，地理意义上的空间交给“看法”时，空间开始了现代性质的转向运动。西江在政府装置的助推下现代化进程浮出了水面，这种转变导致了一个重要的结果：现代经济的规划倾向于成为空间的规划，而对空间的规划，关乎对空间的现代性想象。正如列斐伏尔在《空间的生产》中所言：“如果未曾生产一个合适的空间，那么‘改变生活方式’‘改变社会’等都是空话。”① 空间是社会的，虽然空间留有过去的痕迹，但是空间总是情景的再现，是现在的空间（present space），一个目前的整体，而且与行动相互扣连衔接。倘若说“生产空间”（to produce space）是对过程的描述，那么空间的生产就是其结果。为了生产一个具有现实意义的空间，西江空间的转向必定会跨入“空间生产”现代性场域。“旅发大会”召开后，对西江的目前全部想象和定位已然确定，“旅游与发展”，这是一种将西江引向知识，引向现代意义系统的调解审判。西江在空间上具有了属于自己的全新现实：并入第三产业，并入全球旅游链条，并入全球化市场。由此，“边缘/中心”的矛盾试图缓解。传统意义上的自然空间进行着自我生活生产，并开始了无可挽回的消逝旅程，而思考并入现代全球旅游产业“理想”空间本身的生产提上日程。空间完成了从“in”（production in space）到“of”（production of space）的转向。空间作为自身生产资料来生产，这是形式的空间被抽象量化，在否定所有差异，否定那些源于传统自然社会和历史以及源自人身份、年龄、性别、族群归宿等的一系列既有差异。此时，不得不去形塑西江这种边缘风格的空间形态。空间是不同历史相一致的实践活动的产物，列斐伏尔认为：“空间是在历史发展中产生的，并随历史的演变而重新结构和转化（列斐伏尔，1974）。”现代旅游在其发展过程中充分利用了空间作为自己落户于西江和未来战略的组成部分，包含着对一系列历史空间结构的重组与转型。将每一个于不同地域内旅游计划之间的新特征、新关系和新模式在特定的空间变革中表征出来。这一历史新进程推动内容与意义、有价值与无价值等铭

① 包亚明．现代性与空间的生产［M］．上海：上海教育出版社，2003：47.

刻着西江印迹的新特征、新关系和新模式的发展，即地域意识体现人的意识。虽然目前尚未能确定当前地理重组的最终结果，但已经能够肯定该进程的某些关键元素。

3.1.2.1　空间区隔

西江是一个典型的苗族村落，其空间呈现聚落式“原风景”态势。西江苗寨适应地形形态布局，山与水构成了西江聚落的天然限定因素。正是在这种“限定”与“应变”中，西江苗族人建构的每个聚落、每幢住屋都巧妙地顺应了地理环境特征，利用建筑的营构技巧，依山面水，因山循水，随势赋形、天衣无缝地镶嵌在自然环境中。“生于斯，长于斯”的聚落格局是一座苗寨区别于外部世界的自然区隔标志。为了让旅游形成落地开花之势，西江被区隔成一个旅游“迪士尼乐园”。因旅游引发的趣味成为现代西江区隔策略的理念武器。为迎合旅游趣味的等级区分，西江主体部分的村落空间从物理性质上被人为隔出一个旅游生产场——营上服务区，成为有别于周围空间的关键性标准旅游区间。

从物理空间上看，西江用“人造寨门”把营上服务区与外界隔离开来。“寨门”并不是西江原有之物，苗族新寨是以“分鼓仪式”来划分村落的。从外形空间上看，村落所在的地理空间以自然区隔聚落形式与周围山水形成强烈对比，无须立“寨门”以示身份。苗寨的内部划分，基本可参考苗语口音、服饰等明显的文化符号。并且从语言学的角度来看，苗语中更无“寨门”这一专属名词。苗寨“寨门”是旅游的产物，西江寨门也是雷山县 1996 年做旅游规划才开始筹备的。人造“寨门”从空间语言定位上直白地告诉“陌生人”来到“寨门”跟前就是苗族异质文化参观旅程的开始，减少感官上莫名的突兀。“寨门”在武侠小说、影视剧、电影等大众媒体对边缘文化的解读上已经广为人知，人造的熟悉感在消费的交流活动中扮演着不可或缺的角色，与此同时，也保持着独特的广告效力。

西江在短短 20 年的旅游规划中寨门共分为西门与北门两处，这两处寨门就历经过多次设计与拆迁重建（如图 3-6 所示）。西门所在通道即最初西江通往外界的旧公路，北门乃是新修“凯西公路”所经路线的终点，即现在的入口寨门。“西江千户苗寨”的寨门所划分出来的文化消费场所实

图 3-6　几年来西江各色寨门

际上只包括了西江千户苗寨可操作的主体空间。经过“特殊技术”处理后的寨门内的“西江千户苗寨”事实上只包括了羊排、也东、南贵、平寨、欧嘎、也薅。寨门把西江千户苗寨营上服务区区隔成了一个“拐角形”的人造空间，由西到北呈弯道状（如图 3-7 所示）。西江“寨门”塑造了西江现代生活的整个社区环境，发明出定位自己作为现代全球旅游可操作的子场域。

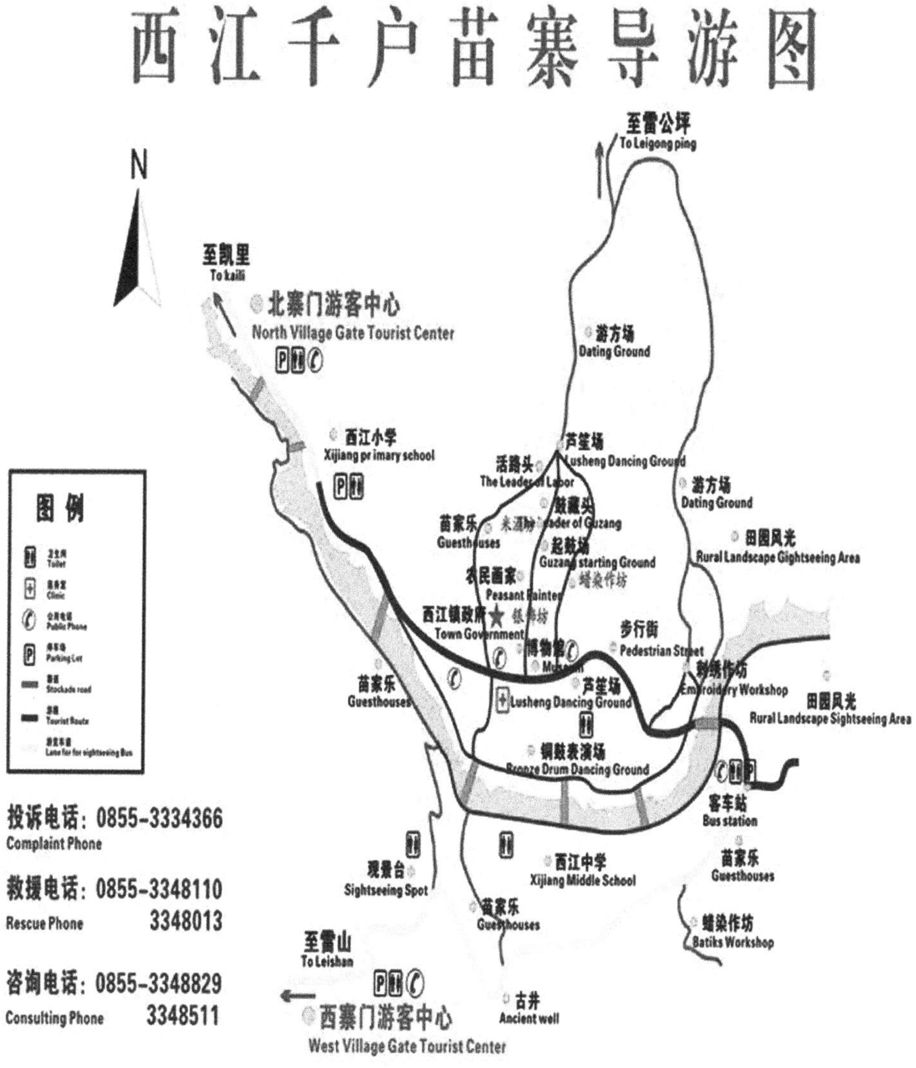

图 3-7　西江营上服务区导游平面图

2009 年 3 月 22 日，“新华网”“中国网”“网易新闻中心”“贵州都市报”“贵州都市网 · 贵州旅游”“云南网” 等同时发布了这样一条新闻：贵州省西江千户苗寨旅游景点 4 月 1 日起收门票。

2009年后的西江开启了“进寨需收费”的文化消费场所时代。旅游文化大卖场的引入，使西江整个内部重建开始遵循旅游景观设计法则，有意识地创造视觉上的奇特，满足好奇心，打造一个极其充足的“梦幻世界”，承诺满足每一种需求。当然前提是游客付得起门票价格：100元(如图3-8所示)。

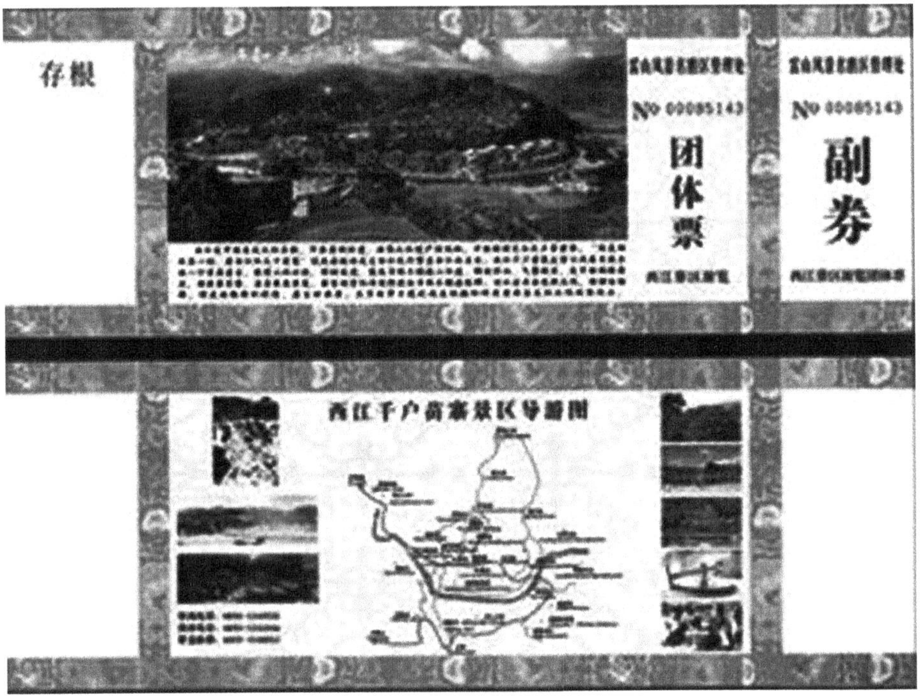

图3-8　西江千户苗寨景区门票示意图

为了确保这样的“美丽世界”能按照消费规律运行，安全可靠的安保系统不可或缺。其合理性还必须用制度的形式确定下来。初期用传统木栅栏来区隔的方式已经不能发挥于保卫“家园”的作用。高科技、多层次、全方位的保障系统最终被建立起来（如图3-9所示）。

这让人想起了哈泽尔登梦见的那个中世纪城堡：现代化的、高技术的变体。这是一个按照那些希望能控制和监视他们独特文化资本、满足兜售商品的要求而定做的城堡。制图员仿照迄今为止最优秀作品的集合元素设计而成，这是一座井然有序的城堡。这里与其说是一个异域文化聚集地，

图 3-9 西江严密的安检系统示意图

还不如说是以“美丽”为唯一法令和戒律的地方。为了换一下口味，说它是个“要塞”，也相当名副其实。它有着高端的电子防护手段、沿路有着栅栏以及敬职敬业的“卫兵”。如果你能买得起“美丽花园”的入场券，你将能在远离轰鸣、污染、疲惫的原野（它只存在于“城堡”大门的另一边）的地方，度过你愉快的假期。这里能够提供满足宁静祥和的生活所需要的任何配件：干净的空气、美丽的服饰、善良朴实的人们等。它似乎象征着古代良好社会乌托邦的最后一个遗迹，任何人都可以拥有良好和谐的邻里关系，每个人都服从美好生活的共同规则，把更好生活的梦想遗留在这里。现实地看，这种和谐的乌托邦已经直接可视可闻可触可食。难怪“以美丽回答一切”是一个很好的卖点，也难怪在苗寨的开发商计划书里，“以美丽回答一切”变成了一个对苗族节日、独特佳肴、好看风景等别的地方没有的事物的补充。

然而，请注意，让人感觉到的美丽深层意义在哪里？它是一个被严密监控的地方，人们出入家园依据的是《村民进出管理办法》，在这里违反规定的人会被“不喜欢”并因此而遭到抱怨，将会马上受到惩罚，并被强迫遵守那里的规范。“不属于”这里的“浪子”“流氓”和其他的“闯入者”要么被拒绝进入，要么被围捕后驱逐出寨。

苗寨过去的那个社区和这个现代化复制品之间的一个差别就是：苗族人记忆中的美丽空间，是居民用他们自己的眼睛、舌头和手来取得的，这种成功事实上无须过多设计。“西江千户苗寨”，则是通过高科技审查手段与敬业保安检查进出安全门的“外人”来加以保障的空间。根据的是被严密监控的边界，而不是根据内容来划定它的界限。“空间保护”，被解释成控制进入寨门者的雇佣工作，逃票者、带人逃票者升格成第一号公共敌人。①

旅游活动是社区区隔建构的结构性隐喻。当西江向集体性、现代性旅游业“移居”时，没有什么东西是不可设想的。文化成了一个巨大的仓库，储存着每一种东西，以便有机会在某一天、某个地方卖出去。西江被区隔出来的这个场，重建了一种伪乡村，一种既缺少传统乡村的自然关系，也缺少历史城市直接（直接竞争的）社会关系的垄断伪乡村。它粉碎了古老的苗族文明中心，建立了新的合法性区隔结构。

3.1.2.2 视觉空间生产

为了迎合“用美丽回答一切”的现代审美价值，西江首先从村落内部开始了空间生产。

1. 聚落吊脚楼。当西江承认“视觉”对旅游而言为“伟大的隐秘经历”时，他们还是没有远离真实。即使这句话所包含的只是这样的意思：“站在真实事物之前，立刻就能产生将其收于影像的念头，人们拍摄的事物需表现出影像感。”经历一场视觉繁盛期的西江，随处可见“看着照相机!”的这种思维方式。面对照相机与眼睛说话的大自然，不同于天生天养的大自然。这种差异是由于有意识的空间代替了无意识的空间而造成的。

在西江，传统褪去了其主导的色彩，成为现代视觉的附属对象。从空间形态来看，西江村落的聚落结构是传统苗族极为突出的文化表征。一直

① ［英］齐格蒙特·鲍曼，欧阳景根译. 流动的现代性［M］. 上海：上海三联书店，2002：141-177.

以来，西江千户苗寨作为一个中国西南地区的民族聚落之所，成为世界闻名的文化遗产。聚落的房屋构造不仅保留了苗族特有的文化传统，更是有前瞻性的生态营城观以及对自然环境的巧妙因借。人工环境与自然环境相辅相成，呈现出自然和谐之美。对环境中自然潜能的发掘、汲取、合理布置，使“天人合一”的思想尽显其间。从“景区西江”整个现代空间布局的外观来看，除了东面羊排、也东两个大自然村紧密相连、房屋密集，保持着最完整的传统聚落格局以外，其他地方大体都进行了不同程度的现代空间生产（如图 3–10 所示）。

图 3–10　景区全景

虽然，政府每年花掉西江旅游公司收入的一定比例（西江旅游开发公司每年拨出总收入的 18%补助给西江苗族人，让他们穿苗衣，住苗楼，保持以前的生活习惯，以保持传统文化）来动员每位居于“吊脚楼”的苗族人维持老建筑。但是应该看到对传统维系的原动力是作为现代旅游消费对象而存在的。现代旅游系统对西江传统进行了再次结构化和客体化。这种客体化现象揭示了传统文化系统已然从它的社会使用中演化成了旅游美学的审美意象。“传统怀旧”的美学法则占用了传统自身的功能。再现传统世界，如同将传统刻在雕版画上以期视觉的享受与心理的满足。通过对传统的重视而强化了现代旅游的存在。

2. 河道（如图 3–11、图 3–12 所示）。

过去白水河自然天成与西江苗寨人日常生活息息相关

图 3–11　白水河改造前图片组合

现在的白水河人工打造，是景区一道风景，用于游客观看、拍照、留念

图 3–12　白水河改造后图片组合

由于自然河道不符合“景点”规格，2008 年政府启动河道改造工程，开始了对传统自然空间的现代空间重构。

西江这个村落有一条名为“白水河”的支流贯穿其间。一直以来，“白水河”顺圣山“雷公山”而下，成为整个西江苗寨赖以生存的源泉。灌溉庄稼、河边洗米、河边洗衣、河里游泳、河边嬉戏，成为过去人们日常生活的必需。出于旅游景区视觉感官的需要，白水河开始了其新的身份认同。白水河及其河道的变更和重建成为西江现代空间生产不可或缺的部分。事情就这样发生了：与河斗争，将水制服！白水河的重建与同自然元素的战斗似乎像“李尔王”对海浪的鞭打。不过，西江现代空间事业里不再是堂吉诃德式的意念，而是利用大自然的能量并且把这种能量变为燃料，以便为新的人类集体目的进行计划，就现代科学技术的发展程度来看，是一条行之有效的法则。河被拓宽、加固，河床重新整修，组合人工浪花以精确的时间间隔适时而现，制造惊奇。四座新修的风雨桥横跨白水河，营造出浪漫的气氛。在河水旁是人工精心雕琢的步道，供“游客们”玩耍、感悟、留影。当然，村民的淘米、洗衣、游泳、玩水等记忆中的行为是不允许的，因为这影响了它“人造”美丽，玷污了它“人造”圣洁。“白水河”变得如此“美丽”，美得超凡脱俗，美得虚幻，美得失真。对白水河的现代旅游设想不再是梦想或幻想，甚至也不再是理论，而是具体实践中的规划工程项目。现代人的自然观隐藏在改造大地和河流的运作计划中：他们想要运动世界本身。正如《浮士德》里那位老妇人站在建设工地边上所讲：“白天工人们纷纷闹嚷，尖锄铁铲挥动繁忙；夜晚燃起篝火的地方，第二天已筑起一条堤坝。人们在流血流汗，惨痛的呻吟刺破了夜空，火焰流向海边之处，黎明时就已经出现一条运河。”① 村里老一辈的人觉得，这一切就像是奇迹和魔法。

3. “村落内部新干线”。“路是走出来的”，苗族是居住在山区的农耕民族，苗族的路以传统的土路为主，用于行走，便于农耕生产和生活。简单、狭窄是土路的特点。路就像一棵树，主路是树干，通往各家的路则是树的枝丫。由于简单，只需满足生产、生活需要，开路是件很容易的事

---

① 歌德，绿原译. 浮士德［M］. 北京：人民文学出版社，2002：11123-11130.

情。传统西江苗寨按照较近原则和较易原则，将预测好的路线上的树木、荆棘砍掉，然后将其挖掘出不到一米宽的通道，就成了苗族一般意义上的路。路面经过长时间的行走，会越来越坚实，而路两边长草长树，需要每年修理草木，以便行走。主道为村民共建，某个家庭行走较多的路则是家庭修建。通过共建和自建的方式，形成了苗族“四通八达”并且“零散分布”的土路网。土路时间长了会有垮塌、不平等问题。因而需要周期性的维护。在过去，如果路面发生垮塌，在工程量不大的情况下，带工具（如锄头）的路人会个人开挖填平一下即可。如果道路发生大面积的垮塌，一人之力无法修复，村民会集体商议开挖。当路中凹陷，不易行走之时，村民就会商议集体出工给路填土，体现了传统集体意识。

苗族的路简易、狭窄，影响着苗族人的行走思维——那就是关爱与谦让。土路狭窄决定了苗族人出行只能前后纵向前进，而很少并排行走。多人出行，成年人在前后，女人、小孩在中间，是出于安全考虑，也是对妇女儿童的关怀。相向而行或者后有赶路人的时候，会礼让并打招呼（包括陌生人），路的狭小却拉近了人与人之间的距离。苗族的修路与护路过程，无不体现着团体协作意识。公共基础建设，是自己分内之事，因而不需要资本运作，也会主动参与。近现代以来，在“要致富先修路”观念的影响下，苗族村落开始筹建公路。这种筹建在国家的有限支援下，自筹资金、自出劳动力，这与传统的修路观念一脉相承。当然，这种现象正在减少，政府部门直接参与了农村的公路建设。土路在传统苗族族群生活里维系着苗族生活习惯，集体意识尽显其间。现代空间的生产同样也对“路”进行重构，土路在西江日常生活里，已经从主体空间地位上隐退。

来到当下的西江，什么东西使这个村落内部具有现代的特色呢？又具有什么标志，使它不同于早先众多苗寨的场景呢？不同之处大多来自那些步道。新的西江步道是最为辉煌的乡村发明，是传统村落现代化进程中的决定性突破。随着朗西公路的建成，西江对外交通状况彻底改善，游客数量激增，村寨道路系统发生了根本性改变。老街和沿河新街成为旅游步行主干道，一些深入村寨的步行小道也重新铺装。新步道通过现代民族美学设计将路面视觉提升到满足旅游者需求的程度（如图 3-13 所示）。“美丽即存在”的视觉享受，成为西江路面甚至于整个西江现代空间生产规划的首要参考价值。平坦的步道网络，被新一届西江设计者设想为西江循环系统中的交通枢纽干线。新的步道使消费者穿过苗寨的中心，到达西江官方编织空间的每一处。步道网络在第一时间内向旅游者打开了整个苗寨。数世纪内，西江苗寨一直是一个个孤立的空间集合，现在终于变成了一个整体划一的物理居住空间。由于统一的视觉表征，西江公共空间与私人空间之间的界限被模糊了。以其全场可视文化的全天候“在场”挑逗着所有的观者。

过去西江的路面

现在西江的路面

图 3–13　传统与现代路面对比图片组合

步道创造了一种新的景象：创造了一个空间，在其中旅游者能在公共场合中不被打扰，从容不迫地就能与苗寨亲密接触。旅游者沿着大道行走就能让自己的视野毫无障碍地将苗族风情尽收眼底，比任何时候都更加生动地感受到自己的回忆、怀旧和爱。他们处于一个世外世界的静止点上。在步道上不停行走的陌生人相互展示着自己对苗族的喜爱。旅游者能针对众多苗族风情展开想象："这些人是谁？他们从哪里来？他们都做些什么？他们拥有什么？他们爱谁？……"旅游者从苗族人身上看到的东西越多，回忆自己身上的东西就越多。漫步者有一个共同的属性，他们是"眼睛家族"，他们看到的越多，他们对自己的设想就越丰富。苗寨的每一个角落都扩展成这个巨大的"眼睛的家族"的落点背景。步道在现代乡村诗篇的形成过程中与闺房一样重要。这种新修建的步道蕴含着田园诗般的素材，美丽得让苗族人也沉醉其中，站在那里感叹："这样才是路，我们以前都白活了。"倘若有人问他们要不要回到以前，他们当中的一部分人肯定会激动地回答："这个，没得必要，回到以前干吗？"这是一种奇怪的回答，他们往往知道发生了某种事情，却不知道所发生的究竟是什么事情。正如迪士尼乐园的"美国大街"旨在使人们联想到任何一条典型的美国街道，但实际上这条大街并不是来自美国的任何一个地方，它将美国大街的各种形象调用于此。的确，它所创造出的效果使它的原型——真实的街道看上去极为逊色，极不真实：大街运用主题公园这一技术营造出超现实的感觉（文科，1987），在这里的仿制品比原型更加"真实"。

这里是一个物理的汇聚点，一个现代村落风景中的点，一个精神的汇聚点，传统光环的丧失在这里发生。正是在这一点上，现代化的历史与现代性的历史融合为一了。[①] 而在此地此刻，"光环的丧失"同"眼睛家族"一样，以新的步道网络作为背景。新的步道所带来的新的力量，把原初主人公的光环刮走并促使新的主体诞生——旅游者即消费者。他们被允许把这儿当作自己的路。在这条路上，新来的主人充分发挥着自己的权益，他们时而小跑，时而凝视，时而聚合，时而散开。在这条路上他们"stop"（停下来）、"prepare"（预备）、"take a photo"（咔嚓）。正如波德莱尔把

① ［美］马歇尔·伯曼，张辑，徐大建译. 一切坚固的东西都烟消云散了［M］. 北京：商务印书馆，2003：201.

"mouvement brusques"（猛烈地动作）和"soubresauts"（突然地转向）看作现代日常生活的本质一样，"stop"（停下来）、"prepare"（预备）、"take a photo"（咔嚓）揭露的是现代西江日常生活的视觉消费本质。

4. 桥。严格地说，桥本应是路的组成部分，山区沟坎较多，苗族地区需要修建大量的简易桥。独木桥、土桥、石桥等在苗族地区随处可见。苗族人认为有一条冥河，河的这边是人类世界，河的对岸是灵魂世界。对岸的灵魂过桥到这边来后托生为人，因而桥成为获得子嗣、祈求人丁兴旺的媒介。可见，桥是苗族重要的信仰载体。架桥成为苗族人的一种自觉行为，并且每年农历二月二祭桥节举行祭桥仪式。苗族有以家族为单位的桥和以家庭为单位的桥。以家族为单位的桥，家族负责对这些桥进行修缮，以家庭为单位的桥，自家负责对这些桥修缮。而其他家族或家庭不能对这些桥动土，也不能祭祀本家族或家庭之外的桥，包括主路上的桥。

传统西江世界里对于桥的崇拜与桥的外形视觉美感是没有任何直接关联的（如图3-14所示）。每个苗族人维护的是桥的畅通与完好无损，只有这样，灵魂生与死之间的往返救赎才能顺畅无阻。如果把看待桥的方式从"灵魂通道"转换为"景区美景"，那么强调的重点将完全改变。在西江景区空间生产中，大量修建风雨桥成为一个巨大的景物调配项目。

图3-15　西江典型土桥

风雨桥，乃是侗族独有的桥。因这种桥上亭廊相连，瓦檐重叠，可供行人避风雨，所以称为风雨桥（如图3-16所示）。风雨桥的桥面设置有栏

图 3-16　风雨桥的全貌

杆坐凳，可供人们歇息乘凉，因此也有人称之为“凉桥”。又因这种桥的桥身油漆彩绘，雕梁画栋，亭阁隽雅，所以又有人称之为“花桥”。黔东南从地域文化来说，是一个苗族侗族聚居的大州。侗族风雨桥因其华美的外表和很深的文化渊源，一直以来备受文化研究、民族研究、旅游产业等等多方面的关注，不折不扣地成为黔东南少数民族典型的文化符号，并加以推广。在西江这个区隔视觉竞技场中，风雨桥脱颖而出，替代了以往传统的“苗族之桥”。在短短几百米的白水河上，四座风雨桥（第四座正在修建中）以醒目的视觉冲击力维持着西江的整体文化形象（如图 3-17 所示）。

图 3-17　西江白水河上的三座风雨桥全景图

视觉及视觉世界在这里成为生产的所有意义，确立并维持文化去留的美学价值，度量每一个文化现象。当视觉竞技场被开辟为种种文化意义得以建构的竞技场时，人们也随之把真实的、本土的以及对于文化心理的阐释与选择等整个范围与此竞技场的规则紧密联系起来。视觉成为精神信仰中不可或缺的一部分。视觉文化打开了一个完整的互文世界，在其中对民族、对文化构图进行解读。

5. 新空间。西江还存在另一种增生视觉空间的生产，那就是借鉴各种现代人造复古美学规划来弥补西江单一的苗族文化表征，以期达到视觉效果的丰富。按照复古原理（或甚至根据某一视角）表现空间，根据怀旧视觉变量表现空间形状和质地。之所以被认为是对于西江世界完全现实、客观的存在，是因为它（就其根源而言）被指定为现代旅游事业必须大量使用，从而被认为是“现实的”“客观的”“真实的”。如果它直接将其“无休止无限制的视觉符号交流”作为一种自然的语言面貌直接呈现给观者，它就更加真实，因为它是从可见世界所做出的美学选择。在逻辑上与改革开放以来一直主导西江的自我阐释的表征方式完全一致。原西江吊脚楼建筑错落相接，层层叠叠，房屋整齐地一栋接着一栋，与自然相映衬，因为人口众多，房屋密度较大，苗族建筑在设计上即使有多余的空地，只用于晾晒谷物、衣物或者休闲纳凉聚会，人工设计痕迹非常少，依地势而建，平坦实用就好。而现今农家乐在空间改造上突破吊脚楼的原始格局，开始打造封闭式家庭花园（如图 3-18 所示）。这种私家园林占用了原有耕地，将山石、花木、水体、假山、人造小桥、庭院结合在一起进行人工造景。人工造景实现了人的审美的画面化，而这些在苗族文化中从来没有出现过。审美的可呈现空间渐渐侵占了苗族文化的空间。这种美感的复制，让苗寨看起来与城市园林如出一辙。另外，人造园林大量运用仿生材料，在混凝土等人工材料结构搭配中得到与自然相类似的肌理，色彩和质感、图案仿生是农家乐园林设计的首选。它达到模拟大自然的色彩和质感、图案的目的，例如仿木、仿石等的运用。西江农家乐的园林设计体现了江南私家花园的风格。类似的翻版伪生物标志了第二异质人造自然在西江生成。这种效果是通过对景观的视觉所指意义精心挖掘后获得的，增生空间遍及西江整个景区（如图 3-19 所示）。

图 3-18　农家乐世博园仿园林设计图片

图 3-19　西江现代增生景观

6. 观景台（如图 3-20 所示）。在整个空间规划里隐匿着另一维空间，那就是空间规划的目的所在：观景。正如镜头的另一端逆维对应空间一样，观景空间的存在赋予了空间生产的规划意义。在这里，视野得到最大化地开阔，大众的视觉盲区得以扫清，目力范围就是视点空间。按照黑格尔的理解，人类 70% 的信息来源于视觉获取，因此在人类所有的感觉中，视觉占有主导优势。正是利用了视觉信息的先天性优势，促使西江不断完成视觉信息渠道宰制文化空间的转化仪式。“眼睛家族”欢快地走着，通向观景台，在最佳视觉物理高度与宽度下用眼睛欣赏着古老文化的全貌。最后在整体的怀旧仪式下，完成了全套步道动作。“stop”（停下来）、“prepare”（预备）、“take a photo”（咔嚓）仪式在观景台得到了官方的认可，所有的空间生产被赋予了现代意义（如图 3-21 所示）。

图 3-20　观景台

从这里望去，现代主义建筑和规划创造出来的现代化田园诗图景——一个在空间和社会上分割的世界：文化在那儿，商品在这儿，人们在那儿，宾馆在这儿，家在那儿，隔开两者的是植物和混凝土。在那里，新的光环能够在人们的头上重新闪耀。这种现代主义形式给生活留下了深深的印记。西江近五年来的现代化发展，系统地攻击了并常常成功地消除了乡村生活中的“运动混乱”。旧的脏的泥巴路，被分类整理并分割为彼此隔开的组成部分，相互依存、互相依靠。而当他们看到彼此时，他们也进入了别人的视线：这种景象，这种显现，交相辉映。可视为人人信奉的真

图 3-21 从观景台向外眺望的西江鸟瞰图

理。在这里，任何一件破坏眼球的事情都是不受欢迎的。通过空间生产的意象幻觉，在西江视觉竞技场中，视觉美丽得到了维持。亨利·列斐伏尔在《空间的生产》（列斐伏尔，1991）中这样说道："这里空间显现为明亮的，可理解的，让行动自由自在的。发生在空间中的现象为思想提供了一种不可思议的质性，它借助于某种设计（这个词的两种意思兼而有之）而获得了具体化。此种设计是在精神活动（创造）和社会活动（实现）之间充当介质的——此介质自身具有极大的保真度；并且，它被布置在空间中。透明的幻觉与把空间视为天真无知的、没有圈套或秘密场所这种观点是完全一致的。任何掩藏或掩饰的，因而是危险的事物，与透明性正好相反，在透明性的统辖下、心灵之眼目光所及，万物皆尽收眼底，心灵之眼凝视过的任何事物都会因此得以烛照"。①

在西江视觉空间生产下，人们能看见的并不是传统视像的真实特性，

① ［以色列］伊雷特·罗戈夫，陶东风等编. 文化研究：第 3 辑 ［M］. 天津：天津社会科学院出版社，2002：51.

而是与此相反的系统的特性。正是因为这样，人们开始对过去的生存方式提出质疑，从而不断创造和改造自己的文化方式。

3.1.2.3　消费空间生产

在西江，消费服务已然成为区位划分的主要参数。从景区内商业区位图中可以看出，西江分为三个商业空间段（如图3-22所示）。

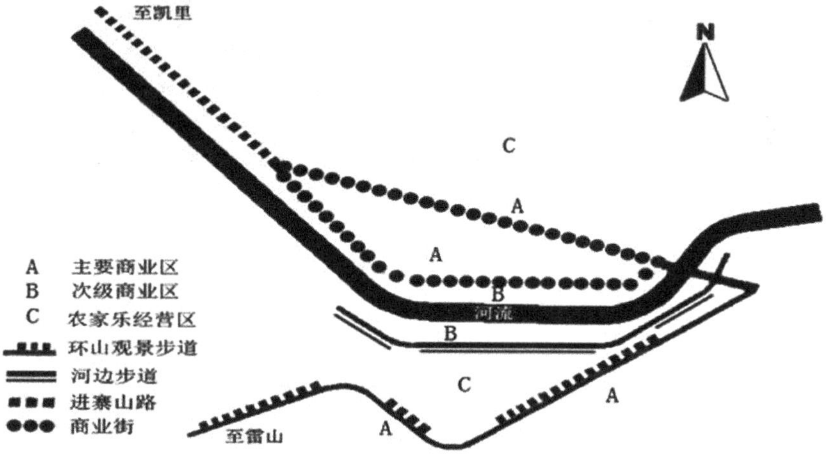

图3-22　西江商业空间区位图

1. 核心商业区。图中A处为两条商业主干道。主干道沿街便是西江核心商业区的所在。临街的两侧是各种民族商品店面和酒吧，街的拐角处以上则是带有苗族风情的饭店和茶馆（如图3-23所示）。核心商业区将传统的居住功能让位给商业营销活动。空间按照商铺规格修建，经过精心翻修。商业区所在空间面积至少占百分之五十。商业经营空间是一种将民居完全改造成消费空间的聚合体。将商业营销场所与私人生活空间完全重叠的日常生活空间改造，表达了旅游文化下现代西江人对自我居所最为显性的设计修改。被设计出来的繁华街道上，商店一家紧挨一家，陈列着所有被列为文化的财富：云南的织锦、古代的埙、刻字的米粒、四川的苦荞等，从外地而来的现代复制苗族文化产品：机绣的包、时尚设计的刺绣服饰等和所占比例较小的真正初级加工苗族刺绣片、流行文化酒吧、茶社、

图 3-23 西江商业街街景

苗族文化特色客栈、饭馆等（如图 3-24 所示）。商业区将不同地区被称为文化的商品并置在一起，符号混搭，把各种文化材料都视为全部消费空间的部分领域。文化中心成了商业中心的组成部分。在这里，文化被“文化化”。商品（服装、纪念品、装饰品、餐饮等）也被“文化化”了。一旦安装上文化，它们就“被”变成了文化品位的陪衬，具有特色的物质，变成全套消费资料中的因子。商业街成为现代西江“一门新的生活艺术，一种新的生活方式”。但是即使借助文化的外衣，在所有这些来自如此众多地域的商品正面，都挂着冷冰冰的白色标签，上面刻有阿拉伯数字，这就是商品在流通过程中所表现出来的形象。实际情况是，“消费”已然控制了人们的生活步调，生活的节奏被某种规律指挥着，新时代的欲望被一点一点地激发出来。“西江”的场景总体地被安装上“文化”发条，以现代性质的基调被烘托出来，井然有序，有条不紊，被打造为一个“文化的温室”，从而可以对西江整个生活、资源、劳力、智力和关系进行整体调节，正式进入“文化消费”的新纪元。从纯正且丰盛的文化资源开始，经由商品的衔接，加上各种权力博弈的合力形成总体影响，营造出西江现代的系统气氛网。所有活动被概括、被系统地组合，并集中在“文化氛围”的基本概念周围。这里的商业区与传统的农贸集市不再相同。定期聚集的传统农贸集市的在场主体是当地人，为当地人的日常生活服务。商业区以空间主体的置换来置换空间属性，西江的文化不再是生产主体自身的文化，而是消费者的文化。西江的空间也不再是传统主体空间，而是被消费的空间。生产成为附属品，生产者作为客体而存在。文化仅在连续购物和消闲的商业空间之中得以实现。

图 3-24　商业街商铺

2. 次级商业区。除了出售“文化氛围”的产品与服务以外，在 B 处空间所经营的是另一类以西江及其景区文化布置作为视觉背景的流动消费活动，如旅游者拍照所需的民族服装出租摊点（如图 3-25 所示）。人们处在以文化作为背景的消费场所，在这里，一切文化都容易捕获和超越。在摄影中，展示价值开始整个地抑制了文化内在的人文价值。无论是对遥远的或已消逝的文化进行缅怀，还是对异质文化的好奇心，都能够在照相技术中找到了永久性占有的最后避难所。文化通过摄影加工而成为现代技术的背景，以“调味料”和“调色板”的身份得以枝繁叶茂。次级商业区作为西江文化视觉消费空间，以经济利润的好处赋予视觉空间生产以合法性。摄影已得到西江的全面接受，为将立体空间压缩为平面空间的生产寻找到了一条特定道路。文化视觉化在这个空间中被进一步强化。

图 3-25　民族服装出租点

3. 农家乐商业区。C 处为现今西江最为活跃的旅游商业活动区——农家乐经营区。截止到 2012 年，西江农家乐由最初的 3 户迅速增长为 143 户（西江旅游公司提供的最新数据），遍及整个西江的居民住宅区（如图 3-26 所示）。农家乐数量与日俱增，成为西江居民经济转型的首选模式，它的产生急速改变了西江苗族的农耕经济模式。农家乐虽为一种以农户“家庭”原生状态为依托的旅游商业经营模式。但为了能尽可能地提高外来人的入住率，依据外来人喜好和旅游行业规定改造私人生活空间，农家乐发展适应市场需求。西江苗族人对自我居住地也开始了自觉改造。西江居民房屋住所由于其建筑的独特风格，而成为苗族文化旅游资本最可呈现的载体和物化象征。① 然而，因西江居民直接参与旅游活动，引发了居民对其居住形式进行集中调整和现实意义上的重建。

从室内空间安排上来说，为了使住宿餐饮生活方面能够达标，室内空间安排也做了很大改造。首先室内空间按照一定标准隔出客人居住房间，为了使隔音效果能够达到客人要求，一般用瓷砖铺地，用铝合金玻璃窗替代木质花棂窗。其次出于卫生条件的考虑，厕所仿照城市内置，安装热水

① “苗寨吊脚楼营造技艺”入选第一批国家级非物质文化遗产序号 381.

图 3-26　西江农家乐分布图

器、干净如厕蹲位、自动冲厕设备、下水道污水处理设备，彻底放弃苗族人偏厦为厕所，积蓄肥料的布置。在客房内安装空调、电视、计算机、无线上网设备等。房屋必然留有长桌宴席等传统文化意象空间，以供展示。值得注意的是，在室内空间安排上一些具有文化功能而无短期旅游商业价值的空间慢慢被取消。例如火塘、神龛。

从选材上来说，新建筑元素砖、瓦、混凝土、瓷砖、铝合金、霓虹灯等大规模地引用，改变了苗族传统建筑中以木材为主的选材习惯。当下，木材虽非苗寨紧张原料，但是人工价格昂贵，致使楼房成本增加，致使苗族人对其居所采取新的修建方案。

在选材搭配上，大致有三种方案。第一种方案为砖、水泥，钢筋作屋基，基上为穿斗式木架结构。此种改造组合为目前西江木质楼房最为普遍的形式。吊脚楼一层保坎地基部分用钢筋、混凝土和砖搭建，用以加固地基，二层以上继续保持原有木质穿斗式框架结构与空间布置。第二种方案为砖、水泥、钢筋与混凝土建造，外皮包木。此种改造组合效法旅发大会主会场改造工程。为纯粹的钢筋混凝土的建筑，在建筑表面覆盖一层木制表皮，保留一种木质外观的感觉，以期保持苗寨原风景的表象。第三种方案为砖、水泥、钢筋与混凝土建造，外层涂抹类似木色漆料，增添一些木式辅助设备如美人靠。此种建造纯粹是古吊脚楼的严重变异结构，纯粹运用现代人工建材，完全冒牌仿造，只在少许室内空间用少量木质装修以求招揽游客。

从整体空间构造上来说，大致有三种改造方案。其一，抬高楼房、增加楼房数量、重推招牌。为了能够容下一定数量的游客，西江随处可见人为加高原吊脚楼的层数，或者每户人家利用过去自家耕地修建现代旅馆。使每户人家拥有好几栋吊脚楼，大部分空间都用以做客房。另外，为了招揽生意，每户农家乐总会别出心裁地制作自家旅店招牌，吸引游客的眼球（如图 3-27）。加高建筑高度与加大招牌醒目度，遮挡别家住房的采光，

图 3-27　商铺与农家乐各种招牌

运用现代技术，制造噪音，以期在众多农家乐中脱颖而出，成为西江众多农家乐的恶性循环竞争。其二，空间功能改变。由于传统苗寨吊脚楼为农耕文化的产物，人居空间与家畜空间并未分离，所以不符合现代旅游标准，影响农家的农家乐经营，因此时下人为把原安置家畜的饲养空间做成砖混结构，家畜空间外移，加高建筑层，扩大商用场所；现如今，西江吊脚楼一层往往为自家居住，二层三层以上所能利用空间，都正式改造为农家乐游客房间。其三，休闲娱乐场所的增加。西江农家乐在场所安排上基本满足了游客住宿与就餐的空间需求，娱乐与其他消费基本在古街道商业街。吃饭、休息时间在农家乐，其他时间在表演场的明显旅游时间划分是目前西江旅游的特点，为了增加商业收入，一日游、短期游也是目前西江旅游开发设计者想突破的瓶颈。如，望乡楼家李老板准备在自己土地空间占有量大的优势上，应游客与旅行社娱乐要求，开发篝火晚会场，游戏场等。除此之外，初步园林设计也进入寻常百姓家。上文中已做详述，此处不再赘述。

长久以来，西江苗族以血缘为纽带的“家庭”单元、以聚族而居的模式繁衍。每一个家庭均为苗族文化的基本载体，文化连续性依赖的是血缘关系的代系传播。家庭空间也是文化习惯得以延续的关键场域。正如阎嘉在《农家乐：一个当代审美文化的文本》一文中所说：“现代农家乐，从经济形式上把家庭作为贩卖亮点，既是一种特殊的审美方式和消费方式，也是一种特殊的公共空间营造。”① 农家乐商业空间生产严重侵蚀了西江当地人的私人空间。一个被消费操纵和控制的“私人空间”事实上是一个模糊不清的异质空间，其存在的全部意义就是服务于消费者，而非当地居民。可见，家庭变成卖场，私人生活空间被曝光在公共消费领域，营造消费审美意象成为生活的主要选择，农家乐模式对西江居民日常生活的解构更为直接彻底。据 2012 年数据统计：

西江景区目前共有经营户 503 户。其中，从事农家乐经营 143 户，民族服装出租及民族服饰销售 90 户，银饰加工销售 36 户，民族工艺品经营 86 户，特色饮食经营 74 户，百货、副食及土特产等其他经营

① 阎嘉. 农家乐：一个当代审美文化的文本［J］. 文艺争鸣，2007（7）：136-140.

户74户。在农家乐经营户中，经认定合格的农家乐经营户54户，其余89户为未经过相关部门审批或整改不合格仍从事经营的农家乐经营户。现在经营的农家乐中，外来商家有45家，占总量的31.5%，本地经营户有98户，占总量的68.5%。在民族服装出租及民族服饰销售经营户中，有门面从事经营的36户，摊点经营户有54户（其中包含照相的服装出租摊点37户）；银饰经营户中，从事加工及销售的有12户，只进行销售的有24户；其中有29户为本地经营户，7户为外来经营户；民族工艺品经营户中，有门面从事经营的有34户，摊点经营的有52户；特色饮食经营户中，有门面从事经营的有34户，经营小吃、糍粑、烧烤等的摊点有40户；此外，在西江景区内有固定场所（门面）经营213户，外来租赁门面从事经营活动的有188户，占总量的88.3%；西江村经营户只有25户，占总量的11.7%。

资料来源：西江旅游公司

从整体商业空间布局来看，消费空间遍及整个西江村落。在科学、理性、利益、计算、财富的意向下，传统乡村式社会的空间向度和神秘特性完全消失。视觉消费意象依托“现代西江”打造的正当理由成了西江空间构建的永久在场。通过商品生产消费吞噬了传统自然空间，并进而将西江空间整体全部整合进自己的体制中。结果，这个空间表现出来的是一个极大的苗族可视文化商品的丰富场域。空间被设计好了的文化商品所占据和充斥，这是“视觉”“消费”与“空间”的组合。虽然消费在传统状态下（或自然状态下）体现出的是时间的线性和长度，但现在的西江更为突显出消费在空间上的广度和深度。“空间不再是一个静止的容器和平台，而是内含各种关系和力量互动的动态能量场”。[①] 这是一个商品被自由展示的空间，也是一个生产利润和利润生产的社会空间，更是一种同质化、可观性空间。正是在这一过程中，苗寨农业社会的孤立、隔绝、闭塞的空间和社会生活状态被打破，一切以自然规律、自然法则、自然秩序、自然而然进行的，无限循环往复的，人们的生存模式及空间概念，让位于商品集中、贸易集中、生产消费集中的现代性生产、生活的合理化功能性空间。

① 刘扬．德波景观空间文化理论述略［J］．城市问题，2011（11）：89-94.

同时苗族“私人空间”已然成为大众“公共空间”的场所，目的是要服务于消费者，更确切地说，是要让路过和居住在此的人变成消费者。这些公共空间鼓励的是行动，而不是“互动”。与其他从事类似活动的行动者共享实体性公共空间相比，这里增强了行动的重要性，并在它的上面盖“多数人同意”的印记，从而证实了它的意义，证明了它没有讨论的必要。这一行动的任务是指消费，而且消费绝对地、无可挽回地是一个个人的娱乐和消遣，是只能由个体主观体验经历的一连串的感觉。充斥西江“购物天堂”的人群是人的聚合，而不是人的整合；是人的群集，而不是人的集体；是人的集中，而不是人的总体。无论他们是多么拥挤，在这些集体消费的场合，没有任何“集体性”的存在。[①] 这是被齐格蒙特·伯曼所说的第二类不文明公共空间。

西江现代空间的生产，以文化的可视性景观打造作为主体，对空间进行重构，而其目的就是完成文化商品的生产尤其是消费环节。空间成为视觉消费信息的载体，这便意味着，空间具有明显的景观性质。正如德波在《景观社会》中所评述的那样：“在真实的世界变成纯粹的影像之时，纯粹的影像也就变成真实的存在——为催眠行为提供直接动机的动态虚构事务。”[②] 因此，西江自由的大众日常生活空间被景观化了，由景观构建了一个虚幻的伪意象空间和异化空间。[③]

3.1.3　符号再生产与文化内在否定

在众多文化定义中[④]，文化的层次观可以说是对文化的一种深刻的洞见。它摆脱了将文化当作平行并列的实体集合的倾向，使文化的总体系统体现为一种立体层次。王宁的《消费社会学》中采取的便是这样的文化层次观：“每一种文化形态都可以由表层、深层以及意义三个结构层次统一组合而成。第一，‘表层结构’即是文化中可观察、可触摸、可感知的外

---

① ［英］齐格蒙特·鲍曼，欧阳景根译．流动的现代性［M］．上海：上海三联书店，2002：152.

② ［法］居依·德波，王昭风译．景观社会［M］．南京：南京大学出版社，2006：6.

③ 刘扬．德波景观空间文化理论述略［J］．城市问题，2011（11）：89-94.

④ 文化的定义：美国人类学家克罗伯和克拉克洪在其1952年出版的著作中，就总结了164种对“文化”概念的不同理解（童恩正，1998）。

在组成载体与形态，涵盖文化的物质形式、行为模式与表征系统；第二，‘深层结构’即是各种表层结构之间的组合规律，用以调节与操控文化的各种表层要素；第三，‘意义结构’则是文化中不能感触的，是凭借文化表层结构（即文化载体部分）以及深层结构（即文化组合规则）所表达、显现与领略而构成的意义体系，是文化内核本质部分。他同时指出，文化的这三个层次并不是互相分割的个体实物，而是每一种文化形态本身所包含的三方面的内在层面。他更深一步阐释道，正因为文化具备的三方面的结构统一性，文化的符号性质才能很好地体现出来。他们分别对应了符号的能指（表层结构）、符码（深层结构）与所指（意义结构）的对应组合，体现了文化本身的实质内涵，也就是说，事实上，文化本质上是符号体系，由文化的符号载体（能指）、符号规则（编码）以及符号意义（所指）三方面统一结合在一起。”① 王宁在《消费社会》一书中给文化下了一个符号学的定义：“所谓文化，就是人类所创造的、作为意义系统的表达、显示、交流和传承的符号系统。”② 在文化的三个内在层次中，“深层结构”是其核心。它支配了载体要素的组合，从而制约了意义的表达与显示方式。符号单元与符号单元之间，以及符号与意义之间的联系是有序的，遵循了一定的规则和编码，也就是说，受深层结构的支配。如果说，符号的编码有如生命的遗传基因（DNA），那么文化的编码（深层结构）不同于遗传基因，不是先天的，而是人造的。王宁在其《消费社会》中进一步解释道：“文化的深层结构包括多重内涵，是一个区域、阶层或族群的‘主体性结构’层次：包含了人类的感知方式（如审美偏向）、心理与情感模式（如羞耻感）、认知结构、人格构成、品位鉴赏等；这样的主体性结构可以随着人们的物质生产活动、社会互动实践以及精神思维运行的变化而变化，也可伴随文化与社会具体实践而改变。”③ 因此，文化的编码或深层结构的规则更像语言的语法规则。用什么文化语法来编码，引导着文化符号指代什么特定的文化意义。不同时空的文化语法下就会产生不同的组合配对。因此，文化既具有民族性和地域性，更会随着历史上不断变

① 王宁．消费社会学［M］．北京：社会科学文献出版社，2001：128-134.

② 同上．

③ 王宁．消费社会学［M］．北京：社会科学文献出版社，2001：128-134.。

化着的编码规则而形成时间上的动态链接。

3.1.3.1　文化作为符号生产的唯一资料

从历史来看西江从未经历过物质丰盛的时期，长久的物质积累都处于与消耗持平的状态。可能正因为物质世界发展的机遇过少，精神方面的生产便得到不断的开发。与外界的交流与对比后，对丰盛的需求，对新时代下新生产力的索求，开始打破了平静的生活。在西江，这种现代对丰盛需求逻辑的消费意识形态影响下，文化在现代商品经济的包装下文化具有经济的效力并非是什么值得惊讶的事，可是为了能获取现代性社会的入场券，任由现代解构自身，积极配合，并以挂上“商品”的标签换取货币而备感荣耀，文化作为西江现代商品生产资料且唯一资料却着实是一种匪夷所思的现象。应该清醒地认识到，文化产品和其他消费物品以同样的方式被生产出来。这和先前的文化生产形式不一样，在那些形式中，历史的延续性、对人性的想象与思考和生命的感悟等真、善、美仍然持有一些控制权，而文化的表层结构可以说含有每一个人、每一代人的原创形式。而消费性生产则确保文化成本的投入，只有在消费需求中拥有运作资格才具有价值。为了制造符合消费者胃口的、方便解读的、易满足的文化物态形式，文化的编码原则通常都会被粉碎在常态的商品标准化生产线上。当作为精神载体的文化幻化为“商品”时，一种新的身份定位迫使着它遗弃纯粹的初衷，成为一项在市场中可以讨价还价、依循市场需求生产的“世俗”消费品，文化的价值便被单一的交换价值取代。当文化为了最大限度地追求利润而引进工业批量生产，文化作为艺术的人文价值也就被大大降低了。应该说，文化商品社会将文化化约为一次简单而干脆的交换，这是一种一次性行为，亦如其他所有一次性商品一样，仅供此次使用。这是一件看不到光明的事，更是一件找不到未来的行为。文化得以生存的全部意义便是满足商业交换需求和引起消费者欲望，人们深陷现实主义的泥沼中，无法自拔。在以文化作为生产资料的商业世界里，西江的人们走上了沉迷在物化世界的旅程，没有金钱欲望、单纯朴实、追求简单已经成为僵化保守的“旧观念”，人们渐渐丧失了建构一个不同于商品世界里的文化的原动力。相关的文化生产者、经营者、宣传者正在有计划、有步骤地创造一件件用以迎合消费者口味的文化新产品。文化作为商品进行交换的结果早已由消费市场所决定。为了能拿到市场上去卖，并且能卖个好价钱，西江的人们一方面以现代市场标准化的方式拆解传统文化，控制和规范文化现代生产，另一方面却给文化消费者营造一个原汁原味、可以满足怀旧美好愿望的假象。目前西江的文化正处于一个主动被消费的阶段，文化作为商品进行生产的后果已然确定。以消费者为上帝，只要满足消费者的需求，不管怎样的东西都可以进行批量生产并且积极出售。这种“消费编码”消解了文化产品特有的人文价值参照。文化完全商品化从而使满足需求和欲望成为主要价值并加以实现，便形成了精神快餐式的消费模式。消费，以文化作为商品的消费，成了一种支配人闲暇时间与幸福的力量。

3.1.3.2 消费与编码

在漫长的历史长河中，人类的认知方式是随着人类群体的整个生活方式的改变而改变的。西江由于进入旅游的经济圈，传统农耕生活退居二线，当地人的生活方式也发生了巨大的改变。伴随西江千户苗寨旅游有限公司的建立，以文化作为资源进行商业消费经营的产业正式落户西江。西江所承载的文化自身也开始了悄然变化。现在，西江有一种不断上升的商品、商业服务、文化商业交易所构成的浓烈消费风气，它构成了西江文化的一种根本变化。

西江就是在这样一个时代里跨入现代行列的：一个“消费”成为风尚的时代，一个“消费”控制着整个生活的时代，一个“消费”主导文化编码的时代。在这个时代里所有的活动都受消费组合方式束缚。在日常生活中，工作和生产消费作为奇迹的体验。当今消费社会中，城市工业的影响使新的稀有之物出现：空间、时间、纯净空气、绿色、水、宁静……在生产资料和服务大量提供的时候，一些过去无须花钱就唾手可得的财富却变成了唯有特权者才能享用的奢侈品，文化亦如此。马克思在《哲学的贫困》中曾这样描述过“人们一向认为不能出让的东西这时都成了交换和买卖的对象……甚至像德行、爱情、信仰、知识和良心等最后也成了买卖的对象……这是一个普遍贿赂、普遍买卖的时期，或者用政治经济学的术语说，是一切精神的或物质的东西都变成交换价值并到市场上寻找到最符合它的真实价值的评价的时期。”[1] 文化便有了消费的逻辑。依照消费社会的规则进行编码，成为西江文化眼下最为深层的规律。于是，西江文化整体开始向消费文化转型，文化成为商品消费的一种补偿、整合与功能的对象。几乎能够被利用起来的文化资源如今都是以商品的形式参与生产、交换与消费。文化变得和市场上兜售的其他物品没有两样，遵循市场经济运行的规律，文化的现代生产已成为现代旅游大生产这个系统中的子系统。文化由体制本身安排、发现并组织成新的生产力，以达成莫大的荣耀。

怎样才能更好地领会当代西江社会系统的意识形态功能？消费，无疑是所有答案的提炼。消费的意识形态功能，即以消费作为区分价值的普遍编码机制的规定性精神法则，面向西江传统进行社会驯化。“消费社会进行消费培训的同时出现了一种现代新型生产力，消费者的需求和满足的生产力”。[2] 当代西江社会系统无意识的一体化调节机制明确地把文化及其文化符号系统包括到消费编码中去，最深刻意义上的“文化消费”乃是如此。消费功效让原本充满平静与自给自足的地方变得喧闹，分化了社会的原初形态，在编码层上带来了一场“适应性革命”。现代性的消费以其最为显著的方式——“不在场”驯化“在场”来促进文化在西江的竞争生产，消费意识可替代其他一切意识形态，只身担负起整个西江现代社会的一体化使命，如同原始社会等级与宗教所拥有过的辉煌一样。在西江，消费行为成为一种主动的集体行为，经济运作规律成为西江文化的新约束、新道德、新制度。消费的编码活动提供了一种新的价值体系，并依此实现他的社会控制功能。关于消费的一切意识形态让西江进入了一个新纪元。一场决定性的人文“革命”把农耕的生产年代与欲望的消费年代划分开来了。消费将西江被挑选出来作为生产资料的“文化”进行扩大再生产，同时，进行逻辑程式控制。该体系的这一命令以非暴力形式渗入了人们的思想，进入了伦理和日常意识形态之中。这种形式表现为对需求、享乐、丰盛等的解放。但这只是一场表面上的人文革命。实际上，这种内部的现代替换只是在一种普世的资本全球化进程中进行的换汤不换药的现代的甚至

① 杨晓光．文化消费对中国文化发展的影响［D］．吉林：吉林大学，2006.

② ［法］让·波德里亚，刘成富，全志钢译．消费社会［M］．南京：南京大学出版社，2001：72-73.

于后现代的社会转型。用一种价值体系来取代另一种相对变得无效了的传统的价值体系而已。

3.1.3.3 能指与消费意识的合谋

苗族没有自己的文字，文化基本停留在口语时代的符号生产。因此，苗族文化符号系统经过长时间成形为具有独特立体系统特质的文化符号域（尤里·洛特曼，1984）。西江地处黔东南，以千户聚居的村落承载着苗族厚重的历史，展示了苗族原生态的民族文化。西江文化符号域的变化与发展一直以来从未脱离过西江这一地理空间和苗族族群的文化生境，表现出自己独有的特点（如表3-3所示）。

表3-3 西江苗族部分重要文化符号系统表

<table>
<tr><th colspan="2">符号</th><th>类型</th><th>能指</th><th>所指</th><th>时间</th><th>场</th><th>习得</th><th>例证</th><th>特征</th><th>注意</th></tr>
<tr><td colspan="2">语言</td><td>语言符号</td><td>有意义的声音符号系统</td><td>苗族人对世界的认识及世界观、思维方式</td><td>随时</td><td>随地</td><td>家庭教育+社会教育</td><td>Vob dlub（菜白）=白菜</td><td>中心语前置，声调较多</td><td>——</td></tr>
<tr><td rowspan="2">音乐舞蹈</td><td>情歌</td><td>声音符号</td><td>特定曲词的音乐类型</td><td>表达青年男女的爱恋之情</td><td>夜间</td><td>游方坪</td><td>社交自学</td><td>Diongl hangd da-is bongx eb, gangl hangd da-is dax khab</td><td>悠扬、抒情、缠绵</td><td>指定地点</td></tr>
<tr><td>酒歌</td><td>声音符号</td><td>特定曲词的音乐类型</td><td>劝酒、赞美、敬老爱幼、表达亲情友情</td><td>年节、喜事、酒宴</td><td>家庭</td><td>应酬交往</td><td>Vongt lix vongt geed menl, vongt naix vongt hsaid gol</td><td>浑厚、热情</td><td>——</td></tr>
</table>

续表

符号		类型	能指	所指	时间	场	习得	例证	特征	注意
	古歌	声音符号	特定曲词的音乐类型	苗族的历史、宇宙观及人生观	丧葬	死者家庭室内	拜师、自学	Hfud dongd dliel lot ot, nangx ghaib bal dit dangt, bangx vob bal dit cait	低沉、哲理、历史感	指定时间地点，葬礼必唱，否则死者家庭今后不能唱歌
	芦笙	声音符号	苗族乐器	庄重、欢快	喜庆年节	芦笙场	传承、拜师	最高音笙、高音笙、中音笙、低音笙、倍低音笙	激越、悠扬、厚重	男性表演、注意场合
	舞蹈	视觉符号	苗族身体语言	庄重、欢快	喜庆年节、喜宴	鼓藏场、家庭	社交学习	木鼓舞、芦笙舞	庄重	注意时间地点
服饰刺绣	头饰	视觉符号	女性盘式发髻	苗族女性标志	——	——	民族传承	发髻	民族性	性别、年龄
	银饰	视觉符号	银器造型	苗族文化元素的手工艺	喜庆场合	固定地点	拜师传承	龙、花、鸟、虫、鱼、人、动物等	造型丰富、工艺复杂	性别、注意时间地点
	刺绣	视觉符号	针线色彩造型	苗族文化元素的手工艺	分类随时	随地	交流学习创造	龙、花、鸟、虫、鱼、人、生活场景、故事场景等	用色大胆，抽象与具象统一	性别、注意时间地点

续表

符号		类型	能指	所指	时间	场	习得	例证	特征	注意
饮食	长桌宴	象征符号	农家食品	丰盛喜庆欢快团结	人多酒宴	室内	——	酸汤鱼、鸡稀饭、糯米饭、自酿酒、糍粑、红鸡蛋、	尚酸辣、清淡，喜糯食	
	拦门酒	象征符号	苗族餐饮礼仪	好客	红喜事	寨头寨内房门	——	自酿酒	牛角敬酒	注意酒宴性质
建筑	吊脚楼	建筑符号	居住设施	家庭	主要生活场所	依山傍水	木匠拜师、传承	瓦房、杉皮房	美人靠	易燃，防火任务艰巨
	桥	建筑符号	交通设施	交通工具，灵魂通道	定时修建、二月二祭奠	河流沟坎	——	独木桥、泥巴桥	简易	阴阳通道
其他	草标	象征符号	巴茅草结	宣示所有权、禁止侵占	随时	室外	——	——	不可侵犯性	——
	风水树	象征符号	大树	护佑村寨安宁	——	寨中或寨子附近	自然生长	大枫树、冷杉等	公共财产	禁止砍伐

从表中的苗族族群文化符号结构可以看出，传统的象征物（工具、家具、房屋本身），存在一个真实的关系或一个实际体验情境的中介。它的实质和形式明白地带有这个关系中意识或潜意识动态的印记，因此它没有任意性。这个有联系的、被包含的、满载着引申意义的象征物，却又因为

它的内在关系而成为有生命的、导向人（集体和个人）的事实和手势动作的彼之物，这才是文化的自身形态。传统的文化符号结构内部已经形成了一个与众不同、不可动摇的能指、所指、符码的参照对应。这些对应关系在处于消费社会的现代西江慢慢丧失了其原有的参照符码规则。美丽、怀旧、流行、好奇、欲望、视觉效果等成了西江文化再符号化的元语言。传统文化编码规则的遗失造就了现代消费元语言的突出地位，旧的编码规则不断被消费元语言所替代，旧的秩序约束力越来越弱，消费元语言的规范效力就越来越强。以往，西江文化符号系统处于传统社会语境的能指与所指指示了一种拥有苗族文化历史、情感表达、思维逻辑、传统认知感念的一一对应，两两相连的集合体。可是，改革开放以来，参照编码规则在多种压力（科学、技术与社会变化）之下一个接一个地崩溃了。原始思维中的集体无意识正在被消解。因此，西江文化“非暴力合作”地从语言过渡到元语言。正是这种现代消费元语言的凸显，干涉了原能指与所指的对应关系。我国学者赵修翠和傅其林在他们合著的《论列菲伏尔的消费文化符号学》一文中概括出了列斐伏尔大致观点：“每一轮参照物消失后就导致一个能指得到解放，使得能指滑落后成为可以再操纵的东西，这样就使得元语言受到快速挪用，从而制造出无尽的人为机会可以符号重构，伴随可感触的实体参照体系的消逝，能指和所指同一组合体系断裂，能指和所指之间的关系逐渐模糊起来可以成为流动性的，能指和所指之间的断裂致使能指滑落开来，能指独立后不断泛滥，所指则不断空乏，正是在这样的世界里，我们恰恰就不知道应该站立在何处，当我们试图把某一能指与某一所指连接起来的时刻，却发现我们已经迷失在符号的海市蜃楼世界。”①

所以，当参照符码缺失时，人们不能依照原有的方式从能指集合中推出既有的所指集合。传统文化的隐性消逝已然上升到当代西江社会与文化现代最为典型特征之位。能指与所指之间的滑落，制造出了一个无意义能指集合体，于是，这个世界被“虚无的能指符号”充斥着，酝酿了现代社会中“空虚”的情绪，在如此庞大的符号世界里，人们无所适从，一切都

---

① Lefebvre, Henri. Everyday Life in the Modern, trans. Sacha Kabinovitch. New Brunswick, U. S. A and London: Transaction Publishers, 1984: 127, 113, 5, 10, 25, 62, 7, 91, 102, 90, 106, 107, 133, 135, 152, 165, 179, 180, 180, 199, 202.

变得毫无意义，现实被抽空，使康德美学上所说的“纯粹美”落到现实之处，成就了现代文化的基调。文化传统意义上的价值逐渐萎缩，文化意义位移到文化能指集合，本真经验丧失，以偏概全，这无疑是当代西江文化异化、物化的经典形态。能指在现代消费元语言中获得现代独立自我身份，提升了价值，形成新的符号系统（如表 3-4 所示）。

表 3-4　西江文化分类及其编码

一级分类	二级分类	三级分类
1 自然景观	11 地文	11101 梯田
	12 水域	11202 白水河
	13 生物	11303 植物景观（如：护寨林）
2 人文景观	21 传统建筑类	21101 吊脚楼
		21202 风雨桥
		21303 铜鼓广场
	22 现代设施类	22101 步道
		22202 照明灯
	23 民风文化类	22303 重要节日（如：苗年节）
3 服务景观	31 纪念类	31101 银饰店
		31202 刺激作坊
	32 食宿类	32101 农家乐
		32202 酒店
		32303 特色小吃
	33 交通车	33101 观光车

因此，当代西江社会是“符号化”的社会，也是一个隐秘的消费社会。消费的能指作为一种符号体系构建了西江文化的一个维度，且是唯一的维度。在以“消费”为目的的社会中，西江不断的时空生产、“文化符号”生产为了适应这一流行浪潮的席卷，在消费中保持其自身的话语权，它变成了类似于波德莱尔审美现代性一样的东西，不断地寻求着变化。打碎、重建、标准化消费生产在自我毁灭中繁荣昌盛，一切坚固的东西都烟

消云散了。如一个小小的表演场，2008 年前后短短五年时间进行了三次大修、无数次小修；农家乐建筑日复一日、年复一年都在修建，形成不可阻挡的势头（如图 3-28 所示）。

图 3-28　农家乐翻修组图

现代西江文化符号的形式是对能指的纯粹抽象运作过程。纯粹的文化符号形式在消费价值观中获得了一种可理解的透明性，成为可以操作的，一种分类与行为的媒介。离开内容（或者参照物）的形式、无文化原初意义的分离活动被强化，成为现代文化审美的主题。符号——能指的集合，在流行的鼓动下分解文化在传统社会中获取的意义结构，自由组合，建构西江现代日常生活。

3.1.3.4 文化符号的机械复制生产

在能指与消费意识合谋下，文化能指集合成为西江新生产力的象征。纵观旅游时代的西江，积极参与对文化能指的现代生产即机械复制生产，便是西江经济活力的源头。文化在现代技术原则上总是可复制的，文化复制成为现代西江文化传播最主要的手段，这种手段从追求赢利的目的衍生而来，这种机械复制虽有一些科技手段形式上的创新。如：可以通过广告牌复制文化符号外形；可以通过符号的现代包装设计出美观的图像图标；可以通过摄影技术记录文化过去的光影一刻；可以通过录音技术记录口语声音。但是文化的价值所在就是其原真性，最初的文化符号对应结构。而这种对应结构是历史实践的产物，是需要时间的积累的，这种低效率、小众化的文化生产并不适应消费的流行原则与市场化的商品规则。在现代技术上，文化机械复制呼之欲出。在此情形中，文化是被预先安排好了的，而真实的文化内容作为其模板配角努力地演好自己的戏份。在西江，实为民宅的空间以租赁的形式改造成蜡染坊、银饰坊、酿酒坊，功能基本为出售机械复制的文化物质产品。牯藏头、活路头世代生活的家，不再是民居，而是作为文化遗址列为重点说明的空间复制陈列。把生活作为遗迹，把家作为遗址，文化能指从所指内容滑落后进行机械复制生产，外加上一小部分用汉字和英文书写的可识性标符进行冷漠解释（如图 3-29 所示）。在此情形中，消费文化产品的机械复制生产是一种现代文化编码的行动。可以说，对文化的习得重点在于能从实践中无误地把一种文化意义作为其先决条件，这种实践称为拥有了此种文化的能力。而感知文化传统意义下知识或概念的功能编程，是需要日积月累习得的，文化的习惯才是获取文化真实内容的途径。只有当一个人拥有对代码的阐释能力，文化对他而言才具有意义和旨趣。布尔迪厄在《区隔》一书中曾探讨过："在一定意义上说，欠缺特指代码的解析能力的观赏者就会感觉到一种莫名其妙，深度迷失在符号组成部分如颜色、节奏、线条和音量等的混乱世界，他不可能在短时间习得去理解一定程度的性情惯习，就会引发在艾尔温·潘诺夫斯基所描述的'能感特性'（sensible properties）那里变得寸步难行；或许他会犯如此的错误：会把一张摆放在面前的兽皮当成毛茸茸的某种东西，把

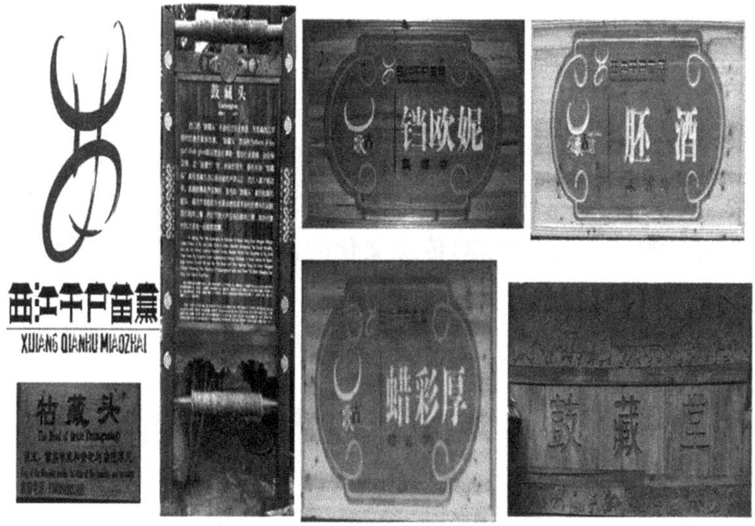

图 3-29 西江文化景观符号组图

仅为花边的点缀看成精美的艺术，或者在一些能够引发我者感情共鸣的高级层次时，却仅仅谈及‘朴质’色彩和‘欢悦’旋律，这些他者是不能够仅凭日常生活经验的初级结构意义适时转换成二级层次意义的，即是符号所指涉的意义水平。”① 可识别的无意义文化符号的运作对于文化参观者来说，起到能够感受到移情行为的愉悦作用，即共鸣（einfuhlung）。预设一种对方熟练的编码系统操作是为了快速获取认知，这类对方熟悉了的代码发挥了与陌生人“一见钟情”的功用，在不同文化区隔的人们中间确保利润的生产。在这里，人们能看到牯藏头、活路头，但人们无法亲身经历体验。只有“可视”“可购”的产品与景点才算有意义。在这里，参观者能买到银饰、米酒、蜡染成品，但他们只是参观者生活的配料，而非被参观文化的本身。消费者看到了文化，买到了文化，这就已经足够了，而生产者获取了相应的报酬，文化成为商品似乎才是它的价值所在。

① ［法］布尔迪厄，朱国华译. 布迪厄：纯粹美学的社会条件—《区隔：趣味判断的社会批判》引言［J］. 民族艺术，2002（3）：16-22.

3.1.3.5 文化的再生产与文化的消失

值得庆幸的是，在刚刚步入现代的西江，传统的能指、所指、符码规则并没有消失殆尽。而是以不同于传统的方式在维持着自身的生产：

1. 被展示：文化的博物馆生产。博物馆被描述成为："一个为公共利益而收集、记录、保留、展览，并阐释实物证明和相关信息的机构（Selwoodet et al，1995）。"博物馆对传统文化的记录与陈列已然成为西江司空见惯的现代原文化生产手段。

其一，西江苗族博物馆于2008年建馆（如图3-30所示）。

图3-30　博物馆外观

西江苗族博物馆于2008年4月28日破土动工修建，9月25日正式对外开放，11月5日售票经营。目前共接待海内外游客24万余人，日接待量不少于1100人。该馆占地面积3000平方米，建筑面积1700平方米，馆舍建设和文物征集共投入450万元资金。馆舍主楼用长廊连接具有典型的苗族建筑风格的六栋单体两楼建筑群组合而成。一楼为砖混结构，二楼为木质结构，外观突出苗族吊脚楼房技艺。西江苗族博物馆陈列以世界、贵州、黔东南、雷山、西江为逻辑顺序贯穿全馆各展厅，以苗族历史、生产、生活、节日、音乐、歌舞、服饰、银饰、苗族医药、建筑、巫文化宗教信仰为主要内容分类布展，以实物、图片、文字说明巧妙布局展现苗族文化。馆内共设展厅11个，分别为前厅、历史厅、生产厅、节日厅、歌舞厅、建筑技艺厅、服饰银饰厅、体育苗医药厅、巫文化宗教信仰厅、生活厅、多媒体多功能厅。馆内珍藏苗族文物473种1220余件和350余张具有典型代表性的文字说明、图片、画像、书籍等资料。

资料来源：西江苗族博物馆

传统文化的展示性在博物馆的文化生产中被提升了高度。因为任何展示“民众”文化的博物馆和展览，都依循一条符码规则：展示来自民众生活及文化的物件，保留民族志的写作痕迹（Karp and Kratz，2000）。在各类关于“缺席的”民众（他们或者已不存在，或者在“那里”）的展览中，可以看到一种着迷于其他文化和时空里“他者”的“神秘主义”。人们热衷于关于国家、城市、场所、社群、亚文化、工业、生活方式、人民、民间、古代、种族、部落、原始的展示中。其中，某类“民众文化”被凸显为令人感兴趣的，在它们缺席的情况下，用来代表它们的工艺品或艺术品被摆放出来作为注视的对象。此外，每一个陈列空间似乎也越来越突出“民众的故事”（如图3-31所示）。

图3-31　博物馆内文化阐释方式组图

仿佛这些以专业操作技术被记录与陈列出来的故事和物件才是文化的原真形态，才具备文化的权威性。

其二，创建了家庭博物馆。西江在2007年开始创建以家庭为实体的传统文化遗产保护，这种模式将陈列的文化生产手段直接渗入西江文化最基本的单元细胞——家庭。政府采取“集中管理、分散保护”的模式进行管理，同时，用资金奖惩的制度巩固这一模式的落实，如通过每年一次的相关人士的评审，分别评选出等级，一级家庭博物馆奖励2000-3000元的现金，二级家庭博物馆奖励1200-1500元的现金，三级家庭博物馆奖励1000元以下的现金。因为能获取现金奖励，家庭博物馆的建立成为当地农民创收的手段之一，他们乐此不疲。但是这种以现金奖励制度支持起来的家庭博物馆实际上是很脆弱的，一旦改造老式民居获取的经济效益大于奖励金额，各住户还是积极进行改造，不愿保持原有不便的生活模式。这种家庭博物馆以保持古老生活场所方式展示的实质是保留民族“内部”，如祖先那样的“他者”，这样的博物馆所展示的苗族生活并不是真实的苗族生活，却是另一个社会，并非现代苗族社会本身。博厄斯早在20世纪早期就反对这种把文化看作自然史和“样本物件”（object-as-specimen）的做法（Ames，1992）。

其三，遗产生态博物馆。除了传统的博物馆形态，西江以另一种称为遗产生态博物馆的文化生产为骄傲。2006年，西江千户苗寨的苗族刺绣、苗族银饰锻制技艺、苗族古歌和苗族吊脚楼营造技艺等被国务院列入首批国家级非物质文化遗产名录。以这些明星遗产文化符号构建起来的生态博物馆，成为西江在现代旅游业中的身份归宿。西江的现代建构者对这些明星遗产的保护工作也煞费苦心。如西江在遗产保护中采用了经济激励补贴、罚款、税收等方式来发展非物质文化遗产产业。西江千户苗寨建立了一种“老房分红”的遗产保护制度。具体做法是西江千户苗寨旅游公司从景区总体收入中提取12%弥补因为保持老吊脚楼不进行新农家乐建筑外观改造，无法获取旅游经济经营利润的西面古老聚落建筑群的农户，还每年依据建筑年代、房屋保存完整程度等指标进行评分，积分优秀的老吊脚楼将获得大概每年25000-30000元的分红补贴。这样的做法虽然使得居住房屋的陈旧度与评比价值成正比，但不利于当地人的居住条件提高，阻碍现已成为景观吸引物的当地居民生活水平。这类对遗产外貌的展示与硬性保护体现出挽留“逝去世界”的渴望，即使是活态历史博物馆也符合这一理念。这种做法并不是一个新现象。

早在20世纪80年代，这种开发被广泛视为正在构造一个回顾过去的、精英的、保守的“遗产产业”。20世纪80年代后，遗产成为一种潮流，呈现膨胀的趋势。其重要原因之一就是遗产已经成为商人们有利可图的资本，他们将其视作一个重要的生活方式指标。因此，公司和其他商业赞助者充满热情地开发了一个“回顾过去的”利基市场。公共规划者也同样尽可能利用遗产的各种可能性以诱惑消费者在开发区花钱。应该清醒地认识到，管理一处遗产胜地远远超出了传统博物馆学对保护、阐释、教育和渠道的关注。它是关于管理一间商铺、承办一场酒宴或典礼的事业。西江利用“活态历史”的文化资料呈现，重构和模拟遗产博物馆的“互动”文化生产。这种做法为目前流行的遗产旅游产业开发奠定了基础。它基于使历史更加真实、更易接近的思想。用麦坎内尔（MacCannell，1976）的话说，超越了传统旅游业所能提供的经过精心设计、高高在上的人造舞台，以期“再现历史”的展示形式。其实质是以拯救过去为名的被参观体验文化现代生产，是一种求助于过去的现代文化生产模式。如此定义的遗产博物馆取决于用展示来赋予垂死的经济体和了无生机的异质场所第二次生命，作为对自身的展览。这是当代社会所热议的“回到过去”的表征。这是一种文化消费潮流，体现在各种可参观历史中，而不只是以博物馆为幌子。应该看到，遗产与历史不同。遗产是通过神话、意识形态、民族主义、当地自豪感、浪漫思想或仅是市场营销，被加工成商品的历史（Schouten，1995）。

于是，西江博物馆整个生产被充分卷入“消失世界”综合征里（Co-orobe，1991）。人们的注视被经典地导向“异地”及其“脆弱的”或“正在消失的”文化。博物馆似乎是现代性旅游“圈地”（enclose）潮流的缩影。或者用米切尔（Mitchell，1988）的说法，是“架构”（enframe）其他非现代时空，并在这些静止的展示场所外赞美参观者的所在。“他们”在那里，“我们”就在外面的这里。它们把自己当作人们可以看到“彼处”和“那时”的窗口。此外，介绍“彼处”时总是和“那时”相连，特别是在生态博物馆展览中，被展示的人与其日常生活似乎都被时间冻结，永远地被诅咒在一幅“静止的舞台场景”中扮演同样的角色（Fabian，1983）。的确，博物馆的流行将不同文化、民族和场所之间画上等号，巩固了“文化拼图”的世界观（Kahn，1995）。在这一意象当中，文化被理解为“属于”一个场所和民族，是令其不同于其他场所和民族的，特殊到可以被发现、描述、记录和展示的东西。这种世界观是游客想象的基础，以场所决定身份的观念为依据。博物馆已经是“我们旅游时代西江的关键文化中心”。[①] 洛文撒尔这样形容：“突然之间遗产无处不在——新闻、电影、市场——从星系到基因都可以发现遗产。它成为爱国主义的焦点和旅游业的主要魅力之所在。只要出门，就会撞到某处遗址。每一份遗产都得到精心呵护。从民族根基到历史主题公园，从好莱坞到纳粹大屠杀，全世界都在忙着赞叹并哀悼某种过去，无论是事实还是虚构”。[②]

2. 意指生产：文化象征性消费。意指，意义的关联。符号就像音响、视像等的一块（双面）切片。意指则可被理解为一个过程，它是将能指与所指结成一体的行为，该行为的产物便是符号。意指（即“符号化过程”）结合的不是单面的存在物，它并不是将两个词项聚拢。因为能指与所指各自既是词项又是关系。这种符号的意指关系即文化符号受深层结构（编码和规则）支配的符号单元之间，以及符号系统与意义系统之间的有序的联系，可以称作“象征秩序”[③]。依据莫斯科—塔图学派所给出的定义：“文化由信息的生产、加工、分配、流动和存储的集体符号机体组合而成。既表现为记号系统或结构，也表现为信息传递系统。既是集体记忆，也是生成新信息的程序。每一种意指体系都具备自我内部构成与相对独立性”。[④] 文化符号的某一框架是由某个固定的象征意指关系所组成，这个框架就是文化符号的形象表征。现代古董——西江千户苗寨的特别声誉就源于这里。它是继承天赋价值和不可逆转的恩赐形象表征。

可以看出文化符号的象征关系重构了西江的现代想象，在这里任何意

---

① ［英］贝拉·迪克斯，冯悦译．被展示的文化：当代“可参观性”的生产［M］．北京：北京大学出版社，2012：125-178.

② 同上.

③ 王宁．消费社会学［M］．北京：社会科学文献出版社，2001：135.

④ 郭鸿．文化符号学评介——文化符号学的符号学分析［J］．山东外语教学，2006（3）：3-9.

指组合的意象都是潜在的现代文化符号生产力，旅游缔造者们不怕麻烦地向别人指出它们的价值，它们值得别人注意，它们值得观赏。正如马康纳所认为，在旅游中通常有一个神圣化过程，而这一神圣化过程就是伴随着象征编码而形成的。某个特殊的自然制品或文化遗物依赖旅游编码系统成为旅游仪式的神圣物件。在这里，都会经过一个过程：给文化意指命名——设计构思——抬高其地位——赋予神圣属性——机械复制。当西江新的文化生产事业自命为“名胜”时便具备其意指价值和象征效应。西江在旅游发展大会后，开始收取门票，且其票价逐年上涨。西江把购物作为其努力改变公众形象的关键要素。可以明显注意到，“西江开始强调公众会‘买’什么的问题，越来越多地谈论把西江‘包装为产品’或‘品牌’，确立‘独特卖点’以及‘公司形象’和‘利基市场’的重要性”。麦克唐纳把这称为策展的“超市模式”（Macdonald，1998）。西江把购物、餐饮和住宿空间整合进村寨的每个角落。努力（虽然没有成功）以“一个很好的景点内有完备的服务”的口号来维持其参观者的数量。文化的保护变成关于委托市场调研、选择设计公司、准备保护计划、项目管理、购买计算机系统、申请国家遗产、提升景点官方指标、各地旅行社交流活动、撰写商业计划、银行贷款、游说政客、组织收入大于支出的特殊活动等。新的文化展示从物品，更从营销形象当中获利。正如弗雷德里克·詹姆逊所认为：“经济就是文化，文化也就是经济了，当代的商品生产变成了一种文化现象，购买它一方面是为了它的用途。但在后现代社会下，更多的是为了它的形象”（弗雷德里克·詹姆逊，1982）。[①]

3. 景观符号：作为文化的否定。现代消费（作为景观）语言由主导旅游生产体系的文化符号所组成，这些符号同时才是这一生产体系的最终的和最后的目标指向。[②] 当代符号的形态特质也在这个时代从内向外地发生着变迁，从语义学的角度来说，符号自身不断由象征（symbols）转变为符号（signs），再由符号（signs）简化成信号（signals）。而这种纯粹的文化信号被市场所充分利用，文化变得抽象、松散和随意起来，现代审美将其

① ［英］贝拉·迪克斯，冯悦译．被展示的文化：当代“可参观性”的生产［M］．北京：北京大学出版社，2012：125.

② ［法］居依·德波，王昭风译．景观社会［M］．南京：南京大学出版社，2006：4.

重新组合，形成了货币逻辑下的神秘和审美。而这些文化符号所呈现出来的文化集合并不是文化本质与传统组合的提纯，而是文化的表象，是那些足以吸引旅游凝视的色彩、声音、调调等，由大量表面上看似文化的现象将全部的西江文化社会生活认同为纯粹表象的肯定。这些纯粹的文化被重新阐释后以现代西江、现代苗族的文化主体的身份来进行市场呈现，进行买卖交易。这种被设计后的新的西江重新将自己编组为新的、关于现实的、片段组合的、物件的、也是整体形象的现代旅游景色。其实质为一个纯粹的、随处可见的消费世界。在广西、在云南、在贵州、在湖南、在西江，在所有文化属地；在苗族、在彝族、在侗族、在所有异质文化民族中，农家乐、饰品贩卖、颜色绚丽的绣品等，被展示的才是文化。而这一切都是从擅长现代机器大生产的现代化都市“批发”、政府挂牌打造、媒体宣传造势而来。在与实际时空分离的世界里引渡纯粹影像之时，纯粹影像就变成真实的存在，表现为旅游催眠行为提供直接动机的文化事件。这不是一个当地人、当地文化能直接把握的世界，它是一个全球旅游链条的文化再生产空间，而它的工作就是利用各种各样专门化的技术媒介。因此，视觉就直接被提高到特别卓越的地位；最抽象的视觉展览，却是最不费力地能适应于现在社会的普遍文化抽象。但是，这不仅是一个影像的问题，也不仅是影像加声音加颜色的问题。在这里，“西江”本身已经成为特殊的文化新符号，人们被它吸引，争先恐后地去购买它，人们为了寻找“世外桃源”而来，而它具体是什么，没有人知道。在这场现代生产中，生产的成品就是为了这种没人知道又必须知道的需要来设计，并且它必须被定义为人人都能读懂、人人都能购买、人人都能带走的物件，于是文化在这场生产中异化成为消费品。只要人们在西江能记下或者带走一件这样的物件，就意味着游客已经“到此一游”，到过理想中的梦境，于是这些带标识的物件就演变成为一个不能不看的“景观符号”。它比真正懂得苗族重要得多。这便是其不同之处。在西江，这种商业化随处可见，对文化的商业加工显然是通过对那稀缺、珍贵、唯一的物品——苗族文化（其生产本身也可以工业化）进行了重新估价。商业与文化产品捆绑在一起构建起流行逻辑，消费社会在西江搭建起来。在独特的苗族稀缺文化名义下，一切便有了价值，这里与“意义”无关，相关的是独特性，这是社会学功能的一种。单纯文化独特性追逐的背景下隐匿的是人的“好奇心”，“好奇心”的满足正是旅游产业最为顽强的生命力所在。现代旅游意义上的消费社会文化再生产成为“好奇心”异化的具体生产活动，用以满足自我愉悦和表达社会的预期和愿望。一种适宜现代风尚，文化符号的某种虚幻参与，也是导致旅游着陆地——西江，作为现代社会的文化适应美学。在西江，在以“适应”为主体的社会交往中，“旅游允许一种自由的、嬉戏的‘不严肃’行为，并激发一种‘景观符号’相对不受限制的‘交融’或社会团聚”。①

3.2 交往的嬗变

苗族传统交往格局是一种以日常交往为主的格局。日常生活交往是不同人群在社会生活过程中无意识养成的观念与行为模式，是人类文化的组成部分，也是族群文化习惯的集中表现，更是思维方式、道德行为规范、宗教信仰的总和。日常交往所依据的血缘关系、天然情感、经验、传统、习惯、常识等自在的图式给人带来人之生存和发展所必需的熟悉感、安全感和“在家”的感觉，提供给人赖以安身立命的情感世界和理所当然的自在的价值世界。日常生活交往随着民族的产生而产生、发展而发展，且流淌在族群每个个体的血液里，具有很强的民族特性。因而，对一个族群日常生活交往的考察其实质就是对该民族世界观、人生观、价值观的研究。苗族也一样，在长期的迁徙和农耕狩猎生活过程中形成了一套自适与他适相统一的日常生活交往规则。这套规则包括三个内容，一是亲缘关系打理，二是宗教祭祀活动，三是地缘关系互动。

1. 苗族日常生活的亲缘关系打理。苗族是以血缘关系为纽带来组织社会活动的，其最小单元为家庭（zad）。由数个有明确共同男性祖先（目前可以追溯）的家庭组成家族（jel zad），由数个有可能共同男性祖先（目前不可追溯，但有共识）的家族组成宗族（wangl jud，酒堂），数个宗族

① ［美］John Urry，杨慧等译. 游客凝视［M］. 广西：广西师范大学出版社，2009：16.

联合在一起组成氏族（jangd niel，鼓社），各氏族联合到一起则为氏族联盟（hliangb）。除了家庭，家族是苗族最亲密的社会关系，交往活动的绝大多数事务都是由家族成员共同处理的。其内部完全认同、团结互助，共同承担社会事务。如，某家有来客，本家族的各家庭都派人来招待客人；某家的亲戚有喜事，本家族的各家庭都出钱物道贺；某家出事，本家族一起帮忙渡过难关；甚至日常劳动也会互相帮忙。在家族成员的观念里，大家认为其实“我们”就是一家人，“你家的亲戚也是我家的亲戚，你家的事也是我家的事”，一起同甘共苦。

酒堂，其苗语为wangl jud，是宗族的意思，也就是在一起喝酒。在现实生活中，某家的一般事务宗族可以不参加，但是某家的重要事务或关系本宗族的事件宗族成员则以主人的身份参与处理。如婚宴、丧礼、争夺地盘等。

全鼓社，其苗语为jangd niel，是氏族的意思。鼓是苗族的神器，除了作为乐器本身，还有社会关系的性质。传说，古代苗族只有一个鼓，由苗王管理，是王权的象征。苗族战败后逃难到贵州黔东南榕江一带，鼓也跟着苗王到了那里。黔东南山多地少，为了民族繁衍，需要大家向山区分散居住，然而大家都不愿意离开鼓。苗王无奈，只得将大家按地区分组，每组分得一个鼓，名曰：“分鼓”，一个鼓所辖的人群就叫一个jangd niel（氏族）。家族、宗族基本上是同一个村，而且在现在的苗族地区依然作为实体而存在。氏族则不同，是一个较大区域里很多村的联合。氏族平时主要组织祭鼓仪式，即举办牯藏节，没有参与社会管理。但特殊情况下则能处理重大紧急事务，如抵御战争。

氏族联盟，其苗语为hliangb，相当于“分鼓”之前的苗族全体。现在则是所能联系到的愿意一起对付某个重大事件的数个氏族的联合。一般也是战争状态下才作为实体而存在。氏族联盟最后一次起作用大概是张秀眉领导的清末苗民大起义。起义之初，张秀眉就是以歃血为盟的方式组织黔东南苗族氏族举起反清义旗的。

可见，苗族社会是以血缘亲缘关系为纽带组织起来的。因而，在日常生活交往中，苗族人也是以血缘亲缘关系判断人与人之间的亲疏的。苗族号称是个热情好客的民族，以苗族招待客人的情况来说明问题。具有血缘亲缘关系人（如出嫁后的女性）及其直系亲属来访，全家族高规格接待，家族里的每个家庭都设宴款待，被当成自家人来看，一般得好几天。没有血缘关系的亲戚来访，由到访家庭设宴款待，本家族出席宴会，不必每家请客。朋友到访，则家庭自己招待，本家族其他家庭不必参加。而陌生人投宿，则不拒绝但只以家常便饭招待，仅出于人道主义帮助。

2. 苗族的宗教祭祀活动。如果说亲缘关系打理是处理人与人的关系，那么苗族宗教祭祀活动则是处理人与神的关系。苗族是个自然崇拜的民族，相信万物有灵。山有山神，地有地神，石有石神，水有水神，树有树神，井有井神，虎有虎神，蛇有蛇神，人死后会变成鬼神……总之，一切动物、植物甚至非生物要么是神灵的化身，要么死后化为神灵。这些神灵能左右人的命运、影响人的健康。为了处理好人与神灵的关系，苗族人需要学会对付它们的办法。一是学一些简单的趋利避害之术，二是举办祭祀仪式，三是请巫师帮忙。

苗族趋利避害的基本办法有很多，如，出门远行需要选择吉日并将家乡的一片树叶或一个小石头放在衣兜里，看到塌方滑坡认为是山的伤口要去种树种草，不搅浑井水以免触怒井神，砍大树之前先给大树烧香敬酒，等等。

举办祭祀仪式则需要做法事。这是苗寨的集体活动，如，牯藏节主祭祖先顺便祭祀各类神灵，洗寨则是祭祀火神等。牯藏节祭祀祖先，不仅祭祀已经去世的先辈，还包括神话祖先，从开天辟地到创世神再到各代英雄，是活的民族历史文化教育。洗寨是苗寨在看到一些认为可能发生火灾的征兆（夜间子时前鸡叫或松鼠等野生小动物入宅）后举行的不定期祭祀活动，祭祀时全村封寨，不准人进，全村除了主祭场不准有明火，专人进各家检查，名为祭祀火神实为消防安全大检查。苗寨多为木房，火灾多次给苗寨带来惨痛教训，这样的活动具有现实意义。

巫师则是能通往神界的人，是人神矛盾的调停者。因而巫师在苗族社会中的地位很高。苗族人认为一切不如意的事如灾难、疾病、创伤、贫困、挫折等都与鬼魂作怪有关。一旦遇到这些情况或者为了避免发生这种情况，需要请巫师去向神灵鬼怪求情。巫师一般采取招待贿赂、示弱求饶、驱赶镇压等手段，其实也跟处理人与人关系的办法一样。

苗族的这些宗教祭祀活动，虽然看起来很迷信，但具有很强的内在逻辑和科学性——那就是敬畏生命、敬畏自然、爱人、爱护环境。关注的是在自然中的人和在自然中的人的人性。

3. 苗族的地缘关系互动。苗族地区的地理环境特点是，山多，交通不便，其结果是苗寨与苗寨之间、苗族与其他民族之间的交流很少。这是苗族地缘关系的基本特点。这样的地缘关系建构了一个相对稳定的文化闭合空间，这使得苗族文化长期以来没有受到过多外来干扰。苗族同宗族不能通婚，而同一寨子又往往是同一宗族，因而只能到周边村寨去求亲，这种求亲方式叫游方。一般是，晚上男孩相约到邻村的游方坪跟当地女孩谈恋爱。形成了独特的游方文化。因为走着去游方，当晚天亮前回来，不可能太远，某个寨子男性的结婚对象往往比较集中，大多是某几个村子的人，形成一个个婚姻圈。为文化内部稳定创造了条件。而苗族与其他民族的交往，受地缘限制更为明显。一方面，山区能给苗族提供基本物质保障，一方面，外面的世界没有什么更吸引人的东西（因为地理环境的缘故他们几乎没机会接触）。基于这样的认识，他们只根据自己的规则行事，而外面的规则对其不起太大作用，加上历史上很多次战争苗族都损失惨重，苗族跟其他民族有很大隔阂。

这样的地缘关系，给文化构筑了一道很好的屏障，内部文化发达，从不主动引进文化，也从没想过输出文化。

西江日常交往通过旅游途径开始并入全球化行列。那么，在西江，旅游到底重组了怎样的日常交往形态呢？

3.2.1 旅游型陌生人“好客”

3.2.1.1 “旅游好客”下的“主—客”涵化关系

当旅游产业成为西江唯一支柱性生产方式后，每一天世界各地的人在此汇聚，形成庞大的人口流动态势（如表 3-5 所示）。

表 3-5　2011 年西江游客客源地结构表

游客类型	总人数	占总人数比例	主要客源地列举	人数	占总人数比例
省内游客	42987	33.6%	贵阳市	23412	18.3%
			黔东南州	9723	7.6%
			安顺市	4605	3.6%
			遵义市	1407	1.1%
省外游客	79961	62.5%	湖南	11386	8.9%
			重庆	10234	8.0%
			广东	7932	6.2%
			北京	7420	5.8%
港澳台游客	4094	3.2%			
国外游客	697	0.7%			

注：数据由西江千户苗寨旅游公司提供

依据表 7 数据统计，2011 年世界各地的外来人口总数为 127739 人，而四个寨子组成的整个西江千户苗寨总人数人口只有 5326 人。西江外出打工人口与外来旅客人数都随年呈现有增无减的趋势，可以看出，从整个西江外来人数的总量上来看是远远超过本地人口的。从西江旅游时代的旅游客源的总人数可以看出是一个以绝对优势超过西江当地居民的数目，这种优势促使日常交往主体发生了质的变化，血缘地缘成为日常可以忽略的交往因素。新的交往模式开始在西江慢慢滋生起来，游客与当地居民的交往日渐明显，独占鳌头。在这样的交往中便形成了学者们所称的人类旅游活动的“主—客”关系。①

现今的西江旅游即是一种建立在“好客”基础上的人文旅游类型，王宁在其《旅游中的互动本真性：好客旅游研究》一文中给这类旅游做了一定的解释：“所谓的好客旅游，就是一种允许游客直接进入旅游地中的某个本地社区或者家庭里，可以深入和参与到当地人日常生活中去，

① 王宁，刘丹萍，马凌．旅游社会学［M］．天津：南开大学出版社，2008：205.

通过这样近距离地与东道主互动交往，从而获得较高程度的了解和一种地道的亲近的好客文化体验。”① 当地人把这样的旅游活动形象地称为“钓鱼”活动。西江“苗家乐”② 是一种典型的建立在“好客”基础上的“主—客”关系旅游。如果用 Doxey 的刺激指数③（如表 3-6 所示）来考量西江旅游的话，西江旅游处于初级“欣快”的融洽阶段与冷漠阶段，旅游者受到欢迎，经营者对“拉客”采取有效的钓鱼计划，服务者和家人对旅游者已经司空见惯，并予以认可，与之接触早已习得一套礼仪，变得正式，当地人接受任何劳动形式，都会为作为主业的旅游运营出力，分工协作，努力完成旅游商业的“好客”任务。然而，此类商业化的好客产业是应现代旅游兴起和发展的要求而产生的，逐渐取代传统的“好客”。应该指出的是，西江农家乐旅游在 2008 年后，短短五年的急速增长。在整个西江主体苗寨中，由 2002 年前零星三四家从事农家乐，到 2012 年经营农家乐的有 143 户。农家乐从规制与内容形态上呈现低级、单一化、粗放型；一日游、短期游的形态导致农家乐单一提供就餐住宿服务，并无其他农家乐类型（如体验式农家乐等）。西江农家乐大部分是餐厅与宾馆双重身份的统一，这里提供的是生活“好客”服务，却很少满足情感交流的交往需求。如望乡楼老板形象地把自己的农

① 王宁. 旅游中的互动本真性：好客旅游研究［J］. 广西民族大学学报（哲学社会科学版），2007（11）：18-24.

② 以苗族家庭为依托的一种农家乐旅游。而“农家乐”则是一种以城郊农户家庭为依托，由农户自主经营，集餐饮、娱乐、休闲为一体的新型生态旅游项目，以其优美的田园风光和别有情趣的农家生活、民族风味，吸引市民前来休闲度假、观光娱乐和体验劳作，满足人们休闲娱乐多样化需求的一种新型旅游活动。它是以“吃农家饭、住农家院、干农家活、享农家乐”为主题，集农业观光旅游、生态旅游、民俗旅游、休闲度假为一体的农业生态旅游项目。李永勤，谢萍，牟秋菊，王骏. “农家乐”经济发展探析［J］. 云南农业大学学报，2007（2）：27-29.

③ 图表文字解释 Doxey 根据自己在巴巴多斯和加拿大安大略的尼亚加拉湖区的案例调查指出：当地居民对旅游发展的态度随着旅游开发的深入和广泛循着某种进程呈递进趋势，并经历一系列不同的阶段：从开始的“欣快”，演变为“冷漠”，“恼怒”，直到“反抗”阶段。旅游目的地社会文化影响可根据当地居民对旅游发展的态度而划分为不同阶段：“融洽阶段→冷漠阶段→恼怒阶段→对抗阶段→最后阶段”。该理论认为，当地居民对旅游者的态度改变来自旅游者数量的不断增加以及他们的到来给当地原有的生活方式所带来的威胁，此理论与其后颇受争议的巴特勒（1980）旅游地生命周期理论在发展阶段上是吻合的。谢彦君. 基础旅游学［M］. 北京：中国旅游出版社，1999：232.

家乐比喻为钓鱼工作，把自己比喻为渔夫，强调农家乐的商业性，并且要求自己与员工按照标准服务对待“客人”，灌输家人要有忍让作风，力图做到“好客”的合格标准。

表3-6　Doxey刺激指数表

多克西的早期理论		密丽根的研究理论	
欣喜	旅游者受到欢迎、没有什么计划	好奇	居民接受那些在当地人看来地位、酬金收入和职业前景方面都比较低下的工作
冷漠	居民对旅游者司空见惯、接触变得正式	接受	对当地旅游的旅游者表示认可，旅游不再为当地人所关注
愤怒	达到饱和状态，居民怀有疑虑，规划人员试图借助增加设施而不是控制增长来实现控制	恼怒	伴随对旅游者的愤怒，居民开始厌恶外来打工人员，把他们视作使当地人生活标准下降的祸根
对抗	居民公开表露愤怒情绪，规划有所修改，但促销有增无减，目的是消除对目的地不好的名声	对抗	居民和旅游者矛盾增加，双方互相怨恨，在年轻人中时有暴力，那些不能直接归于旅游者的过错便都一般归结于外来打工者身上

这是一种典型的商业化的好客行为，也是当下西江旅游经营中所必需的。虽然从表象上看它具备所有好客行为中的热情、微笑、谦让等特质，但追求却改变了。它具有的是工具属性，即它是赚取利润的活动：金钱交易，却没有人文气息，情感交流。正因为如此，此种类型的“好客”活动不再是真实感情的表达，是一种经过精心装饰后的舞台表演，一种旅游职业的需要，一种商业经营的规定。表达出一种制度性的功能系统，如：酒店、餐馆、游乐园等。简言之，是一种“伪好客”，失去了本真性的。在现代西江苗寨中，好客，不再是主人倾注情感表达意愿，为客人将心比心、以心换心的外在表示，而是非人格的货币交换，看似人情味很浓，实际不需要情感的真实投入，“付钱”即可得到。它往往为有钱人提供，受

计算成本、获取利润的内在动力驱使。传统中那种真实的、地道的好客只是其附加产品中很小的部分，此间的“本真性”是有限的。

当今社会，人们参与旅游往往是建立在一系列专门的商业运作基础之上的，值得注意的是，这种“好客”商业下的“主—客”关系并非为传统意义上的“主—客”关系。这种关系的维系首先是以金钱为媒介的，以买卖旅游产品、旅游服务、旅游资源等为目的的商业关系。正如李春霞在其《好客的东道主：旅游人类学“主—客”范式反思》一文中曾经总结过如此的好客行为：“这是一种朝着满足游客所需，让旅游业在行业竞争下处于优胜之位的目的而行动的，为了达到这样的目的，旅游地（理所当然包括西江）不断依据游客所需来改造自己，用‘好客’当作牌面表情来聚集‘出钱者’，评判达到‘善意’的标准则取决于前来享受‘好客’的旅游者；所以，游客在形式上虽身为‘客人’但其实质上是‘主’，扮演着主导地位，这些实际的‘主’借用‘客人’的身份名帖‘来到’（侵入/攻入）‘东道主’（实际上位于次要地位）的私人生活领域（社区与家庭），‘东道主’竭尽所能地表示自己看似出于自然而然的‘忠心’（热情周到的服务）；这样所营造出来的‘主人’向‘客人’表‘忠心’现代旅游语境的嵌入左右着旅游地的生活，业已成为类似于西江农家乐日常生活消费行为惯常的主体范式。”①

在旅游开发之前，所有苗寨都有一个不成文的“好客”约定：但凡来到此地的客人，牯藏头都会负责客人的接待，提供免费住宿，以真诚的欢迎来迎接外来的客人，同时，客人需要入乡随俗地遵守苗寨所有日常生活习惯。当下，西江的好客性质却发生了根本性的变化。对传统好客情感追求的商业炒作，恰恰就是将其摧毁之时。“好客”以最为华丽的“礼仪客套”，借用有机的、精神性的、真实的传统社会好客面具示人，更具备欺骗性。在旅游景点里，“好客”被商品化、理性化和非人格化了，变成了“伪好客”。也许这种商业环境下的“伪好客”并不能激起旅游陌生人的好感，他们之所以来这里是为了寻求广告宣传中真情实意的真实“好客”，体验那种能够打动人们的久违了的本真性“好

① 李春霞. 好客的东道主：旅游人类学“主-客”范式反思［J］. 广西民族大学学报（哲学社会科学版），2012（5）：23-28.

客”。但是，在陌生人身上发生的“主—客”交往已然导致“互动本真性”的丧失，代之以一种算计过的、以利润为驱动力的、商业化的频繁好客。人不可能有足够的感情与精力再为已经无现实意义的传统真实、地道的好客多费周章。诚如我国学者王宁在其论文《旅游中的互动本真性：好客旅游研究》中所说：“好客的商业运作发端于当代旅行消费行业旅游者服务的需要，虽然它将传统日常生活的热情与个性化特征融合在一起，可是它最终的目的却发生了巨大变化。传统行为中的好客具有自目的性，也就是说，他从主人在交往中内在感情与义务道德基础出发，与之形成对比的是，当代好客的商业运作具有很强的工具性，也就是说，它以获得商业利润为目的，内在是金钱之间的交易活动，正因如此，当代商业旅游消费并不把这样的好客当作人们之间真实情感的表露，而是一种伪装的表演、职业化的要求、商业化的运营；简而言之，是一种丧失本真性的商业好客，一种‘伪好客’。”①

现代旅游已经普遍被当成一种产业，它提供了自己的一套生产话语，使如今现代旅游全球化日常交往成为可能。那么是通过什么人们离开自己的生活参与到旅游交往中来呢？人们之所以这样做是寄希望用“望见”或者“观看”满足自己的万分好奇，实现与原本生活的疏离创造新鲜感，所以看与被看成为现代旅游交往的主要纽带。旅游工业使成为一个游客变为“现代”体验的特征之一，一个人如果不“离家旅游”就如同没有汽车和美宅一样。旅游是现代社会的地位标志，也被视为是有益身体健康的。② 现代旅游交往是在旅游短暂周期内的一种生产愉悦，完成人类“凝望”知觉的交往，一种人类某一欲望的交往，而这种“凝望”，如医学凝望一般，是被社会组织化的和社会系统化的。③ 事情的结局是，人们在寻找永远新鲜的旅游地的过程中，建起来的只是一套酒店和旅游景观，平淡无味，缺少反差。西江就是这样一个努力塑造新鲜感但实则平淡无奇的主客社会。

---

① 王宁. 旅游中的互动本真性：好客旅游研究［J］. 广西民族大学学报（哲学社会科学版），2007（11）：18-24.

② ［美］John Urry，杨慧等译. 游客凝视［M］. 广西：广西师范大学出版社，2009：6.

③ ［美］John Urry，杨慧等译. 游客凝视［M］. 广西：广西师范大学出版社，2009：2.

涵化（accultmation）是指文化而不是经济影响。它是“两个不同社会之间持久接触下发生的对文化的一种或几种元素进行借鉴的过程（Burns，1999）。”西江通过与不同社会不同文化的陌生人的主—客交往中看与被看的接触，得以实现现代的文化交流与借鉴过程。而这种借鉴一方面使一些传统上不能容忍公共“礼仪客套”的场合不得不通过特定习俗（例如祭祀仪式、节日和当地禁忌）的丢失或改变，淡化当地个性文化特征去适应现代旅游产业带来的文化准则。这一点可从西江的每一次交往中看出。但是，另一方面正是由于交往的结构转型，新的交往结构中要求保存一部分濒临解体的文化，即使有可能只是文化的外在形态，却为种族身份民间文化自觉反思提供了对比机会，从而在交往中认清自我文化的重要性。如在民族文化发展中，获得了对自身文化他者更高的承认与尊重，和在资金与技能上的新的支持，也许在未来保存下来的文化部分也是难能可贵的。所以，单纯保留外在形态的文化交往残存部分对文化未来发展不一定就是只有消极一面，至少，有一部分的保存比消失殆尽要好些。所以，凝视下的主客之间二元对立是一个复杂的过程，正如富兰克林和克朗得出的结论：“旅游业可能并不像吞噬一切的西化浪潮有时看起来那样只是一个单向过程”。①

3.2.1.2 陌生人交往

西江目前就是一个陌生人每天都在此相遇的临时聚居地。虽然大家都彼此陌生，但作为一种主要的休闲旅游消费方式：游客以陌生人，也是客人的身份进入他们预想，进入某一异质文化领域，也就是主人居所以期能够使其想象实现；而当地人以主人的身份迎接着每一次的不期而遇，制造惊喜让想象兑现。在传统社会中，对多数人以及对日常生活的大多平常活动来说，时间和空间基本上是联系人们交往必须遵循的条件。人们交往不仅受到地点标尺的限制，而且通过时间联结在一起。而现代生活却是一个时空压缩的时代，在场与不在场共同作用，时间退出必要的舞台。交往开始脱离传统母体，格局重新建构。

---

① 王宁．旅游中的互动本真性：好客旅游研究［J］．广西民族大学学报（哲学社会科学版），2007（11）：18-24．

乔治·齐美尔（George Simmel）在20世纪早期曾经提出过“陌生人”这一概念（王铭铭，2006）。王宁等人在其《旅游社会学》中总结了他们的观点，他们认为：“陌生人乃是被固定在一个特定空间群体内，或者在一个他的界限与空间界限大致相近的群体内；他在群体内的地位是被这样的事实所决定的：他从一开始就不属于这个群体，他将一些不可能从这些群体滋生的素质引进了这个群体；在社会学意义上，‘陌生人’是双重意义的统一，既作为脱离任何既定的地域空间的漫游；又固定在一个地域空间点出现，其矛盾身份的辩证统一体现在‘人与人之间的任何关系的接近和距离的统一’；陌生人必须来自外部，并作为一个暂时的‘内部人’与常住社区者产生相对的意义；但同时，陌生人也必须保持他在身份上与社区的疏离，以保持作为陌生人的客观性；这就意味着，陌生人的相遇只适应于以陌生人的身份相遇；并且因为作为一个陌生人，出现与日常生活全然不同的，连开始和结束都同样突然的、意外相遇的场景中。”[①] 现在的西江目前正是这样的一个暂存空间。在这里，陌生人之间以适合于陌生人的方式相遇。他们之间的相遇再也不同于以往亲戚、朋友或者熟人之间的邂逅。或者说，陌生人的相遇是一个不合适的相遇。在陌生人相遇中，一种文化杂糅的现象随之产生，他们生活在两种不同文化边缘，但是并不能完全融入其中。在陌生人之间的交往中，人们谈不上有痛苦或高兴的情绪波动，更不会因为共同经历的时空而留下值得一起回味的回忆，更不可能约定下一次见面的时间地点。陌生人交往是一个既没有过去也不会有未来的事，只关乎当下，但是真实与否就不是它需要去追究的。就像一个把自己的世界完全局限在用自己腹部吐出的丝编织而成的网中的蜘蛛一样，而相遇中的陌生人可能依赖的唯一的支撑网，必定是用他们的表情、语言和手势这一稀疏的细线编织而成的。在他们相遇时他们从不认识，在他们相遇后也无须再认识，他们不需要有再一次见面的机会，更不希望知根知底。为了打破这样的尴尬局面，西江的日常生活交往就必须要求每一个人（不管是主人还是客人）在这样相遇形式下，学会现代交往的特殊技巧，一套被塞纳特（塞纳特，1978）归为“礼仪客套”（civility）规则的完整的技

① 王宁，刘丹萍，马凌等．旅游社会学［M］．天津：南开大学出版社，2008：205.

巧："相互设防而又能让每一个人和谐相处的社交活动。戴着面具是礼节客套的核心所在。面具使得远离那些戴着面具的人的力量背景、不自在和个人感情的、纯粹的社交应酬成为可能。因为礼仪客套的目标，是要掩饰并保护自己，它正使得每一个运用它的人自己负累重重"。①

当然，在西江陌生人交往中人们始终还是怀揣美好的希望努力实现交往的理想。在这里不管是官方还是民间，人们都相似地对他人保持自我克制的宽宏大量。如西江把传统生活的相关禁忌取消，美其名曰开放。所有这一切只因克制自己不去与客人（外来人）的习性发生冲突，从而过度地加重掩饰自己的日常习俗。在西江陌生人之间需要遵守的礼仪客套和语言一样，并非是"个人的"。在它成为西江个体族群习得和运用的技能之前，这种礼仪客套早已经应社会环境而生，具备现代性特色。如"主随客便"在现在的礼仪客套中早已替代了过去"客随主便"的约定俗成。见以下资料：

> 2010年的西江牯藏节，按照传统的习俗，十三年一次的牯藏节理应在西江当地各家各户家中祭祀祖先。为了让外来旅游者（陌生人）能够在隆重的交往集中时间参加进来，于是将"祭祖仪式"搬上"舞台"，并且所有活动由外来导演进行全程导演。原本牯藏节时间几千年来是固定不变的，2010年的西江牯藏节本应在11月12日举行，但是由于主办"牯藏节舞剧"的政府认为其在11月9日主办的舞台剧前奏"雷山县苗年暨西江牯藏节开幕式"，中间空当出两天，不利于外来旅游者——陌生人的交往时间安排，要求西江应在11月10日举行"进寨"迎宾，11日吃牯藏。
>
> 在传统习俗中外来客人"男女不准同宿"（如图3-32所示）（拍摄于2004年）。但是应旅游的需要，男女同宿的禁忌被打破。西江各大旅游宾馆、客栈，包括农家乐住宿都开设标间、大床房等，男女同居一室的现象屡见不鲜，被普遍接受。
>
> 资料来源：笔者民族志日记

① ［England］Sennett. The Fall of Public Man［M］. Penguin, 2003: 264.

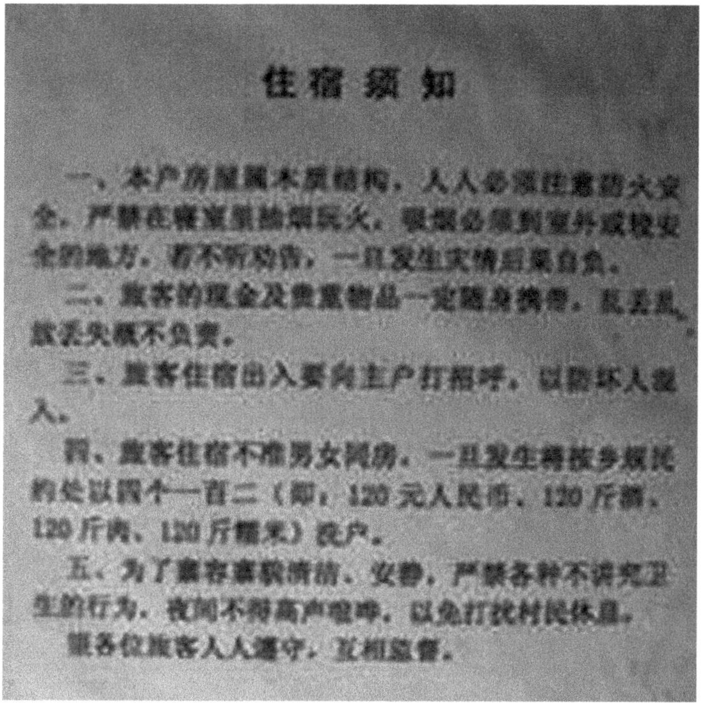

图 3–32　传统习俗中“男女不准同宿”

在陌生人交往实践中，“礼仪客套”是每一个交往参与者都必然要学会的一套艰难技巧。因其前提预设为：如若遵循，“文明的、谦恭礼让的、开放的”环境必然产生。然而，对于作为苗族文化集中地的西江而言，现代旅游陌生人交往下的“文明和谦恭礼让”意味着什么呢？首先，打破惯有禁忌，甚至于出让文化深层内核的内在感情。提供一个作为公共交往的形象，一个让私人秘密、思想、渴望得以分享，用以相互交流的机会。全景式的曝光用以展示交往的诚意。其次，它还意味着每个旅游人交往形成的一个作为普遍的善。作为共同任务、作为这样一种生活方式，它有着自己及自己日常的词汇和原理，这些词汇和原理要比任何内容最为丰富的个人关心渴望的事情都要丰富。因此，这需要放弃“真实的自我”，承担陌生人公共交往的义务，做出承诺并随时准备参与到更大的行动中，在被看作“公共空间”的场所中促进交往的和谐。在这个称为“第二个不文明公共空间”的交往中，其目的是要服务于旅游消费。确切地说，是要让所有交往的陌生人变成一个消费者。这些公共空间鼓励的是行动，而不是互动。并在它的上面盖了“多数人同意”的印记，从而证实了它的意义，并证明了它没有讨论的必要。无论交往多么热闹，他们是多么拥挤，在这些集体消费的场合，没有任何“集体性”的存在。用阿尔都塞的话来说，就是：“无论是谁进入这个空间，作为个体，他都会‘受到质询’，要求中止或撕毁协议，要求摆脱忠诚自我过去传统的制约或将它们放在边炉之上烧毁掉。应该认识到，为了聊天和心灵交往人们是不会挤进这些购物天堂的。无论人们可能希望有（或者情愿容忍）真实的社会交往。事实上，他们的社会交往就像蜗牛搬家一样进展缓慢。”①

3.2.2 表演即交往

在西江景区，大部分的游客都来自现代化、工业化、技术化和城市化比较高的国家与地区。麦坎内尔（MacCannell，1976）认为：现代化以及工业社会越来越脱离工作、家庭和邻居等传统价值观。西江旅游乃是一种回到过去的旅行，而这种形式是时下最为主流的旅游形式。依据麦坎内尔的观察：“游客就是这样赋予‘原始文化’的理想以价值，并欢呼：‘看，他们的田野没有篱笆，应该照一张！’‘他们自给自足。我们回去应该告诉咱们过度商品化的社会这一点！’（MacCannell，1992）”。② 因为对“原始文化”的理想追求，当地人似乎常常被要求为游客表演他们自己的身份。

3.2.2.1 为你们表演我们自己

当旅游业在西江树立一面旗帜时，当地人认识到自发的表演可以得到报酬而且能够提供就业，比起另一种选择即当地人在好奇陌生的注视下只是免费地当自己，似乎更加可取。在这种情况下，当地人渐渐发现通过销售旅游表演与服务重新获得一些剩余价值是可行的。因而，为了兜售自己

① ［英］齐格蒙特·鲍曼，欧阳景根译. 流动的现代性［M］. 上海：上海三联书店，2002：147.

② ［英］贝拉·迪克斯，冯悦译. 被展示的文化：当代“可参观性”的生产. 北京：北京大学出版社，2012：61.

而进行表演成为西江最为理想的发展目标。于是，表演由日常生活的自我表演转型为有组织、商业化的旅游项目和展演场所建设。旅游产业落户后，西江各种各样“化妆”的表演者正活跃在这个世界级的露天活态博物馆和民族志主题公园中。旅游表演，也称作旅游展演，在西江这个“活态历史”场所和文化中心，现场表演者大部分不是演员，而是所展示文化社区的成员。许多文化表演者都是现有少数民族的代表，从展示的西江当地被招来提供风俗、服饰和传统的表演展示。对于他们来说，旅游表演的实质是为旅客（你们）表演我们自己。当下，旅游文化表演已经有组织地在西江固定下来：

1. 固定文化舞台化表演。

（1）十二道拦门酒仪仗表演。拦门酒，乃为苗族最古老的迎宾习俗之一。在贵州黔东南苗族村落久负盛名，沿袭至今。苗族娶亲嫁女，为了迎接前来上门祝贺的亲朋好友，也为了展示自己的体面与富有，同时也显示自己的社会实力，所以设“拦门酒”共乐，乃是苗族人欢迎贵宾的一种民族情感表达方式。而在西江“十二道拦门酒”[①] 是这一带苗族人的特色，因此是西江地区苗族迎宾礼仪最高礼节，平日不能随意举行。但是，西江为了文化表演更具吸引力，同时，借于苗族大歌的历史文化价值，以及当今已濒危失传的口号，故在西江寨门前设计十二道拦门酒的表演仪仗队。西江景区于 2012 年 3 月 8 日将老北门迎宾队转移到新北门服务区向游客展示十二道拦门酒。该敬酒仪式有百余名村民分别组成敬酒队、芦笙队、方阵队的形式迎接四方游客。并且十二道拦门酒成为西江景区每天必有的表演节目，表演时间固定在每天早上 10：30 至 12：00，以及下午 15：00 至 16：30 定时举办（如图 3-33 所示）。西江的拦门酒表演从外观与表演手法上看是比较有视听冲击力的。每天固定时段的芦笙吹奏，一套固定的舞蹈动作节拍，经过千户西江苗寨旅游公司与相关部门筛选出来的当地村民表演人员（在人员配置上大部分侧重于老年与年轻漂亮女性），身着只有在节庆时才穿的华丽长裙苗衣，进行

① 雷公山区的苗寨拦门酒是苗族开亲时为接亲送亲之用，为了热闹双方要有 30 人以上的盛大场面下，为了隆重最多设 12 道拦门酒，由此，形成现在的雷公山区苗族十二道拦门酒迎宾习俗。

程式化的表演。

图 3-33　十二道拦门酒

（2）文化戏剧表演。西江景区为了让游客能够在短时间内观摩到苗族的文化，于 2008 年开始修建用于文化戏剧表演的舞台——西江“演艺场”。演艺场从建成起就成为旅游“主—客交往”的主要空间。演艺场是全然区别于原西江仪式交往空间——芦笙场的一处新建现代旅游空间。西江演艺场是 2008 年贵州旅游产业发展大会的主会场，演艺场占地面积 625 平方米，观众席为 600 平方米，观众座位数 1000 余个（2013 年舞台又在进行扩建整修）（如图 3-34 所示）。相对于新的交往空间来说，昔日苗族交往文化的承载空间——旧的芦笙坪①已经慢慢被遗弃，如希腊被废弃的古老城堡一样。它四周被篮球场、猪肉铺、民族服饰照相摊子、

① 苗寨重要的祭祀场所，设在寨子中或离寨子比较近的平地上，是举行重大集体祭祀活动时进行芦笙表演的固定场合。芦笙是苗族祭祀重器，苗族人认为，吹芦笙能唤醒祖先，一旦祖先神灵归来，就得给予特别供奉，否则会带来灾难。因而，必须在特定时间、特定场合、举行了特定仪式后才能吹芦笙。最初芦笙坪是祭祀仪式专用地，但祭祀仪式并非经常性事务，渐渐地，集体议事、夜间男女游方也在此进行。因而，芦笙坪兼具议榔坪、游方坪等功能，成为增强民族凝聚力和文化认同感的载体。

图3-34 演艺场舞台全景

商铺等包围。古老仪式、婚恋等肃穆庄严的浪漫跌落下来，混入买卖的吆喝、拉客的央求、娱乐的助威声中，交往的意义远去，重塑为记忆，换成商业经营的背景，一道靓丽的景观幕布，仅供参观与拍摄（如图3-35所示）。从传统交往空间被压缩的形势来看，现代主—客交往空间已然呈现取而代之的趋势。演艺场从功能上来说，是一处承载苗族文化现代加工排列后搬上戏剧舞台的“前台”① 进行演绎的场所，从而在文化戏剧表演中实现陌生人之间的交往。每天两场的固定演出（时间为上午11：30和下午17：00，表演时间约为40分钟），表演者们穿上形似传统服装的表演戏服，高科技音响，全场自动播放。假唱、无激情肢体表演、定式节目等成为目前西江文化“前台”表演的普遍情景。展示苗族文化实现西江现代旅游交往，现今已由专职的交往者即职业文化表演者进行与陌生人的对话，其固定扮演内容根据历史时期设计好的文化场景或文

① ［美］欧文·戈夫曼，黄爱华，冯钢. 日常生活的中的自我呈现［M］杭州：浙江人民出版社，1989：22.

艺作品，已成为现代旅游交往的主要内容（如图 3-36 所示）。

图 3-35　旧芦笙场全景

图 3-36　现代西江文化艺术表演组图

西江演艺场的固定文化表演这一部分基本由西江艺术团承担，西江艺术团负责编导创作和排演的文化节目。艺术团的成员大多为当地人，但其大多数渐渐转变成职业演员。能够熟练掌握戏剧舞台的表演技能。

资料来源：笔者民族志日志

2. 传统主题表演

“表演场”不仅用于每天两次定时上演的“演员”与“观众”的现代表演交往仪式，还承担着无数苗族自身传统公共交往活动的现代表演形态。因文化戏剧表演在西江的兴盛，西江苗族日常生活表演交往已经开始被戏剧表演渗透，日常生活的表演日渐呈戏剧化趋势。

2012年7月27日至28日，消失许久的苗族婚恋习俗“游方”再次作为交往话题蔓延开来。事件缘起于在西江举办的名为“游方之旅缘分西江”的吃新节活动策划。该次“游方”由雷山县政府主办，雷山西江千户苗寨旅游发展有限公司承办，打出“中国西江”首届“现代游方之旅”的名号，对“游方”尝试现代重构。

“游方”重构活动从一部名为《游方之旅 缘分西江》的微电影开始，2012年7月7日开拍，时长24分钟14秒，是一部主要功能为广告宣传的媒介产品实体。此次通过“微电影”宣传西江千户旅游交往，实质是嫁接“微电影”这一新的品牌营销方式，用于西江千户苗寨旅游网络营销的第一次尝试，其目的是吸引游客慕名前来。除了把微电影作为正式“游方”活动首映电影进行宣传，“游方”的“再造者”在正式“游方”之前利用大众传媒，如新浪、腾讯、搜狐、雅虎、百度等知名网站，中国网论坛、腾讯博客论坛、新浪江苏论坛、开心网、雅虎论坛、网易论坛、百度旅游吧、江西论坛、贵州金黔在线、四川天府社区、天涯社区等热门论坛进行大肆报道。相关报道新闻已发300多条，涉及新闻门户网站100家以上；大型社区主帖互动推广覆盖50个社区以上，人气达20万人次以上；西江官方微博互动过程中，新浪、腾讯、搜狐三大官微粉丝达到15500以上。还开展了全民“游方”交往。全国报名参加，经过“海选”，选出33对“准情人”参加在西江千户苗寨演艺场举办的（2012年7月27日正式举行）为期三天的“现代游方之旅”晚会（如图3-37所示）。

图 3-37 “现代游方之旅”晚会

可以看出“现代游方之旅”不再是原初苗族文化意义上的婚恋交往活动，其实质是利用传统交往主题通过现代包装而复兴，以期带动经济消费的地方政府、公司与各大媒体联合捆绑的“企业新闻策划”活动。商业导向才是这种新闻策划的根本。地方企业负责策划活动。“游方”活动具备一定的民族交往新鲜感，活动规模通过媒体与企业通力合作打造，使“现代游方之旅”具有相当的新闻价值。传媒负责活动报道。无论从其前期造势，中期活动嘉宾招募、场景选择、活动安排、正式活动举行到后期传播效果反馈来看，“现代游方之旅”披上少数民族极其神秘的婚恋外衣，建构了一场极具视觉冲击力的现代相亲“盛宴”，制造了一系列异域风情的“相亲奇观”。这是时下热点“电视相亲节目”的边区“蝴蝶效应”。而西江则是这场相亲盛宴的美丽“秀场”，知名度一夜飙升，成为活动主题所提到的旅行与爱情的温床，变成当下城市饮食男女对美好爱情憧憬想象的承载体。“现代游方之旅”充分体现了西江旅游商业化后西江日常陌生人交往需要的消费化转变。“游方”原本是苗族青年男女日常婚恋交往的主要方式，由于时代语境的变化，慢慢被现代婚恋交往形式替代。大众消费文化背景下的文化娱乐参与普遍地强化了人们的思想观念和日常经验并使之一体化，造就了文化迎合受众的心理，通过“现代游方之旅”娱乐性的“文化狂欢场”，让文化随全球旅游消费产业起舞，重构现代性质的“游方”。而历经现代包装后，“游方”交往应和原有文化中关系分离，苗族私人日常交往褪色，通过现代主体扩大化的娱乐包装，赋予传统日常交往新的意义。在这里，文化的所有标志性可呈现交往都为大众消费服务，传统交往成为现代消费交往的特色原料。文化在这里已经是消费社会的文化，文化以商品、产品和体验的身份供人们买卖、策划和幻想，采用媒体、广告、陈列和表演的技巧，撼动了最初文化自身的意义结构，用现代“蒙太奇”的光影手段，刺激人们感官享受和欲望。

交往不再是严肃的，情感的，发自内心的。在“现代游方之旅”交往中，人们踏上了由存在向占有堕落的不归之路，人类价值的实现中“我们之所占有”替换了“我们之所是”的寻求。以现代旅游交往方式临时性地占有着爱情传奇。为了搭建爱情美好错觉，西江的苗族人们整体配合，全面承认，尽力保护。这是一种利用各种各样专门化媒介，以最抽象、最易于骗人的陌生人交往。最不费力地适应现在社会中普遍的爱情幻想，广告似的向受众娓娓道来：西江不仅有新鲜的空气，辽阔的原野，纯朴的人们，它还生产爱情，在农耕社会中爱情才是最美好的！这便是现代交往的内容。苗族人的“游方”在“现代之旅”中光辉耀眼，当文化仅变成了商品，它必定也变成景观社会的明星商品，日常的交往转型为景观社会的明星商品的交换。而此类“传统的现代日常交往”在西江成为一类典型的交往表演类型得到树立与开发。

3. 商业消费表演

（1）参与性打糍粑表演。西江景区商户每天店铺营业时都会上演现场打糍粑的节庆活动。在学者麻勇恒所著《苗族村落社会中的文化生态嬗变研究——以纪巧村1989年以来春节习俗的渐变为例》一文中全面介绍了打糍粑这一活动的文化意义：“‘着呗殿’（苗语：Zox nbed janb）即因‘过年’而特意打糍粑之意。在苗族村落社会中，人们为‘过年’而制备年货时，糍粑亦是必不可少的。但打糍粑的时间没有统一规定，通常要求在‘过年’前打好。打粑用的糯米要簸净糠灰、清除杂物（如细石沙）、洗净后才装进大水缸或大木桶里，再用清水浸泡上三五日。所用糯米的多少视人数而定，家里人多的打上百斤，人少的打个几十斤就行。打粑那天，人们抬出闲置了近一年的木粑槽，并把它清洗干净，再将木甑里蒸熟的糯米盛进粑槽内，这时打粑便开始了。两个青年站在粑槽的两端，各握着一个粑槌，随着一声吆喝，你一槌我一槌地捶打起来。在这一上一下的铿锵有力的打粑声中，儿童围在粑槽外，欢呼雀跃，女人们则一边督战，一边指指点点。只有上了年纪的老人蹲在门槛上，嘴里含着长长的竹烟杆默默地观看。一会儿，白生生的糯米饭便成了白色的粑丝；两个打粑人猛按着粑槌，顺势沿着粑槽打转，然后将粑丝撩起，放到铺有细米粉的簸箕里或者木板上。'取粑'（Meb nbed，音译：卖呗）通常放在长木板上，但取出的第一个粑要先拿去祭祀灶神与祖先神。用于放粑的每张木板都擦上了油，以防糍粑粘着木板，并且每张木板都须放有一个较大的粑，象征着父母和孩子。经过几十分钟的努力，一个个形如白玉，圆似银盘的糍粑便整整齐齐地排在桌子上了；在苗族村落社会中，糍粑是信物、礼物，也是尊贵的食物，能表达多种文化含义。腊月春节舂糍粑，打糍粑的风俗习惯即喻示家人团圆幸福、吉祥如意；糍粑的黏结成团，喻示着全家人和睦团结；糍粑的香甜，喻示着生活甜蜜幸福；糍粑成大小圆形，喻示着人们'有缘'、喜庆、吉祥和团圆。当然，吃着圆圆的糍粑自然就象征着全家和气、团圆、平安了。糍粑是圆的凝聚，它始终与圆相伴；蒸糯米的蒸笼，打糍粑的槽，放糍粑的簸箕，做馅的黄豆、花生、芝麻等无不与圆同在；此外，糍粑还是苗年期间走亲访友必备的礼物；每年的正月初二、初三，苗乡的人们便挑着糍粑，拿着腊肉去拜年，所以在打粑的时候，主人们都给糍粑染上色彩，打得又圆又大。"①

因西南山地盛产稻米，而苗族人日常饮食喜好糯食。打糍粑是苗族节庆时全家团圆一起共同完成的活动。现今的西江商业经营中以打糍粑活动为"活态"广告，商户化妆成当地人，或者当地人佯装着节日庆典，邀请游客一起体验日常节日活动进行表演。在表演的生动展示中，建立"陌生人"（客）与"当地人"（主）之间的商业交换关系，实现现代西江消费

① 麻勇恒. 苗族村落社会中的文化生态嬗变研究——以纪巧村 1989 年以来春节习俗的渐变为例［J］. 民俗研究，2013（2）：120-128.

生活的交往。在这场参与式的表演中游客满足于为他们随时准备的精心表演设计，对于他们来说，旅游（并非文化交流）没必要非得是什么真实且严肃的事。表演交往为文化娱乐化提供了培植的土壤。

（2）餐饮中的情感消费表演。酒歌一直以来都是苗族日常交往中最为常见的情感表达方式。有酒必有歌，酒歌是聚会喝酒时用的一种诗歌曲调形式，为宴饮劝酒助兴之用，声音绵长、热情、舒缓。正如笔者的论文《苗族诗歌理论探微》中总结的："一般依调即兴创作，是苗族宴饮场合中最常见的一种诗歌形式；酒歌内容也很丰富，以赞美对方为主，宾主对唱；也有谜语歌（hxak bex bob），唱谜面，对方唱出谜底，对不出则罚酒；苗族宴饮时间较长，从早到晚，少则一天，多则数天，甚至十天半月；酒至半酣，兴致渐高，歌性大发，宾主端着酒杯唱歌互相劝酒，歌不断则酒不喝，歌罢酒干；可见酒歌可劝酒助兴，亦有解酒功能；一来，酒歌调本身舒缓绵长，可最大限度将体内酒气吐出；二来，唱歌将喝酒的时间拉长。"① 如下面这首酒歌就很有韵味。

Vut lix vut gad menl，好田好麦子
Vut naix vut hsaid vol，好人好说话
Vut beex dliub yangd mangl，好头发打扮
At laix laib hfud lal，梳个舒心头
Zuk gix ged diangd dangl，来回来跳舞
Zuk dongx leb lad yul，跳得兴致勃勃
Vut yox hveb hlud nil，甜言蜜语来相劝
Dit max hvib diangd yel，让人无心回家
Dex mangx niangb nongd hel，跟你们在此吧
Dlax xux henb ged mel. 过了冬天再回去

资料来源：笔者民族志日志

整首歌里虽然没有一个"酒"字，却道尽"酒"的魅力，如《诗经》里的诗歌一般，采取赋比兴手法表现了因"酒"所触及的所有生动联想，

① 李佳. 苗族诗歌理论探微［J］贵阳：贵阳学院学报（社会科学版），2013（3）：21-24.

在苗族传统酒歌里这样的创作规律是必须遵守的。

新酒歌目前是西江陌生人交往中异军突起的一支。酒歌的演唱现在几乎都集中在商业旅游餐饮中给游客的敬酒活动中。酒歌开始在西江异常盛行起来，与陌生人之间餐饮时与“旅客”拉近交往距离，表示“好客”，规劝“客人”增加喝酒数量，鼓励消费之用。酒歌被现代改编后，进行歌词与曲调的固定，变成大众流行酒歌唱法。如劝远方客人留下的直白汉语酒歌：

米酒甜，米酒香，敬酒的飞歌飘山梁，漫漫古道千里长，悠悠苗乡古道旁，巍巍雷公清江的水呀，依尔依尔哟，歌声甜来米酒香，远方的客人你尝一尝……

资料来源：笔者民族志日志

或是直白的劝人多喝酒的单句：

干一杯来干一杯……想喝也得喝……不喝也得喝……

资料来源：笔者民族志日志

而西江能唱真正苗族交往中表达情感的如《诗经》般艺术价值极高的即兴酒歌的人不再多见。与陌生人日常消费交往成为酒歌新的传承语态，形成繁盛的态势。而苗族本民族日常生活血缘交往中，酒歌所承载的历史文化传播功能和情感即时表达功能均已退化。在对原即兴创作形态的继承上，新生代苗族人渐渐陌生，酒歌也慢慢隐退出年轻人的交往手段行列，文化的再生产能力下降。

虽然戈夫曼在其戏剧理论中通过各种隐喻与借喻，把社会生活描述成戏剧，并指出社会生活具备戏剧的表演性。在其《日常生活的自我表演》这本书中，戈夫曼使用戏剧表演的模式。或者说运用戏剧演出的取向，去研究社会生活的组织。但是，把社会当作戏剧舞台来表演只是一种比喻。事实上，真正的社会生活表演，同戏剧舞台表演有很大的不同，不能混为一谈。其一，表演所遵循的原则虽有类似，但不全然相同。社会生活有其作为仪式的一面，它建立在一定社会特定秩序之上，它的行为互动受制于一定精神基础、社会规范和道德意识的指导。而舞台表演依据的是艺术加工程序进行生产，如注重视听效果和舞台美学，源于生活却高于生活。其二，社会互动舞台并不是像戏剧舞台那样是固定不变的。不论是舞台所处的时间和空间，还是舞台表演的演员和观众，社会活动的舞台都有很大的伸缩性。社会活动舞台在时空方面的伸缩性，使社会活动舞台一方面有类似的重复性，但重复之中却有相当程度的差异性。使各个角色能在同一个类似的舞台上，在不同次数的表演中，通过同其他角色之间的互动关系和所使用的各种策略，造成不同的角色表演效果。并且，社会互动舞台除了演员和观众的结构区别以外，还包含着更复杂的两者之外的其他人的参与。社会互动表演进行着比看得见的舞台表演更复杂和更频繁的活动。其三，社会互动舞台比戏剧舞台有更多层次的纱幕，使社会舞台不论对于角色本身或者观众，都呈现出不同程度的明亮度，也使同一舞台的社会活动显示出或明或暗的不同层次。有时，甚至造成同一舞台表面演出的活动掩盖着背后演出的活动，使同一个舞台往往变成可见的和不可见的多层次活动戏剧的重叠表演。所以，社会舞台的层次结构比起戏剧舞台要复杂得多。①

3.2.2.2　交往的本真性破坏

现代西江表演交往中凸显的戏剧化与商业化趋势，渐渐打破了交往的“真”与“伪”的界限。这涉及旅游的有关经典矛盾：他们的到来，并与当地人接触、交往，改变了多少他们前来观看的本地文化？这些也是旅游文化交往中的关键问题，即真实性问题。在现代商业性旅游业中，游客以“陌生人”的角色短时间内迅速地移居到旅游地随后便离去，他们的到来与离去在很大程度上打破了旅游地原本世界的平衡。在陌生人这种“有来有去”反复循环往来中，人与人之本地交往的传统“边界”被破坏。为临时陌生人之间的交往顺利，旅游经营者与来往者鼓励当地设置“舞台”，提供设计好了的集中交往表演。可恰恰是这样，摧毁了交往中真实情感的载体。

其一，戏剧化表演替代文化真实性。把这种被设计好的“表演”式交往看成自然而然的事，在游客“凝视”下生长起来的交往不仅使来到这里的陌生人感到失望之至，更会让当地人“消化不良”。由现代社会引发的这种“仿佛是真的”的交往，从其发展的前景上来说，不仅会让传统在这

---

① 高宣扬．当代社会理论（上）[M]．北京：中国人民大学出版社，2005：449-464.

场“假作真时真亦假”的精心算计中败下阵来，更可能腐蚀了人们长久以来的文化精髓。当传统情感交往被提取为一种“美学”鉴赏，它便丧失了交往的全部意义。而这种无意义似是而非的“伪真”文化表演却演变成当地年轻一代文化继承的模板进行效仿。极大地危害了当地良性的文化传承活动。

其二，商业性的“表演产业”打破传统文化内核。因旅游产业的需要，原始苗族仪式的重复再现成为商业“表演产业”的新宠，旅游的设计者们以期在每天重复的异域仪式表演中吸引游客的目光，集中传播文化。但是，这样的仪式表演交往实际上是一种以“商业化交往”为延伸的市场经济行为，受现代旅游业标准统一的行业规则规范所主导。而这些行业规则将慢慢渗透进旅游地点所遵守的社会原则中去，控制人们的交往活动，规范文化生产行为。在这种商业交往中为游客提供了不花力气只需要花钱就能做到的定型化的“他者”，旅游地丧失了作为生活社区中人们传统朴素但真实的交往行为，商业性的“表演”服务交往从本质上来说是计算成本、追求利润的结果，无视甚至提倡打破旅游地自身的社会与文化的“禁忌”，越过交往“边界”的行为时有发生。如在每天两次的固定节目表演中“苗鼓”与“芦笙”多次使用，已经与传统习俗中木鼓为祖先所居之地不能随意敲击，“芦笙”为“助农业生产”的神器只能在固定时段吹奏等的乡规礼俗相悖，这种打破禁忌，严重违反乡俗民情，伤害当地人神圣的感情，类似用以换取经济效益的现代商业行为屡见不鲜。①

其三，在交往表演中利益被剥夺和身份的边缘化。在现代西江消费交往中，旅游者（客人）以消费者身份成为市场商业交往的主体，旅游行业中盈利最大的文化掮客们又因其强有力的政治经济权力与资本控制着西江的商业消费交往运作。在组织游客与当地市场及景点的接触时，文化掮客和其他提供食宿的服务人员形成了游客与当地人交往的主要部分。这就构

---

① 木鼓，既为乐器，也是礼器，人们同鼓同宗，‘以鼓立社’，木鼓也就是苗族祖先的象征；芦笙，也不单纯作为乐器使用，同时也是神器，它可以固定的仪式活动通鬼神，助生产（包括人的繁衍和农业耕作）；苗鼓神圣，严禁敲击，违者按‘四个一百二’处罚以祭鼓，即一百二十斤肉、一百二十斤酒、一百二十斤米、一百二十斤菜；芦笙应用的禁忌上，每年开春至秋收这段时间，苗族社区内普遍禁止吹笙，甚至连同类话题也禁绝谈及；芦笙须放回芦笙堂，擦拭干净，系上红布，用棉花塞住芦笙孔以示禁用，否则，将被视作是逐范农业神‘禾魂’而影响农业丰歉的行径受到寨老责骂和社会的谴责。

成了由游客和倾向游客的当地人共同组成的文化泡沫交往形式，东道主（主人）成为交往表演产业的从业者，服从旅游的策划者和推广者的安排。把包装后真实性的市场占有率看作社区的默许，被变相等同于顾客的满意和社区的接受。当地社区内部群体的被动地位，很少有机会对真实性表达意见，更不用提去影响游客的活动范围、兴趣焦点或规模。尤其在当地政府已经接受了游客能够带来经济收益的论调时更是如此。林敏霞在《好客“边界”与现代旅游》一文中评价道：“在传统社会里那些被誉为诗情画意的人类居住地也渐渐变成没有主客边界之分的地方，在那里生活的人们日益丧失了支配自我家园主导建设的权力，最终，应为东道主的当地居民要不被大量外来的游客挤压到边缘甚至离开自己世居的家园，或者转换身份变成无抗争能力在旅游夹缝里生存的好客旅游经营者或从业者，这样的两类情况都会导致传统好客边界的破坏。”①

表演成就了一次又一次现代西江苗族人内部、苗族人与陌生人、“东道主”与“游客”的日常交往行为。这类日常交往是旅游经济下西江社会的舞台化过程。其本质是对原有交往内部秩序的一种破坏性表现。这种创造出来的精心布置的“真的”舞台效果的交往是一种“艺术”的交往，交往灵魂被美术化，失去原有自主性，“前台”与“后台”“边界”逐渐模糊起来。“表演场”一方面将文化包装成旅游产品视为“真实”搬上了舞台；另一方面，在传统日常交往活动需要时提供展示的舞台，致使“后台”日常交往的封闭性伴随空间中舞台的设计公开，“客观真实”的“后台”交往演变成量化裁决标准下舞台竞赛式的娱乐游戏内容。

“文化戏剧表演”体现了最现代的趋势：借助于“集体计划”寻求重建由零碎物和废弃物等元素构成的复杂的新艺术环境，在都市生活的整合艺术废料或美学技术形式的混合物中企图被看到。这是一种表达，一种景观化的伪文化领域的表达，一种将碎片式的个人改铸成“社会的完整个性”的表达。这一趋势被美国社会学家（瑞斯曼·怀特等）描述为：“这是一个到处都同样的计划：重建没有共同体的社会，一个没有共同体交往

---

① 林敏霞. 好客“边界”与现代旅游［J］. 广西民族大学学报（哲学社会科学版），2012（5）：29-33.

的社会”。①

没有共同体的交往不仅单纯地发生在西江，其他现代转型的民族村落也遭遇了相同的境遇。在这些村落中普遍存在一种现象，即人们尝试着在“无我”的世界去找寻遗失的本真。不幸的是，本真却因为这种寻找而渐渐消失。纳尔逊·格拉本在其访谈录《旅游其实嵌入到生活的许多方面——人类学学者访谈录之六十》中用朴实的话道出了真理：“倘若旅游能够在当地成功，在旅游产业中所提取出来的民族元素，不论衣着、乐器、建筑、饮食、节日习俗、歌唱形式、舞蹈模式、艺术形态等，这些被频繁表现在外的某些文化碎片会把没有能够有效呈现出来的部分掩盖起来，因为那些未被呈现出来或者无法呈现出来的更深层次的内容，是不需要更是不可能天天被人表演外显出来，慢慢地它们就会被人们所遗忘，它们也就慢慢消失殆尽。”②

3.2.3 交往语言的解构

3.2.3.1 解构母语

苗语是苗族生活交往中长期运用的第一大符号集合，而苗族的交往与文化习得主要途径是苗族族群内部语言的使用，其使用价值和文化传承价值不可小觑。然而，随着苗族整个族群日常交往圈的扩大，为了方便与“外来人”的交往，在西江村落中苗语的地位开始动摇。苗族儿童通过家庭成员的教育学习苗语，自出生起开始听童谣、儿歌，并不间断学习其所见所感的实词，从会说话起唱儿歌、讲故事、猜谜语、数数等，随着接触面的扩大，小孩在苗语环境中慢慢学会苗语。四五岁时，小孩的语言词汇量已经接近成人的水平，听说苗语已经没有障碍。在具备族群语言习惯后才开始接受学校教育，学习国家通用语言文字。西江在学校教育上分为小学教育和中学（初中）教育，学校基本都具备双语教学的能力。上学后，按照国家教育体制规定小学开设英语课程，此时苗族儿童被归并进现代教

① ［法］居依·德波，王昭风译．景观社会［M］．南京：南京大学出版社，2006：89.

② 徐杰舜，纳尔逊·格拉本．旅游其实嵌入到生活的许多方面——人类学学者访谈录之六十［J］．广西民族大学学报（哲学社会科学版），2011（3）：27-34.

育体制中。这样一来，上学后的孩子具备汉语与英语学习的机会；与此同时，由于受地域影响，地方交流中所需要的方言——客话也是苗族族群在当地对外交流所需的一门语言符号。综上所述，在现代西江生活中，语言符号的使用大概会有这样四种语言的习得机会：苗语、普通话、客话、英语。在西江日常生活中这四种语言在不同年龄段的使用状况是有明显差别的，语言作为苗族文化的重要载体在日常生活交往中扮演不可取代的角色，苗语使用状况也发生了显著的改变，这充分体现了苗族日常生活交往正在发生的异化过程（如表 3–7 所示）。

表 3–7 西江苗族不同年龄段语言能力情况表

年龄段	语言能力
60 岁以上	主要都是说苗语，个别能懂当地汉语，但说得不好
40—60 岁	也都会说苗语，基本上也都会说当地汉语，而且基本上能听懂普通话，但普通话说得不好。
20—40 岁	也都会说苗语，都会说当地汉语，基本上听说普通话没有障碍，接触过英语。
10—20 岁	会说苗语，但遗忘了很多苗语词汇，特别是非常用词汇，他们已经不知其意，说话时夹杂汉语词汇比较多，他们会说当地汉语，听说普通话没有障碍，会说简单英语。
10 岁以下	有的会说苗语，有的已经不会说苗语，听说普通话没有问题，听说当地汉语有障碍，开始学习英语，显然，他们把普通话作为第一语言，英语作为第二语言，其母语——苗语则是可学可不学的。

从表 8 可以看出，西江苗族人的苗语习得能力在下降，甚至不学苗语的现象已经出现，苗语因其使用价值已经不能适应现代日常生活交往而走向衰落，现代交往解体和毁灭的是传统交往（communication）最基本的媒介——母语、元符号的地位。

3.2.3.2 滑落的交往符号系

日常交往的完成最重要的便是语言符号的使用。日常交往对语言的使用主要来自自发的、无意识的使用。王晓东在其《论日常交往》一文中这样论述日常语言："对于日常语言的使用是一种直接的实践无意识，日常语言适用于交往行为，使人们能互通有无、交流情感与相互理解是依赖日常所适用语言自身的自发性与直接性。"① 西江苗族传统日常交往中对符号的使用也是有其独特选择的。符号就其本身而言是指具有某种代表意义的标识，它具有两个方面的内涵，梅洛·庞蒂在《符号》一书中是这样描述的："第一方面来说，它具备能够让人感触到的客观形态，第二方面它也是无形意义的承载者，是精神思想意识体系的外化呈现；它们这两层内涵对应的是符号的两个组成即能指与所指（索绪尔，1913），也可以这么说，它既有感觉材料，又有精神意义，两者是统一不可分割的；符号在交往中的运用，并非仅是其客观形式组合就能够完成的，更是精神意义与精神意义的沟通；在符号客观内部世界里，最终还是需要一个意义的世界，意义则处在文化的历史中。"② 意义的能力依赖长久时间内的特定场域而习得。传统文化历史中所习得的这些交往符号在现代西江日常生活中也有所变化（如表 3-8 所示）。

表 3-8 少量交往符号的前后对比表

交往符号	符号属性	传　统	现　代
古歌 (hxak lul)	听觉符号	以古歌唱腔为代表的诗歌曲调形式，苗族诗歌之大者、神圣庄重。内容博大精深、包罗万象。一般为问答式的诗歌体式，阐释了世界起源、人类起源、苗族历史、苗族生产生活等。多用于祭礼、葬礼、婚礼、起新屋等活动启动仪式的主桌上。演唱者必为中老年人。葬礼中遵循古歌先唱原则，否则，死者家庭此后不可唱其他歌。古歌是苗族整个历史的载体，是苗族人民源远流长的民族史诗，苗族维系感与内聚力的来源，可增强民族意识，起到历史文化传承的作用。	每天演艺场固定时间固定曲目表演两场的文化表演活动，或者重要节庆的表演，让游客满意开心。

① 王晓东. 论日常交往［J］. 求是学刊，2005（6）：14-18.

② ［法］梅洛-庞蒂，姜志辉译. 符号［M］. 北京：商务印书馆，2003：48.

续表

交往符号	符号属性	传　　统	现　　代
酒歌（hxak jud）	听觉符号	以酒歌唱腔为代表的诗歌曲调形式，声音绵长、热情，音乐舒缓。酒歌为苗族宴饮劝酒助兴之用，可依调即兴创作，是苗族宴饮场合中最常见的一种诗歌形式。内容也很丰富，以赞美对方为主，宾主对唱。苗族宴饮时间较长，从早到晚，少则一天，多则数天，甚至十天半月。	商业助兴娱乐活动。固定几种曲调、歌词，趋向汉语演唱，常伴乐器起到广告吸引作用。传统酒歌只能在少数苗族内部交往中得以保存。
儿歌（hxak jib daib）	听觉符号	儿歌调是充满童音简单特点的曲调形式，声音欢乐明快，内容简洁生动，富有童趣。主要在教育儿童或儿童们玩耍时使用。多为母亲带孩子时哼唱，具有训练儿童语言、培养儿童情感等作用，即时创作居多，流传范围较小。但有为数不多的几首儿歌流行范围较广。	多为学校教授的汉文歌曲，或者流行歌曲取代。几首流行较广的传统曲调由学校教授习得。
情歌（游方歌）（hxak vangt）	听觉符号	以情歌唱腔为代表的诗歌曲调形式，声音婉转缠绵，饱含深情。情歌内容丰富，是表达儿女私情最全面的诗歌，大多比较含蓄，但也不乏情欲挑逗与性暗示。因而情歌是受时间、空间限制最为严格的一种诗歌形式。主要为未婚男女夜间在游方坪内使用，而且还要回避长辈和亲人。婚宴时可与酒歌并用，但须回避老人。	被现代婚恋方式取代，少数情歌成为商业运作的大众流行歌曲，公开演唱。
舞蹈（zaok gix zaok niel）	动作符号	是具有巫、史、自然崇拜、风格各异的“一个操作行为系统”即“符号体系”。多于祭祀仪式中使用。在时间空间上有严格要求。不同舞蹈类型需在特定时空表演。	为交往中的主要形式，成为苗族文化的主打表征，舞台化现象严重。

续表

交往符号	符号属性	传　　统	现　　代
刺绣（ait hmub）	视觉符号	传承历史文化的作用，主要表现在刺绣的图案上。几乎每一个刺绣图案纹样都有一个来历或传说，饱含民族的文化历史，民族情感的表达。是苗族历史与生活的展示，起到“史书”的功用。此外，刺绣也是苗族妇女之间交往的主要话题，用以自我品德与素质的展示，勇于创新。	多用于研究苗族历史、信仰等，也有现代收藏审美等功能。有较高的市场与商业经济价值。也是现代服饰设计的灵感来源之一。传承呈现出衰落的迹象，多种绣技在民间中已销声匿迹，更无创新。
芦笙（gix）	视听符号	芦笙在祭祀活动中是一种以音代言的教化工具。在各民族的祭祀活动中的乐器，通常用来营造庄重肃穆的气氛。芦笙在祭祀活动中，角色不仅是乐器，还是“通灵”的法器。多用于祭祀、娱乐、求偶、婚嫁、节庆等场合。芦笙的身份非常特殊，它是一种多功能的文化复合体。苗族习俗中规定12岁的男孩，必须习吹芦笙。通过学芦笙，念唱芦笙歌，背记芦笙词，获取知识和做人的道理。每首芦笙词，都有明确而稳定的歌调，内容极为广泛，包括历史传说、生产知识、爱情婚姻、社会公德、乡规民俗等方面。	苗族乐器的一种，作为舞蹈、苗歌必有的配奏乐器，舞台化功能突出。目前真正会吹奏芦笙的大多都是上了年纪的人，很少有年轻人会吹奏芦笙。文化传承出现断裂，其传统的社会功能正在消失，濒临灭亡。
草标（hfud jod）	象征符号	以茅草或干稻草打结而成。约束和规范人们某种行为的交往标记。是苗族习惯法中解决纠纷的计算符号和权力符号。依据各种草标的打法可将其分作占有、支付、警示、禁忌和禁止五种交往象征类型，具有保护私有权、所有权、隐私权和人身安全权的功能。	已经消失。

在苗族日常交往符号中，最具特色的就是苗族的歌曲，苗歌也是苗族日常生活中最为常见的交往语言形态。苗族传统的歌曲都是苗族自然流露的思想感情的载体，苗歌来源于苗族社会日常生活史，主要记录苗族人民的生活特点和习俗，由原始哼叹逐步形成的唱腔与即兴创作的歌词组合而成。西江苗族以苗歌的方式进行日常生活中悲、欢、离、合的互动，在苗族日常生活中形成歌而为雅、颂而为快、唱而为乐、吟而为美的交流习惯。目前西江日常交往通用的苗歌已经全然失去了原有的文化传统。其一，歌曲在曲调与歌词上已经形成固定样式，再无过去歌词的临时即兴创作和对歌唱人智慧与修养的考验。目前在歌曲创作中有新变量引进：现代乐器，汉语歌词，汉族曲调等，多重组合而成，如阿幼朵、杨钰莹、宋祖英等所唱苗族歌曲在贵州广为流传。其二，西江苗族年轻人已经接触大众文化流行歌曲，日常生活主要接受大众传媒传播的流行音乐，各自开始拥有自己的媒体偶像，少量苗歌的学习主要集中在每年几次政府组织的苗歌比赛活动中，并且歌曲曲目歌词固定、单调、汉化现象严重；学校成为集中学习苗歌的主要场所，致使苗族孩子丧失创作能力，苗歌情境尚失，其文化再生产能力下降。在西江景区内，陌生人交往中苗歌也不再是日常交往的符号，或者说苗歌已经失去原生形态的艺术价值，遭到毁灭性的改变。比如，在景区东道主上班时唱“现代苗歌”，下班后播放的却是“妹妹坐船头，哥哥岸上走”等；景区流行大众 KTV 点唱专营场所出现。古歌在婚丧嫁娶时已经消失殆尽，会唱古歌的老人少之又少，即使会唱也是一首两首，数量少得惊人。在游方婚恋交往消失的情况下，传统苗族情歌也伴随空间的消失渐渐被人遗忘。至于酒歌在上文中已有讨论，此处不再赘述。西江能唱真正苗族酒歌的人不再多见，在日常生活血缘交往中，苗歌不再作为交往手段而慢慢退出历史舞台。而苗歌演唱能力（并非创作能力）目前已经成为工作技能的重要体现：在公司应聘时，会唱苗歌会跳舞，是其在岗位竞争中的有利条件；艺术团专门聘请会唱古歌的苗族老人进行每日专设节目表演；苗族饭馆中会聘请会唱苗歌吹芦笙的男女敬酒组合，全日制上班，实行月薪制；农家乐因经营需要会临时聘用会唱苗歌的进行特色表演，按时薪付费。舞蹈与芦笙演奏，在西江旅游需要下芦笙和舞蹈已经成为现代

“西江千户苗寨”旅游交往互动中最为直观的文化符号，满足客人对“能歌善舞”的幻想。在服饰刺绣上，苗族妇女现在一般多采用集市贩卖的刺绣机器模子进行临摹刺绣，全无自我创作能力。至于一些象征符号如草标不再沿用，年轻人已经无从知晓。而现代交往中却产生出一些独特的交往符号，比如苗族饮食。因商业消费需要，将一些独特的日常生产生活资料包装成交往主体符号，进行商业市场交换。

这是一场涉及整个民族文化符号的全方位“革命”，这场“革命”无情地断开了所有传统民族日常交往符号的两端，在不久的以前，自我生活的人们都认为这两端的一致性是不容置疑的，而且天然地被一种自然法则永恒连接，日常生活自在自得。然而现在，这种古老的参照价值系统被现代价值游戏利益轻松推倒。意指、情感、实体、历史等参照进入终结，与“真实”内容对应的等价关系断开，虽然在过去它们一直用某种有效的负荷和重力填充着符号；现今，另一个价值阶段开始占尽优势，取而代之，普遍替换、重组以及仿真，从此所有的符号进入全新互相交换运动中，但这绝不和“真实所指”交换，只有不再以“真实所指”交换为前提条件，依据新的价值标准才能顺利地进行，交往符号摆脱了过去那种指称某物的“古老”义务，终于获得了自由，可以按照一种随意性和一种完全的不确定性展开重构或组合游戏，这一游戏接替了以前那种确定的等价法则，这是交往符号的完美解放，交往确实处在完全的“自由”中了。

如若文化是变迁的果实，是创新的成就，2000 多年的变化成就了现今的交往符号，而且它们依照自我的轨迹在自我创新，曾几何时，苗族文化一直都是平民的文化，符号的能指所指之间具有集体创造的生命力，符合人性、美学、艺术、精神、哲理的指称范式，而今创新不再是集体的智慧，人人参与的自然，不再是日常生活的自在轨迹，它被收纳为经济意象下“少数人”的精美技巧，特殊权力，利益工具；大部分人只能学习例行公事、仿制照搬。符号的情感义务、人性承载、真实体现，在过去与每个人捆绑在一起，而资本的意象把符号从这种“幼稚性”中解放出来，将其投入纯粹的流通，历史开始围绕着经济形成，经济意象在对于文化符号的挑选工作上扮演着至关重要的角色，全新的意象造就了这个社会，它就是一个景观的社会，因为它全然印证了前文所提到的学者仰海峰在《商品社会、景观社会、符号社会——西方社会批判理论的一种变迁》一文中对景观社会的总结：“景观社会不单单指意象的简单聚合，事实上是指人与人之间的社会关系在意象的中介作用下变得越来越虚幻的景观规则。景观社会是一个由意象进行一切事物统治的阶段性社会，当一切事物的运行过程都会被意象这个中介所左右时，作为文化以及其符号的物的载体必然会力图把自我外显出来，这样的表现方式不仅要加大对自己‘古老价值’的直接表现，更应该着重发掘自身的现代意象价值。意象的生产也就置换成意象表现力的垄断操作，而被认为真实的存在首要的是物虚像集合，譬如西江向外打造的美好广告形象，至于实际存在的物是否真能与广告所宣传的相符，已然不再是人们所关心的重要问题了，这样所形成的思维方式事实上是一种最新产生地看待事物的方法，即景观社会带来的人们对周围世界的一种创新思维方式，正是此种思维方式营造出景观社会的合法性地位。”① 经由这里开始，新的理解方式，景观理解方式，生产出一个去掉所指的能指代码泛滥的世界，所到之处无不模糊暧昧。一切都和代码一起跌入仿真。真实死了，确定性死了，不确定性成为主宰，曾经确实发生过的生产真实、意指真实的灭绝，一切都变成拙劣的仿真、复制。人文主义的价值标准也在这些不确定中渐渐褪色。这是能指—所指辩证法的终结，这种辩证法曾使知识和意义的积累、复合话语的线性意群成为可能，这种辩证法曾使社会积累和生产成为可能。②

我们，西江，交往，突然陷入某种第二存在，与先前丰富多彩的生活相分离，因为在过去，交往在传统过程中具有一种熟悉性和一种亲密性，现在全都不同了：这不仅由于经常被人描述的交往过程的操作抽象化、非日常化，而且交往符号的所有意指都进入了实用性场所，意指在这里成为一种浮动变量，带走了先前生活的全部想象，人们正在经历“真实”—意

① 仰海峰．商品社会、景观社会、符号社会——西方社会批判理论的一种变迁［J］．哲学研究，2003（10）：21-26.

② ［法］让·波德里亚，车槿山译．象征交换与死亡［M］．北京：译林出版社，2006：11.

象—“超真实”的崭新历史。

3.3 日常思维的重构

日常观念即日常思维，是人类日常生活实践的重要部分，贯穿于人们的日常生产、消费和日常交往活动中，它规范和指引着人们的日常生活，为人的生存活动提供必要的自明性基础。同时，日常观念也是人类普遍的一种思维活动，日常观念作为日常活动的一种社会功能长久以来体现着人类精神的真实存在，日常观念以人的自在性存在方式为基础，是指停留于既定思维规定的给定性思维，即人类从感知的“如是性”（thus it is）抽脱出来的“人本主义性”。[①] 日常观念包括日常经验、传统习惯和常识三个层面，三个层面构成日常观念的共时形态。“共时形态的日常观念具有双重属性——创造性与重复性，正如阿格妮丝·赫勒在其《日常生活》一书中认为的：思维这一领域，尤其是被延展到日常生活这一广泛范围内后，就成了重复性与创造性相结合的成品，在不同的时间段，或许会产生某一种思维特性占了主导的位置，但是，两者之间却并不存在绝对的固定分界线，由于日常思维和日常实践本来就是一个非常宽广的场域，同样可以包含这两种思维方式不同类型的融合体。[②] 我国学者贺苗在《日常思维生成机制研究》一文中对日常观念这一概念做了进一步地补充归纳：“日常观念从根本特性上来讲，是一个拥有普遍适用性的非固定化的综合多重思维存在体，主要以预设性、复制性、自发自在为特点，但又能够兼容并包各种其他思维，能够不拘一格去记录日常生活不同层面的秩序，另外，日常观念的历时过程也体现了日常观念的变化发展，在不同的时期或阶段某一种思维方式占据了主导地位，从而社会生活受到对应时期典型的日常观念的引导，形成生活风格，人们的思维方式；一般意义上，从人类文明历史来看，日常观念能够追溯的最早原型是原始思维，这是一种建立在原始神话、信仰、巫术等形式上的基本文化形态，是一种原始思维的内在统一；

---

① ［匈］阿格妮丝·赫勒．日常生活［M］．重庆：重庆出版社，2010：53.

② ［匈］阿格妮丝·赫勒．日常生活［M］．重庆：重庆出版社，2010：138、142.

之后的传统日常观念多展现为血缘关系，家庭本位、等级观念、人情特质、依附关系，给定性、复制性、经验性、习俗性、守旧性、稳重性、常识性和自在自发性等十分鲜明突出。”① 苗族在传统文化意义上建立起来的民族日常观念具有其自发的自在性。西江，作为现代苗族人所处的典型日常环境，开始对苗族人的行为方式产生影响，重构着当代苗族人日常观念最基本的特点和基础，呈现出一个与过去自给自足、物物交换下传统思维全然不同的特质。

3.3.1　货币意识：万物有灵的滑落

3.3.1.1　风水树风波

西江景区整个地势呈凹型，两边高山对立，中间山谷底部平坦。为了能使游客尽览村落风貌，景区主干道横穿底部平地，绕山一周，道路设计较长。平地两端高山一端为景观区，一端为观景区。观景区部分的山地为南贵村所在地，南贵村靠近观景台一侧，由于不受“保护景区完整性”的有关规定的束缚，整个村落几乎已经被打造成农家乐服务区。而来西江旅游的游客顺应景区导游路线大部分都不会错过登上南贵村山顶处的观景台去观望对面山上被现代旅游打造保留下来的苗族文化遗产代表——聚落式村落建筑群。从景区新建“北寨门”乘坐景区公交到 2008 年所建“老寨门”，后徒步走进西江苗寨景区也需要花费不少的脚程。如若依照景区主干道设计的路线到达东面山顶的观景台对于一个来自大城市，日常生活依赖交通工具的城市人来说还是煞费苦力的事。由于南贵村家家经营农家乐，为了住宿方便，经营户们自发出钱在山中间修出了一条途经自己所经营农家乐的小路，路面用鹅卵石铺平，虽然稍微陡峭，但经由这条小路到达主干道再上观景台，比选择走景区设计好的外围主干道到达山顶所花时间可以减半。同时，还可以提供住宿方便。某一农家乐就在这条小路的末端。

在此农家乐不远处有两棵古树，高大挺拔（如图 3-37 所示）。在

① 贺苗. 日常思维生成机制研究［D］哈尔滨：黑龙江大学，2009.

图 3-37 风水树与农家乐

西江，高大的古树一直以来都是相关寨子的风水树，农家乐这一棵也不例外。因农家乐在商业山路连接主干道的末端，于是，农家乐老板李某打算设计一条经由自家门通向主道的山路。经过一段时间的勘探，李某决定于2010年开始破土动工（自己出资出力）。可是，原本顺利的铺路工程进展到中途发生了变故。正当望乡楼门前山路快要完工之际，李某接到勒令其停止工程的通知。原因为其所修之路从风水树的旁边经过，松动了“也东寨”风水树附近的土壤，破坏了风水，违反了寨规。但是，老板考虑到工程投入已然花销许多，损失巨大，不甘愿让快要竣工的工程停下，更不想把原先已经设计好的路线作废。老板采取消极抵抗的方式，继续依照原有设计路线图，督促山路完工。此举引来了“也东”寨老的强烈反对，带领寨中群众强行将路封堵。李老板不服，找来族人壮大声势抵抗，要求“也东”寨赔偿自己修路损失曾一度发生口角之争。最后不得不由景区管委会出面调解。

调解当日，也东寨寨老们经过商议，提出望乡楼老板需每年上缴

4000元的费用补偿“也东”风水，才同意重新启动途径风水树的山路。李老板坚决不同意，双方争执不下，调解未果。日后，李老板在被毁道路上搭建木桥，用以暂时通行。也东寨依然多次找人阻挠。一场因风水树引起，实则因现代旅游经济利益纠葛所引发的风波正在黔东南最大苗寨悄然发生。

此次事件，直到本人结束调研工作后离开西江千户苗寨之时，依然未有定论。

摘自笔者民族志田野调查日志

苗族是个保存原始宗教观念比较完整的一个民族，他们相信万物有灵，① 树神崇拜的风俗是苗族非常典型的原始万物有灵思维的体现。在此次由“风水树”产生的冲突中可以看到，苗族文化中根深蒂固的传统原始思维习惯已经受到西江现代文化旅游经济产业所带来的价值理念的严峻挑战。

从这起事件缘起看，直接原因是望乡楼老板为了满足个人农家乐经营生产需要，也就是为了“赚钱”的营销手段所引发。根本原因是基于金钱交易活动的旅游经济生活落户于西江后的苗族日常生产、消费方式发生转型发生的一次传统与现代的冲突。在并入现代旅游经济下的西江，“赚钱”已然成为当地人的重要日常生活内容，货币甚至被移植为西江日常生活的重要目的，成为全民日常活动的主题。那么货币到底有什么魅力，为什么能在当代西江扮演如此举足轻重的地位呢?

① “万物有灵”是远古人类所共有的宗教信仰形式。在原始时，人类由于认识能力的局限，很难对支配和影响自己日常生活的各种外界现象做出合理解释，很难将自己同周围的自然界分开，常常把自己与自然物视为一体、混为一谈。一方面，当看到某些自然物，往往误认为自己也能唤起和创造这些自然物；另一方面，又常把仅为人所具有的能力付于自然物，把自身的生命力也加到它们身上，这就萌发了“万物有灵”的观念。“万物有灵”的基本内涵即是从人的情感、意志出发去理解自然物，也就是说，赋予自然物以人的个性、人的感情、人的思维。前人将这一思维办法称作将自然人格化，对此，他们已做了很好的论述。如英国文化人类学家泰勒就认为：“原始人普遍地认为世界是一群有生命的存在物，自然的力量，一切看到的事物，对人友好的或不友好的，它们似乎都有人，有生命或有灵魂的。在一个人、一朵花、一块石头和一颗星之间，在涉及他们有生命本体的范围内是不加区分的，假如有一个人从一块石头上滑下来，使他摔了一跤，这石头就是恶意的，或者他去钓鱼，一撒网就是大丰收，这必须归之于某一自然神的恩赐，他便认定最明显的东西——也许是那个湖泊——加以崇拜。”

3.3.1.2 货币意识

倘若要对现居西江的苗族人提出这样一个问题："你觉得现在生活有什么变化?"应该能得出这样的答案："手上的钱比以前多了。"从简单的一问一答中，能感觉到在现代旅游经济语境下，"金钱"以其现代货币的主要形态，在西江日常需要和对象之间、人的生活和生活资料之间、人与人之间崭露头角。货币的某些特征随着时间的推移日益塑造了那些使用货币的人们的思考及感受。①

从人性的角度来看，人是一种有目的的存在。可以这样说，尽管人类有着不同的生理冲动和社会需要，虽然目标表现各异，但所有人类的行为都反映出人类控制环境实现目标的能力，而这种能力的展示就是人类通过使用各种各样的"工具"来达到目标，使用"工具"是否娴熟和广泛则代表其对环境的控制力的强弱，"货币"的使用便是如此。由于货币通用性使其成为人类最终选择的社会工具，齐美尔在其《货币哲学》一书中做了归纳，他指出："货币作为物质存在其自身是没有什么性格可言的，也正是其有着没有性格的特征，它才能够被当作纯粹的交换中介物与其他所有的物品进行交换，也正是货币本身所具备的这类无个性性与特征性才能促使货币极大地具备衡量一切的价值。"② 因此，促使货币因为它提供了快速计算价值（指的是这样或者那样的商品与服务"值""多少"）的通用标尺。③ 正如王小章在其《齐美尔的现代性——现代文化形态下的心性体验》中所陈述的："货币能够使得世界一切各式各类的事物相对平衡，借助货币指数价格的多与少的不同精确标识各种事物的同一质的差别，在货币这里，已然掏空了事物的内在核心，挖空了各种事物的不同特质价值与特色，毫无挽回的来余地。"④

---

① [英国] 戴维·英格利斯，张秋月，周雷亚译. 文化与日常生活 [M]. 北京：中央编译出版社，2010：57.

② [德] 齐美尔，陈戎女译. 货币哲学 [M]. 北京：华夏出版社，2002：388.

③ [美] 乔纳森·特纳，勒奥纳德·毕福勒，查尔斯·鲍尔斯，侯钧生译. 社会学理论的兴起 [M]. 天津：天津人民出版社，2006：258.

④ 王小章. 齐美尔的现代性——现代文化形态下的心性体验 [J]. 浙江学刊，2005（4）：43-50.

更进一步说，作为一种“工具”，货币极大地方便了对客体的获取；当货币循环并在每一个时刻计算价值的时候，所有环境中的客体通过它们的货币价值变成可以估算的了。而这种可以与任何事物进行交换的抽象价值衡量标准的工具，使其成为一种控制能力最强的载体，这就意味着货币有着联系与控制很多事件和人的潜能，离开了它则不能做到。①

在这起冲突中，这位农家乐老板以西江旅游业主体身份参与旅游经营活动，提供旅游者所需要的服务已然成为其日常生产的主要途径，这位老板在参与农家乐经营的那一刻开始，已经褪去传统苗族农耕生产者的身份。参与到旅游经营中来也就意味着要参与到以“货币”为控制手段的现代社会经济生活中来，用货币可以交换一切的计算价值观念伴随以货币经济为基础的旅游产业的到来嵌入西江主体的神经里。在选择放弃农耕按照旅游景区生活时开始，西江对“金钱”或“货币”的向往在当下西江苗族人日常生活中取代了过去对“丰收”的向往，此时此刻的西江，对金钱的崇拜兑换了传统对自然的崇拜（因为丰收的获取来源于大自然的恩赐一直以来都是农耕民族的共识，这也是自然崇拜的根源）。于是，在过去为了控制第一自然演变而来的“繁文缛节”的文化仪式（毕竟大自然要远比货币复杂得多），顺其自然地丧失了其社会功用性，对“货币”这种通用的控制价值衡量在西江伴随旅游而深入人心。值得注意的是，实际上，在西江村寨苗族人自身日常生活中货币并未起到多么重要的作用，如果不是来旅游，而单单是在西江当地生活的话，用来消费的货币少之又少，如笔者在西江集中居住农户亲戚家调研一年多中在当地吃、穿、住、行花费几乎没有，花费主要集中在凯里—西江的路费和生病买药的费用。一切变得简单起来，货币使距离遥远的人们之间的交换成为可能，当涉及交换时，对于远距离素未谋面的人们如何进行交换，以及能有多少行动者参与交换序列存在的限制通过使用货币得以消除。② 齐美尔在《货币哲学》一书中是这样评价的：“货币对距离的这种克服，把价值转化成货币形式让参与者

① ［美］乔纳森·特纳，勒奥纳德·毕福勒，查尔斯·鲍尔斯，侯钧生译. 社会学理论的兴起［M］. 天津：天津人民出版社，2006：258.

② ［美］乔纳森·特纳，勒奥纳德·毕福勒，查尔斯·鲍尔斯，侯钧生译. 社会学理论的兴起［M］. 天津：天津人民出版社，2006：259-261.

在空间上所产生的距离感变为忽略不计的因素，双向沟通可以超越面对面空间影响因素或以物易物的实体影响因素从而顺利进行，越来越多的人能够通过直接的或者间接的联系变得相互关联。"① 商品交换成为可能，旅游成为可能，现代西江才能成为可能，在所有种种原因的促使下，望乡楼老板才会为了能让自己农家乐可持续"赚钱"谋算起来。

农家乐老板对买卖的盘算和生意的不断改进，达成持续"赚钱"的目的，希望"越赚越多"的货币经济思维是当下西江苗族人的日常思维的典型代表。为了能够让以货币为媒介的旅游能够顺利运转，为了在这块旅游蛋糕中分到属于自己的一块，以货币代表价值的现代旅游使原本不太需求货币的边远山区小村庄成为货币的场域，货币在这里也变得越来越有价值，社会中的社会关系发生了深刻地改变，当货币成为社会关系中确立价值的最重要方式时，社会关系的性质和动态过程也就发生了变化。这种趋势，正如在前面谈到的，既是货币成为交换媒介的原因，也是其结果。货币的出现方便了交换，更加彻底地满足了人类的基本需要。②

在此次对"路"的争取中农家乐老板遇到了一个看似偶然实则必然的矛盾，当老板处理这条路的现代价值判断与对苗族"风水树"的原始思维发生冲突时，当货币对苗族日常生活习俗中敬仰的"神"产生冲击，撼动其地位时，自然思维与货币意识碰撞出了火药味。在人类的世界中，人们天然地要寻求安定与秩序，他们探寻四周客体的位置以及他们同客体的关系。人类在原初发展出图腾、自然神、万物有灵、宗教，将这些精神层面投射到日常生活，便有了风俗习惯、禁忌常识，对"风水树"不可侵犯的风俗习惯早已成为苗族通行的日常观念，也是苗族文化独特美丽的部分。"风水树"承载的便是苗族与融入其生活的自然环境关系的文化标识作用，所以这两棵"古树"不再是普通的古树，它的成长好坏，繁茂衰败在苗族人日常思维中即代替了自己的生命兴衰，甚至还会用复杂的祭拜仪式表达自己对生命的渴望与对死亡的畏惧。对丰富自然的控制孕育了苗族丰富的文化形态，人性和思维，毕竟传统社会中需要思考的是整个大自然。泰勒

① [德] 齐美尔，陈戎女译. 货币哲学 [M]. 北京：华夏出版社，2002：388.

② [美] 乔纳森·特纳，勒奥纳德·毕福勒，查尔斯·鲍尔斯，侯钧生译. 社会学理论的兴起 [M]. 天津：天津人民出版社，2006：258.

曾经认为："在原始思维中，人的生命好像是理解整个大自然的一把钥匙，人的世界论给一切现象凭空加上到处散播着的人格化的神灵的任性作用。这不是一种自发的想象，而是一种结果导源于原因的理性的归纳，这种归纳导致了人让这些幻象来塞满自己的住宅，自己的周围环境、广大的地球和天空，神灵简直就是被人格化了。"①

在冲突事件处理中，政府、法律、社区都无法彻底解决矛盾，现代文明中常用规则在这里都减弱了效用，最后只能放任私了。此时，每年"4000元"人民币的明码标价，"货币"有化解差别与矛盾、平夷事物之间的不同性质的作用。在西江这里，甚至囊括了人与人、人与神之间的那些过去不可同日而语的本质区别与冲突，"货币"充当纯粹的交涉媒介对这场矛盾的化解是趋之若鹜的。此时的西江，事物，及人，甚至于神，所受到的评估，不是依据它们的品质，是否神圣不可侵犯，是依据它们的数量，值多少货币量划分。就如王小章在《齐美尔的现代性——现代文化形态下的心性体验》一文中所述："在此处，货币表达到了其成为纯粹交换手段所具备的最为本质的性能——化质为量；这种化质为量的特性，实际上也就意味着能够在一切领域中化独特为一般以及化主观价值为可度量客观价格的潜力。"②

当也东的寨佬们把几千年来苗族自然思维中一直不可撼动的树神崇拜的文化习俗，兑换成每年"4000元"的租金转让给农家乐老板时，货币不仅拉近了人与人的距离也开始影响了西江苗族群体生活选择的思维。将货币观念里任何事物都可以被量化的对等交换原则或者可以说是价值判断模式加注在西江的所有社会关系的衡量方式中，当然西江苗族文化亦不例外。货币的存在使得社会关系普遍"量化"与"客观化"，当互动的价值用货币表达时，互动就被量化了，结果对于何种做法行得通的道德约束减少了。因此在货币成为互动媒介的主导的社会中，文化"越轨"时常发生。③ 总之，关于货币对整个西江社会引发了转变性的影响，

① [法] 列维-布留尔，丁由译. 原始思维 [M]. 北京：商务印书馆，1981：19.

② 王小章. 齐美尔的现代性——现代文化形态下的心性体验 [J]. 浙江学刊，2005 (4)：43-50.

③ [美] 乔纳森·特纳，勒奥纳德·毕福勒，查尔斯·鲍尔斯，侯钧生译. 社会学理论的兴起 [M]. 天津：天津人民出版社，2006：259-261.

王小章在《齐美尔的现代性——现代文化形态下的心性体验》中做了充分总结："一切都已经被'商品化'了，一个群体结构多变的世界，这些群体的文化：人、自我、群体文化、神圣的象征、群体参与，消解为单一的货币世界，人们从与传统的共同体文化生活中脱离出来，利用货币引起了一场交换全面化与普遍化的变革，此类无性格的实物就如同一个公分母介入到物与人、物与物、人与人中间，再也没有其他某一实物不可以凭借货币与之交换，也再也没有任意一物足以独特到可以不通过货币进行交换的场景。"①

虽然这件事情在目前还没有达成一致，但是农家乐老板已经很多次在考虑这样的租金价格是否合适，他在跟笔者讨论此事时，多次表明，这个租金他是打算预付的，不过一直以来他在考虑一种能够确保收回成本的方式，比如设关卡收过路费之类。他一再肯定只要想到一个好的点子让他能够赚到更多的钱他就把这条路，这棵树租下来。货币，在农家乐这位老板的观念里再次扮演了重要的交换参照。对货币的重视给西江苗族人带来了一种特别的心理，这种心理包含对成本和利润的理性计算，一种不是基于情操、习俗、道德或价值观，却总是面临着现在所说的"账本底线"某人赚取收益是多少，损失多少的日常观念，由于这种收益包含着利润和成本的叠加，因而它所创造并延伸出的文化是以纯粹理性的计算为基础的，在文化的意义上它也是非人格化的。②

因此，从整个事件来看，现代社会关系、现代生活风格绝不手软去衡量所有事物，"货币"杜撰出了一个"类自然"的第二自然体。在这个自然体中，无尽的凝聚力和苛刻的因果关系货币都参与其中；换句话说，货币凌驾于传统之上，货币和建构文化模式结构的货币经济战胜了传统文化中各种组成部分，同时也给以感性的人类内心世界注入理性的价值衡量标准，改变人类日常生活中对事物的思维方式。在新的日常生活经验中，任何偏重情感的解释都已经销声匿迹，被一种客观理智的解释所取代，与此

① 王小章. 齐美尔的现代性——现代文化形态下的心性体验［J］. 浙江学刊，2005（4）：43-50.

② ［英国］戴维·英格利斯，张秋月，周雷亚译. 文化与日常生活［J］. 中央编译出版社，2010：58.

类似的是，人们生活的世界里的对象及其联系，由于它们组成了日益相互交织的系列，也把情感的介入排除在外。情感沦为智力的对象，只出现在目的论的终点站，生活的组成部分日渐转变为手段。①

当西江社会关系失去了传统的意义和信仰的内容，日益受到非人格的金钱标准的调节时，这些标准的使用看似增加了个人和社会的“公正”，但也使生活变得更少与感情有牵连。虽然在人类前进的路上，在很大程度上受到理性力量的形塑，但是如果将理性简单化约为货币，把社会关系缩减为理性算计，从而夺走了伴随着对文化象征与悠久传统的依附而来的情感联系，仅剩下由货币建立起来的逻辑：货币作为一般等价物，通过货币，人们可以相对方便地从对客体相对价值的比较中寻求世界的安定与秩序，并且发展出一种关于货币环境的“秩序感”。但是，应该警惕：在“秩序感”中丧失自我终将是一个得不偿失的选择。

伴随旅游而来的货币观念重新编织了西江现代苗族人的日常生活观念，导致社会关系全面而普遍地被物化，“货币已经将社会各类要素联系起来，构成一个统一整体，达到使‘物’的文化毅然凌驾于一切苗族传统文化之上创造了极大的空间与信心。”② 它就是物化的意识形态。对于西江自身来说，对货币如此热烈的渴望与其日常生活的真实需要形成了莫大的鸿沟。马克思在《1844 年经济学哲学手稿》中说：“对金钱的需要是被政治经济学所创造的真正的需要，并且是它创造的唯一的需要”。黑格尔在《耶拿时期的真正哲学》中将金钱描述为“无生命东西的自动的生命”。在西江，金钱甚至于改变了人的日常思维。

3.3.2　为“上帝”而服务

3.3.2.1　道歉事件

笔者在西江调研期间发生过这样一个事件：

---

① ［美］乔纳森·特纳，勒奥纳德·毕福勒，查尔斯·鲍尔斯，侯钧生译．社会学理论的兴起［M］．天津：天津人民出版社，2006：259.

② 王小章．齐美尔的现代性——现代文化形态下的心性体验［J］．浙江学刊，2005（4）：43-50.

2012年7月15日，是这个月的第三个周末。清晨，起床后，发觉整个我所寄住的农家乐弥漫着忙碌的气氛。来到厨房，才知晓：老板娘及其雇员（实为其妹妹）早已经在今天的早市采购了不少的食材。我关切地问了一下因昨日的烦琐接待，直到凌晨2点才躺下的她俩今早的起床时间，她们的回答让我着实惊讶：她们从昨天开始已经超负荷地工作了18小时，两天加起来的睡眠时间不超过5小时。看到今天神色匆忙的她们，我立刻意识到今天又将迎来一场对于她们两人来说习以为常的文化服务买卖。百忙中，她们依然没有忘记把我的一日三餐准备齐全，今天用餐气氛很冷清，同在一个屋檐下生活的家里人几乎没有聚在一起用餐的可能：百无聊赖的奶奶和我这个调研“闲人”一起用餐；两个阿姨准备晚上的盛宴，在厨房自行解决；叔叔为了新农家乐的房屋建材已经到离西江最近的城市凯里去了，在“旅游客人”下午到来之前才能赶回；叔叔家的儿女都已经在县城和外地上中学和大学，周末或者放假才能回家；寄宿的两个孩子（雇员妹妹的子女）在学校吃他们每天抱怨的学生餐。虽然这已经不是什么新鲜事，但是对于我这个回家乡后，家人必会团聚的少数民族来说还是总觉得缺点什么。紧张的一天终于快要过去，准备就绪后，阿姨都因为太过忙碌而疲惫不堪。决定去冲一个热水澡改善一下，迎接晚饭时间的“服务高峰”。洗澡后的阿姨，没有再穿苗服，因为时间根本不够使长头发变干，对于苗族人来说苗族发髻没有办法梳好而只穿苗衣是非常“不像样”的打扮。于是，阿姨只能换上很少穿的汉族便装出入厨房，等待“客人”的到来。

果然，待到晚饭时间，“客人们”开始零零散散地往这家农家乐赶来。算了算总共有56人，由旅行社带领，人数悬殊，我这个“外来的家人”不得不自觉加入服务队伍。吃饭中途，导游临时要求要加上敬酒和唱酒歌的表演服务，为了让外乡的人感受苗族的热情和领略苗族文化风情。忙碌了一天的老板娘和仅有的雇员不得不强打起精神唱歌敬酒。盛宴接近尾声，旅行社的导游代表全体“客人”发言：他们首先评点了饭菜，觉得口味比较地道，菜式也是比较原始的乡下口味，食材新鲜、手艺地道；其次，点评服务，提到服务还算比较周到，但是导游加重口音提到，今天阿姨没有穿上平时都穿的苗服，没有完全表现真正苗族人的文化……

阿姨这才醒悟，脸上的歉意已经堆满，没等“客人”意见提完，连声道歉：“对不起，对不起……”最后，从市里回来的叔叔来回应“客人”的意见，一些客套的欢迎致辞后，对自己妻子没有穿上苗族衣服的失误表示真诚地致歉。此时，阿姨再次起身满脸通红，言语停顿地表示发自内心的道歉，并表态，下次一定注意，一定穿着苗族服装出来迎接客人。那种真诚让我这个参与服务的临时工作人员，也不得不跟着起身道歉。说完后，趁着我们收拾碗筷之际，回到内屋快速穿上苗衣，梳起不太标准的发髻，这才心满意足地出来继续一天最后的劳作。

资料来源：笔者民族志日志

从老板娘这次道歉事件充分说明了当地人作为旅游服务者的自省意识。在这次服务交换中老板娘依据已有的服务意识对自己的服务进行了评估，尽管在服务对象都没有察觉的情况下，她还是对自己做出了服务失误的评估结果，并归因于自己的疏忽，从而感到了强烈的内疚，并对自己的失误以言语道歉的方式进行情感上的补救，主动请求原谅。老板娘的所作所为从心理学上来说是一种“责任性内疚”（responsibility guilt）的体现，在商业旅游以及由此行业要求的商业服务中规定了一定的品行和规范，在这样的一种情境中，需要人们以一定的心态与情绪进行互动，组成自我“情感—认知”结构用以指导行为，在服务意识中，为人提供服务、提供满意的服务成了应该遵循的不可怀疑的“道德和伦理”。随着服务行业不断给当地人带来利益，此行当奉行的“道德和伦理”逐渐深入人心，人们在商业利益领域不断成长与成熟，在商业中培养起来的责任感成为人们日常生活不再怀疑的意识形态之一。人们开始把为他人服务、为陌生人服务作为日常生活里应履行的职责，如赡养父母、教养孩子一样自然。在履行职责时，虽然没有做出什么伤害他人的行为（因为服务好坏与否一般都是由被服务者进行估量），而服务者以被要求的商业行为的道德规范来做判断时，服务者仍然会认为自己做错了事，违反了被植入的“道德和伦理”，不自觉地认为自己没有尽到应尽的责任，从而产生内疚。在这样的商业良心中老板娘相应做出了对的补救——真诚地“道歉”与迅速穿好苗衣的行为。张捷在其硕士论文《责任性内疚的影响因素研究》中总结了霍夫曼的“内疚”理论：“霍夫曼早在20世纪60年代，首先提出基于移情人际交往过程中所总结出来的内疚结构理论，该理论指出，内疚产生于‘个体对他人痛苦的移情性反应’与‘个体对引起他人痛苦原因的认知’两者影响的结果，也可以说是移情反应与认知反应这两种心理的综合结构；移情反应主要是在伤害事件产生后，个体对处于哀伤痛苦中的受害者附带的一种移情性质的不良情绪；认知反应则是在伤害事件出现后，个体对自我违规行为的自觉知晓，也就是个体已经认识到自己的不良行为给他人带来了伤害，让他人感到痛苦的意识。”①

3.3.2.2 服务意识概述

旅游、旅游业一直以来都是与服务联系在一起的，《韦伯斯特大学词典》对旅游的定义为：“以娱乐为目的的旅行；为旅游者提供旅程和服务的行业。”② 而从众多对旅游业的定义来看，也脱不开服务两字，如，“李天元（李天元，2003）认为旅游业是‘以旅游者为对象，为其旅游活动创造便利条件并提供所需商品和服务的综合性产业。’里玻（Neil Leiper，1979）认为：‘旅游业包括所有服务于旅游者需求的企业、组织和设施’”。③ 在《论旅游业的概念、范围与层次》一文中作者对旅游业进行了总体归纳，认为：“旅游业可以有广狭义之分，广义旅游业是指为游客在旅游中对交通、通信、游览、娱乐、饮食、住宿、购物、生活服务等需求而提供服务或货物的行业，包括交通运输业、通信业、生活服务业（含旅馆、旅行社、文体康乐业等）、饮食业、商业等行业中与旅游者的消费直接有关的部分。狭义旅游业是为旅游活动提供游览、娱乐、住宿等服务的行业。”④ 可以看出，有旅游的地方就有服务的存在，2008年后西江就是这样一个以提供旅游者服务为目的的文化空间，也可以这样说，2008年后

---

① 张捷. 责任性内疚的影响因素研究［D］. 开封：河南大学，2006.

② 百度百科：http：//baike. baidu. com/view/48425. htm.

③ 宋子千，廉月娟. 旅游业及其产业地位再认识［J］. 旅游学刊，2007（6）：37-42.

④ 黄远水，宋子千. 论旅游业的概念、范围与层次［J］. 河北工程大学学报（社会科学版），2007（2）.

西江被纳入全球现代旅游产业链中的服务体系，成了一个以服务为主要卖点的市场，其各个环节进行着各种适应性变化，其中当然包括日常观念的改变。

服务从根本上是一种劳动密集型的活动①，它是不同经济主体之间通过使用权的让渡获得运动形态的使用价值，并使服务消费者获得消费利益和满足感的活动。服务本来是无形的，虽然带有一些有形成分②，如服务产品等。虽然它可以是端上一道精美绝伦的菜，但更关键的成分仍然是递上菜时的微笑和一种想尽办法投顾客所好的意识。这就意味着，服务所指向的是人们所称的“情感工作”，在提供服务的过程中不能受个人情绪的影响，需要有意识地面带微笑、待客友好并且态度真诚。“情感工作”需要的是一种对服务对象公开的情感表达，必须要做到被对方感知，微笑、问候流露于表面，甚至与人攀谈也是被要求的范畴。而过去传统日常生活中人与人建立的是一种较为“真诚”的情感关系，现今服务中的情感表达是受过专门培训的，是商业欲求的表达。在西江，从事旅游行业的人必须学会怎样在一个对顾客程序化的服务模式中定位自己，在这里有固定的说话模式、固定的微笑模式、固定的行为举止。

西江现今已经转变为一个陌生人经常在此相遇的临时聚居地，作为陌生人，他们开始和结束都同样地突然，时时刻刻发生的意外相遇已经成为日常生活的主要形态。占据少数比例的固定居民已经习惯与陌生人的相遇方式，它已经替代了亲戚、朋友或者熟人之间的邂逅，成为西江一种新的日常生活。相比而言，陌生人的相遇是一个不合适的相遇方式，他们不会去重新寻求他们最后见面的地方；在相遇的间歇期之间，人们谈不上痛苦，也谈不上高兴，更不会留下任何共有的回忆等待品味：他们依照着商业相遇的守则去履行，他们依据最为广泛的商业道德判断，并加以遵循。这种相遇多半是一件没有过去的事情，而且也是摆脱将来的事情，是一段非常确切的“无法进行到底”的旧事，是一次次偶然的突发奇想的选择，在到场和它持续的那个时间里，它就会被彻底地、充分地完成，它用不着有任何的拖延，也不用将未了之事推迟到另一次相

① ［美］John Urry，杨慧等译. 游客凝视［M］. 广西：广西师范大学出版社，2009：58.
② ［美］John Urry，杨慧等译. 游客凝视［M］. 广西：广西师范大学出版社，2009：89.

遇中。就像一个把自己的世界完全局限在用自己腹部吐出的丝编织而成的网中的蜘蛛一样，相遇中的陌生人可能依赖的唯一的支撑网，必定是用他们的表情、语言和手势这一稀疏的细线编织而成的。其结果必然会是，西江的生活需要一套相当特殊的技巧，一种归为“服务礼仪”的完整技巧，“服务意识”油然而生。西江已经转型为相互归位，让所有来到这里的人和谐相处的社交空间。

只有“戴着公共面具”思考的人们才能在这场现代日常生活中生存下来，只要人们有相似地对他人保持自我克制的宽宏大量，那么因克制能够与陌生人和谐相处的模式才能让西江营造成为“世外桃源”。现今西江的苗族人已经依照着一套不同于传统的观念进行日常生活，都学会了礼仪客套的技巧，西江已经按照计划成为“好客的”“纯朴的”环境。然而，西江的“好客”、“纯朴”意味着什么呢？是什么让它成为一个利于和适宜全人类（全球旅游者）的地方？它意味着西江需要对内接受并对外提供这样“服务者”的公众形象，能让旅游者“随心所欲”“寻找自我”“感动喜爱”的形象，为了这个形象西江只要有让渡自己的内在感情，渡私人的秘密、思想、渴望和担忧，让渡自在文化，展示一切人人分享的思想准备。商业情感的服务生活已经作为普遍的善、作为共同任务、作为这样一种生活方式、作为一种有着自己及自己日程的词汇和原理的意识在西江被固定下来。

3.3.2.3 “服务”作为主体意识的培养

在西江，旅游业对因服务者没有提供规定服务，而引起旅游者不便，让游客对预期效果与现实结果感到失望，感受上当受骗和物不所值而悲伤移情的情况很重视，强调要加大对服务者的训练，形成服务者对自我违规行为进行积极归因认知的意识，从而产生服务行业中的“内疚”。现代旅游业的服务意识受政治经济强有力的推动开始在这座边远村寨蔓延开来。西江现代旅游业把对旅游者服务意识的培养作为首要涵化意识推行（如图3-38所示）。

> 2012年11月26日正式通过《西江苗寨旅游服务标准体系》审定。“西江苗寨旅游服务标准化”，业已成为国家标准委2011年下达

图3-38 《西江苗寨旅游服务标准体系》专家审定会

的国家级服务业标准化试点项目，并列入州人民政府2012年50项重点工作之一。在省州质监部门和有关部门的支持和帮助下，完成了《西江苗寨旅游服务标准体系》的编制工作，并按工作目标进度的要求按时完成审定工作。《西江苗寨旅游服务标准体系》对西江旅游景区餐饮业服务、景区服务、观光车运营、家庭旅馆质量等级评定与划分、旅游特色美食、农家乐、景区标识及导游的相关服务标准等方面进行了规范，涵盖了“吃住行，游购娱”等内容，有利于推进景区的规范化经营、标准化运作和服务质量的全面提升。州质监局、州旅游局、雷山县人民政府的领导在标准体系通过审定后，肯定了这项工作取得的成绩，同时要求有关部门要进一步关心支持西江苗寨旅游服务标准化工作，标准编制单位要按专家提出的意见认真修改，早日发布实施。

资料由西江千户苗寨旅游公司提供

作为贵州苗族文化现代旅游产业桥头堡的西江，服务意识更是众人皆知的“分内”之事，所以望乡楼老板娘因服务中的认知归因产生的“责任性内疚”而道歉事件的发生，也成了“情理”之中的事情。霍夫曼曾提出过一个概念叫作“虚拟内疚”①，虽然都是虚拟状态下产生的“内疚”，但两者情况是不一样的。霍夫曼的“虚拟”偏重于对伤害感受移情的虚假，而西江服务者的“内疚”是在日常生活“虚假”道德要求下而产生的；这样的“虚拟内疚”是西江在作为一个旅游景区由服务市场决定，因其违反商业社会“道德和伦理”规范而产生的内疚和自责，不能混同于西江传统文化的道德伦理要求。在这样的“虚拟道德和伦理”的规范下，西江的现代化进程到处弥漫着商业服务的气息，随之而来的就是西江人认知的改变。

正如以上案例所提到的服装问题：在苗族文化中服饰一直以来就是苗族群体进行识别和区分的重要标识，苗族的服饰超越了服装作为御寒、遮羞的基本功能，而是族群识别的身份牌。不仅呈现出苗族人的审美取向，还呈现出苗族人的历史观，将现实生活、历史画卷、人伦关系视觉化、艺术化，给人以美的享受。一方面，作为审美认知载体，表达了苗族人对理想世界、现实生活、人类关系的唯美化的理解。从这个角度看，服饰体现出来的是人与人的关系，是社会关系。服饰的性别角色、社会角色、年龄分别，身份识别都有一定的社会制约规范。另一方面，在他们服饰的叙事图案中，可以看到苗族人对自我历史发展的每一个阶段的族群想象，人文价值极高。在传统的社会习俗下，追求艺术完美。在这两方面的共同作用下，苗族服饰的族群识别功能逐渐形成。通过对服饰造型的不同设计，体现服饰穿着者在家庭，乃至族群中的地位和责任。服饰穿着的准确、规范，表现对社会制约规范的认同与遵守。同时，在仪式活动中，不同身份的人穿着不一样，也承担不一样的仪式行为。如苗族的成年女性，未婚、已婚、已生育者尽管都在“吃卯”的人群里，但她们的衣着却有明显区别。2008 年后的西江，苗族的服饰穿着中十分讲究的仪式习惯伴随旅游的到来，遭到了前所未有的破坏。在服饰作为公认可贩卖的文化符号得到西江商业旅游认可时，西江苗族服饰就遭遇到商业包装，服饰的族群识别功能渐渐减弱。显而易见的是，倘若依照苗族服饰的传统认知意识与着装习

① 个体在伤害事件中并没有做出伤害他人的行为，或做出的行为并没有违犯公认的社会行为道德规范，但如果个体认为自己做了错事或他人所受到的伤害与自己有关，同样会感到内疚和自责的情形被称为虚拟内疚。

惯是无法满足现今西江景区“旅游展演仪式”服务要求的。依照现今的服饰语言结构，在西江出现了具有苗族服饰视觉表象但功能却异化了的穿着打扮，最具有典型代表的就是西江千户苗寨旅游开发公司的职员的工作服（如图 3-39 所示）。

公司上班服

民间雇佣工作服

导游服

图 3-39　苗服变换成工作服

此外，在每天都进行的拦门仪仗队中，妇女们不管节庆与否都身着盛装，频频亮相，规定她们穿衣习惯的已经不再是苗族文化仪式，而是每天工作的 8 小时制度。可以这样说：如果你在西江看到身着盛装在街道行走的苗族人，你一定不要以为现在是苗族人什么特殊节日，那只不过是作为旅游服务者的当地人走在上班或者下班的路上。苗族服饰渐渐以服务职业装的认知意识在西江成为人们日常生活的一部分，苗族服饰不再承载着苗族人共同的历史记忆和审美认知内涵。在西江，商业服务意识套牢了生活的每一处，成为当地人日常观念的一部分，以“服务”为主体意识的培养已经开始在下一代西江苗族人身上体现。如苗族服饰具有的民族文化传承功能在年轻人的观念中渐渐淡化，而其在演出服务中的表演展示功能不断被强化。儿童们只有在参加组织的文化公演时才会让家里人把遗忘在角落的苗族服装拿出来作展示之用，而与服饰相关的刺绣，只是西江小学课余爱好班学习的业余内容。

服务意识在西江已经很大程度地作为日常生活的观念导向，设身处地地为客人着想的，“顾客就是上帝”的服务“原罪教义”，成为当下西江服务者“超我”（super-ego）所规定的价值标准。从西江的现状来看，西江苗族人的衣食住行已经作为卖点用以展示给外来的游客，旅游者已然参与到西江的各方面日常生活领域。在这里，通过碾碎“陌生”和“熟悉”的困扰，抹杀“地方”和“世界”的界限，依照世界旅游组织所坚持的真实谎言之下的所有业务经验，把“真”与“假”混为一谈，被动地接受着日常现实的异化观念，而其本质则是把人类情感作为商品进行消费所必需的虚假意识地再嵌入，人们不能真正认识生活与生意的区别，把被“他者”承认或认可当作生活主调，在被承认中进行利益交换成为西江存在的现代意义。① 西江的日常观念已经不再是具有自在历史传承的风俗习惯与经验，西江已经步入历史完结与历史更新的现代日常生活，观念、价值观、意识形态、规则、逻辑等已不再是历经时间积淀的不可撼动的文化，而是种种可被无穷无尽开发利用的“可变”资源，并且观念主体处于被支配地位。从某种意义上说，“人”的第一个意义是面具，面具代表人们形成的自我概念，即代表着人们力图充分扮演的角色。② 那么在西江，旅游展演服务前台角色的面具久而久之变成人们人格中不可分割的一部分，发展了人们现代族群的性格，并使人们醉心于这样的前台景观生活。

分离、异化、意象的生产，以及视觉图景的生产等一系列特征在西江日常生活的每一个环节体现出来，这就是新的社会现实呈现，居伊·德波将其称为“景观社会”。

西江，在现代性的情景中被建构成为一种被展现出来的和可视的客观景色、景象。生活在这里的人们每一个动作都在配合着这场有组织的、主体性的、有意识的文化表演与作秀。人们执着于现代西江的“少数人演出，多数人默默观赏”的景观社区生活。居依·德波在《景观社会》一书中给出了经典评价：“人们在一种惊诧与痴狂的全身心投入的状态中去沉迷于欣赏‘少数人’创造与控制的景观性表演。此类迷幻地运用视觉的‘看’创建了这个社会的秩序、顺从、默认、孤单与分离，当现实存在的

① ［法］居依·德波，王昭风译. 景观社会［M］. 南京：南京大学出版社，2006：101.

② ［美］欧文·戈夫曼，黄爱华，冯钢译. 日常生活的自我呈现［M］. 浙江人民出版社，1989：3.

世界还未转化为纯粹影像之际，纯粹影像就已经转化为真实的存在，既是一种具有催眠功能的提供行为动机合理性的虚构事物，为了让人类理解人不再作为世界的霸主直接操控这一世界，景观全部的活动就是运用所能触及的各类专业化媒介来规划这个世界，将看的视觉（sense of sight）提升到前所未有的卓越位置，并使这些行为看起来顺理成章、自然而然，也就是景观制造出来的这些最容易骗人的、最抽象模糊的视觉效果，极其顺当地适应今天这个普遍抽象的社会形态。我们应该意识到，景观不单单只是某一影像问题，更不仅仅是影像附着声音的问题，其本质乃是人类对自我活动的回避，是人类不愿对自身实践活动进行反思与修正的懒惰的逃避，它是互动对话的对立面，如果哪里展示出独立的表象，景观就追踪到哪里重构自己的逃避法则。”①

生活变迁中呈现出来的文化表象化和景观化成为社会真正的本体意义。当代的西江社会的主导型存在本质被表达为一种被展现的图景化的苗族文化载体。德波在《景观社会》中是这样描述的：“影像汇聚成了一股巨大的决定性力量，从生活的每一处脱离而来的影像群（images）汇合到同一条河流里，如此，生活的整体统一性质便不再有能力将自己编组为新的整体重构，有关现实世界的景色与影像是片段的呈现，它只能展示给人类一个纯粹隔离的、静观的伪世界。”②

“西江千户苗寨”开始转变成为在茫茫的总体性影像群中建立起来的虚幻且异化的景观社会。人们太过于被西江目前的景观迷住而丧失自己对本真生活的渴望和要求，执着地认为这才是苗族现代性转型里毫无破绽的光明之路。

① ［法］居依・德波，王昭风译．景观社会［M］．南京：南京大学出版社，2006：6.
② ［法］居依・德波，王昭风译．景观社会［M］．南京：南京大学出版社，2006：3.

第 4 章　问题与方案

4.1　西江苗族文化现代化现存的突出问题

4.1.1　传统文化主体性丧失：西江民族文化商品化与异化问题

目前对于“主体性”众说纷纭、各有论断，但是可以确定的是，“主体性”讨论应该是一个以“主—客”关系为视角前提来理解的理论范畴，也就是说，主体性是建立在“施动与受动”的关系之间的，并非按照“人与非人”来讨论的，所以，对于“主体性”来说它是一个“主—客”对象性活动中特显出来的关系的呈现。在众多概念定义中，本书借鉴了沈晓珊、李林昆在《主体性概念试析》一文中对“主体性”给出的定义：“主体性是指主体让自己在主客关系上立于主导位置，能够自主行使主体权利，发挥主体功能，明显与客体相区别的内在本质特点；之所以称之为主体地位，即是指对象性行为的发起者与担负者角色；所谓主体效用，指的是可以将对象性行为活动施加在客体对象，操控客体让其依据主体的意愿与目标随机转变的主导性作用。简要地说：主体性便是主体能够借助其发挥自我力量的本质，经由对象性行为活动，依照‘为我’这一目的，来把握与操控客体的这一特性。”① 笔者认为他们的概念分析极为清晰地体现了“主体性”的三层含义：“第一，主体为施动者，对象性活动是依据主体的需要，即为我。第二，涉及主体的本质力量，也就是说只有主体需要但是主体没有实现需要的力量，沈晓珊、李林昆将其当作与主体性有关的‘内

① 沈晓珊，李林昆．主体性概念试析［J］．哲学动态，1991（8）．

在依据’，即让主体足够立足在主体地位、发挥主体效能的内在根据。这也就意味着，只有主体需要而无力量，主体的主体作用就无法发挥，主体地位也就面临丧失。第三，强调主客体的对应关系，也就是前文提到的对象性活动（包括认识活动与实践活动两种基本形式）中所体现之关系，这一点上他们赋予了主体积极的一面，认为主体为了实现需要发挥的能动性可以在对客体的对象性活动中不断学习、培养、提高，在相互对应的实践活动中增强力量，实现‘为我’。”

西江，地处黔东南苗族聚居地带，一直以典型且单一的苗族村落偏安一隅，在其所有活动中，发挥着苗族族群主体性，这一点可以从其明显独特的经济、文化、政治体制中充分体现。如：在处理人与自然关系的实践活动中，苗族积极改造自然形成苗族特色的吃穿住行，用以满足自我生存需要；在处理人与神之间关系时借助“巫师”（鬼师）媒介来满足与未知世界的共处需要；在处理人与人之间关系的社会活动中遵循乡规礼俗；在处理人与集体的关系上遵循“议榔”制度；族群与族群之间交往遵守节日庆典聚会惯例等。种种苗族人主体对象性活动中苗族主体发挥着苗族内部自身作为“苗族人”的本质、本体力量，依据为我认识与为我实践目的，倾尽全力去处理与周围客体的关系。

在西江传统主客关系中，人的身体作为农耕经济的生产力的集中体现，物化成劳动工具，进而得到劳动成果，但物产并没有实现极大丰富。应该看到这种传统关系中人作为客体存在所对应的也还是人自身即主体，按需生产、分配、消费、再生产。所以，西江基本处于自给自足状态，偶尔物物交换也是生活主体——人之所需。

进入现代社会，西江与外部的联系开始突破地理空间局限，范围扩大，场域不同，新的社会形态在西江落地生根，西江苗族需要应对的乃是不同于以往的新的“主客体”对象性关系。

首先，西江进入现代商品社会，受到外界“大场域”影响的西江“小场域”也随之发生了相应的变化，诚如西江苗族人适应传统社会一样，他们不得不去从“零起点”适应社会形态的改变，应该说，在这样的适应过程中，西江苗族人表现得还是比较积极的。现代商品社会较之于传统农耕社会是一个“一切颠倒”的社会，生产不再为西江苗族主体之使用所需，而是用于交换满足“外界力量”之所需。在以商品交换为主导的相互对象性关系上，交换价值改造了苗族业已成形的传统主体性文化，它被交换关系过渡到了交换的对应一方，成为现代主体交换的客体，主体地位丧失，“为我”转化成“为‘它’”。

其次，主体性的异化——人的异化。这涉及现代社会人自身在异化中呈现出来一种受动性、被决定性的存在状态。马克思在其《1844年经济学哲学手稿》中曾经形象地论述了人的劳动的异化，也就是人的自我异化：“我们本身的产物聚合为一种统治我们的、不受我们控制的、与我们背道而驰的并且把我们的打算化为乌有的物质力量。”① 人的异化显示的便是人作为主体的自主、自由与创造性受到了严峻的挑战，这是对人类自主性的否定，也就意味着人的自主性本质力量“失落”，主体地位丧失。倘若西江苗族文化既不“为我”，亦不“为人”，乃为何？

正如上文对西江社会景观转向论述中所揭示的，西江目前的社会形态呈现出来的是一种景观特征。在情景主义者看来，景观社会是这样一个历史发展阶段：“景观是商品实现了对社会生活全面统治的时刻。”② 居伊·德波也在其著作《景观社会》中敏锐地做出了这样的论断：“景观社会不是意象的收集，而是指人们之间的社会关系被意象所中介。”③ 也即是一切的社会形态被意象统治的社会。所以，西江的文化生产不再满足西江苗族主体，也不是满足现代生活中异化的人，它满足的是广告话语中对它的广告词，去印证广告中怀旧的情绪，为了这些消费意象的消费，虽然与人相关，但不一定是人之真实所需。

4.1.2 传统与现代博弈：西江民族文化再生产问题

西江，现如今已然居于黔东南苗族现代试炼的前沿阵地，从上文的叙述中可以看出：当今西江苗族地区的社会状况亦如我国现状一样，是一个前现代、现代和后现代情境交织在一起的过渡“场域”。在这样一

① ［德］马克思，恩格斯．马克思恩格斯选集·第1卷［M］．中共中央马克思恩格斯列宁斯大林著作编译局，1995：8.

② ［法］居依·德波．景观社会［M］．王昭风，译．南京：南京大学出版社，2006：42.

③ ［法］居依·德波．景观社会［M］．王昭风，译．南京：南京大学出版社，2006：3.

个错综复杂的各种社会情境同时并存的情况下，发展如若不保持清醒的认知，是比较容易迷失方向的。在寻找族群现代方向感这一耐人寻味的任务中，现代苗族文化再生产扮演着至关重要的角色。想象或者创造一个苗族作为族群的过去、现在和未来，完成集体的现代心理建构，有效培养现代认同，共同顺利跨越时代新旧更替，进行文化的再生产是一个刻不容缓的问题。

首先，文化自身具备两种特性。其一，文化体在一段时期内总会趋向于保持自我原初规范，因其渗透了人类集体情感及意义，人们执着地认为它们合情合理，于是文化以习惯的形态得以默认，风格得以形成。倘若有任何改变也就意味着熟悉与自由的生活将有松动，安全感就会受到威胁，平衡也会遭到破坏。这就是文化以习性的方式保持其稳定性的一面。其二，文化体亦能改变原有规范，获得发展，一旦文化面临语境转变，为了能适应新情况，文化主体就会进行相应地调节、再创造，在交流或斗争中进行重构，人类在生存中不断调适社会系统与行为规范，使文化得以正常运行，这就是文化动态的一面。文化作为一种非静止的过程，它既可以保持一定文化系统诸要素之间的相对“内部平衡”，又可以为系统自身的更新提供可能，文化的这种动态特征，使文化再生产具有现实意义，文化作为过程，其具有的这种特性如同社会运转过程一样，文化以再生的方式不断演进，成为社会行动的组成部分。从一定意义上来说，文化也是人们不断再生产的“产品”。①

齐格蒙特·鲍曼在其《流动的现代性》中揭示了现代性“新奇”的一面——“瓦解传统”的“液化”效应。他说道：“‘现代性’的‘瓦解传统’意味着的是，现代性要破坏那些持续了较长时间的、藐视时间推移或不受时间流逝影响的传统的方式；‘亵渎’对传统的忠诚，解除束缚人们手脚、阻碍人们前进和约束人们进取心的习俗性的权利和义务，着手建构新秩序（确切地说，是新的传统），摆脱旧秩序加压在新秩序创建者身上的枷锁和负担。”②

① 宗晓莲. 布迪厄文化再生产理论对文化变迁研究的意义［J］. 广西民族学院学报（哲学社会科学版），2002（2）：22-25.

② ［英］齐格蒙特·鲍曼. 流动的现代性［M］. 欧阳景根，译. 上海：上海三联书店，2002：11.

鲍曼具体地对现代性的流动性质做了分析："'瓦解传统'首要的任务是，摆脱挡在人们通往效益理性计算道路前面的障碍——即毫无意义、毫不相干的义务和责任；如马克斯·韦伯所说的，要将企业家的动力，从家常义务和严密的道德责任体系的羁绊和桎梏中解放出来；这种对传统的瓦解使复杂的社会关系网络失灵——即，既让它空洞无物、失去保护，又让它失去武装、暴露在外，从而没有能力反抗企业促成的行动准则和企业塑造的理性标准；如托马斯·卡莱尔所说的，仅保留构成人们相互关系和相互责任基础的诸多联系纽带中的'货币关系'纽带；瓦解传统的这一决定性的开始，使传统这一领域为工具理性，或者（就像卡尔·马克思所阐释的那样）为经济这一关键性角色进入并占据支配地位（如韦伯所说的）大开方便之门。"①

他还指出，现代性"瓦解传统"的力量是巨大且彻底的："现在，社会生活的'基础'，为其他所有的生活领域创造了一个'超级结构'——即，这样一个典型的时代产物，它的唯一的功能就是为社会的连续和平稳的运行服务。传统的瓦解导致经济更加摆脱了传统政治的、伦理的和文化的阻碍。它积淀出了一个新秩序，一个首先按经济标准界定的新秩序。这种现代性的新经济秩序一旦建立起来，就会移植到社会生活的其他部分，使其他领域的社会生活再次受到教育，并让它们皈依到经济伦理的'佛门'之下；说经济秩序开始控制人类生活的全局，是因为，不管在其他的生活领域里发生了何种情况，就经济秩序唯一关注的连绵不绝、持续不断的再生产来讲，都是毫无意义、不起作用的。"② 西江便是受现代性强力"液化"后渐渐受经济秩序侵蚀的转型场域。

通过上文的不少例证，可以证实西江苗族文化现代转型出现一些严重与传统发生断裂的现象。同时，文化主体性的丧失，直接导致在当下文化生产中依循的价值原则也发生了转变，文化的现代选择不再依循过去旧的秩序，强势的"经济秩序"在西江逐渐建立起来，文化的现代生产也不断呈现"瓦解传统"价值的态势。文化符号化、表象化；传统沉淀的文化内

---

① [英] 齐格蒙特·鲍曼. 流动的现代性 [M]. 欧阳景根，译. 上海：上海三联书店，2002：8.

② [英] 齐格蒙特·鲍曼. 流动的现代性 [M]. 欧阳景根，译. 上海：上海三联书店，2002：11.

核丧失；社会景观化、视觉化；文化传统价值观念也在被动摇、被瓦解。倘若任其自流，西江文化的现代性再生产中将会出现文化传统历史知识在代际无法得到顺利传播，文化的社会认可度越来越低，文化沉积路线断裂，表象取代本质的结果。有学者指出：人类社会文化发展到目前为止，最大的断裂其实不在现代性和后现代性之间，而在现代和传统之间。现代社会取代传统社会才是最大的最深刻的断裂。

马克思在其唯物史观的建构中，很早就揭示了这一事实，马克思在《马克思恩格斯选集第1卷：路易·波拿巴的雾月十八日》中明确指出："人类有能力去创造自己的历史文化，但也不能够随心所欲地行动，他们不能只在让自己选定的满意的条件下去进行创造活动，而应该是要继承过去所既定的，与人们目前所直面的条件下去行使创造行为。"[①] 所以，继承与开创一个族群的文化记忆链条，不能缺少与"过去"的连续性，不管文化如何更替交换，都是昨天的沉积，即使是处于现代性这个历史时期。绵延的社群史通过"同质、空无的时间"，呈现为一部伸向无限久远的过去和未来的历史。[②]

笔者将在下文中对西江苗族文化现代性建构的方案探讨中保持一种传统与现代、过去与未来有机融合的基本态度。

4.2　苗族村落现代建设思路与方案

4.2.1　宏观：文化保护区

近年来，国家投入民族地区的文化保护经费越来越多，少数民族文化在得到有效保护的同时，也面临一些新的课题，那就是在现代化的冲击下，少数民族文化的传承受到了前所未有的挑战。一是民族文化传承人老龄化严重。应该说，以前族群内每个个体都是自己民族文化的传承人，但现在为了便于保护民族文化而设立了专门的民族文化传承人。重点保护了

① ［德］马克思．马克思恩格斯选集第1卷：路易·波拿巴的雾月十八日［M］．北京：人民出版社，1975：603.

② 纳日碧力戈．现代背景下的族群建构［M］．昆明：云南教育出版社，2000：55.

一批掌握本民族经典文化的传承人，这些人主要是中老年人，这些人陆续去世，去世者比继承者多得多。二是掌握本民族经典文化的年轻人迅速减少。年轻人接受本民族文化的人数及他们掌握本民族文化的深度、广度，决定了这个民族的文化是否有效传承。现在少数民族年轻人中，掌握本民族文化的人数在减少，大多数年轻人对能够代表本民族独特性的诗歌、宗教仪式等处于一知半解的状态。

人是文化的生产者、传承者，也是文化创新的主体，然而民族文化却面临后继无人的局面，文化创新更是无从谈起，致使民族文化缺乏创造力，慢慢丧失活力。民族文化后继无人，并非民族人口数量减少，而是习得民族文化的人数在减少。其实质是在现代化背景下，工业文明对农业文明的冲击。一方面，民族文化大多是在农牧业文化的基础上发展起来的，安土重迁，聚族而居，生活节奏慢，人口流动不大，所创造的文化适应于这样的环境。另一方面，工业化和全球化的大环境具有强大的牵引力和渗透力，由此带来的冲击力是巨大的，可以说接受并融入现代化已经成为一种谋生手段，而死守民族文化不放的话，往往会被时代边缘化。少数民族民众在谋生与传承、创造文化之间选择时，毫不犹豫地选择了谋生，也即意味着他们很可能会忽视民族文化的习得与传播。可见自然经济条件下成长起来的粗放型民族文化生产方式已然不再适应现代化需求。

在我国，区域经济发展不平衡则是民族文化被边缘化的外在因素。对民族地区来说，现代化并非来自内部，而是一股强大的外在力量，少数民族的现代化诉求并不强烈。民族地区本身离现代化还很遥远，但却不能摆脱这股外在力量的牵引，只能被动地现代化，这种现代化是缓慢的。世界的日新月异，内部的世界这就是经济发展不平衡导致的人员流失，对民族地区来说，其实质就是人才流失、文化流失。当他们放弃建设自己家园的时候，又有另外的一批人来建设他们的家园。外地人在文化解读上容易出现误差，这种建设破坏力较大，他们按自己的认识来诠释文化，其结果也近乎破坏。可以说，这也是当下民族地区、民族文化发展的一个瓶颈。

缓慢的经济发展和艰巨的民生问题摆在地方政府面前，发展地方经济、改善民生，成为民族地区政府的首要任务。为此，地方政府加大行政力量介入，对民族地区发展进行选择性改造。如特色村寨建设、旅游开发、产业开发等。可以说行政力量是当下民族地区发展的主导力量，其对民族地区经济的发展无可厚非，然而民族地区有其自身的文化属性，过度注重经济发展，而忽视了民族文化建设，或选择性开发民族文化产业，对民族地区的整体发展的影响也是值得商榷的。

民族地区的发展面临瓶颈，民族地区开发可能误入歧途，而地方政府承担了民族地方发展的顶层设计，行政力量显得尤其重要。如何引导地方政府合理规划，在保证民族文化可持续发展的同时拉动经济发展，是当前必须着手解决的问题。就目前的民族地区开发来看，尽管很多地方冠以民族文化旅游开发的名头，但其实质主要还是单纯考虑经济发展，以经济数据衡量民族文化开发的成效，而开发的过程中，缺少文化保护和文化建设成果指标。这样的发展造成了经济至上的畸形发展局面，其结果是，以民族文化为资源发展起来的地方，其民族文化却没有得到有效保护和发展，甚至被破坏得面目全非。要改变这种现象，政府正确规划依然是最主要的力量。为此，提出与以往不同的发展模式，那就是政府主导设立民族文化保护区（以苗族为例）。

设立苗族文化保护区。在苗族聚居区划定一定区域，以民族文化保护和民族文化产业建设为依托，给予优惠政策，全面提升区域发展品位，使之成为带动区域经济文化发展的新引擎。这个区域的文化特征在苗族地区应该具有代表性，同时其辐射面要大，具备代表性的同时兼顾多样性。西江在雷公山脚下，深处千里苗疆腹地，是最大的苗族聚居村落，苗族人口较多，苗族传统文化保存较为完好，而周边各县市方圆百里都是苗族村寨，具备上面所提的几个特点。以西江苗寨为中心，将周边数县苗区合并设苗族文化保护区（而非景区）是个理想的选择。

以西江为中心设立苗族文化保护区，有其得天独厚的优势。首先，西江是最大苗寨，作为一个大寨子，人口规模达5300多，文化传承的延续性和稳定性较好。其次，长期以来，西江的国际国内宣传较好，知名度高，对其进行特别保护，容易获得社会力量支持，集中力量办大事。再次，西江独特的苗族文化资源，吸引了大量的国内外专家学者，大量的文化研究成果对区域文化保护和发展提供了良好的理论基础。加之，这些年来，西江的基础设施建设有较大提高，经济发展较快。但西江的文化发展规划不尽合理，当下对其进行以文化建设为主导的区域性规划，有利于遏制不合理发展带来的负面影响。

民族文化保护区的提出，主要基于区域发展的特殊性上。雷公山地区的大多数苗族村落（非独西江、郎德上寨等），文化呈现出多样性特点，但经济发展水平总体上是一致的，都依然处于自给自足的自然经济阶段，依靠山地农耕获取生活必需品。随着外部大环境的发展，当地虽然也在市场化，但市场化水平还相当落后。这个地区需要国家给予特殊政策扶持，才能摆脱其落后的现状。这个地区林木资源丰富，但属于长江水系封山育林区域，砍伐林木发展经济这种依靠破坏环境促进发展的单一经济活动，显然得不偿失，无法从根本上改变这个区域的落后面貌。只有依靠这个区域丰富的民族文化资源，大力发展民族文化产业才有可能走出经济上的困境。

建立民族文化保护区的构想，其思路主要来源于经济特区的实践。经济特区的伟大实践，取得了举世瞩目的成就，成为我国改革开放的成功典范。深圳特区的设立，在带动了当地发展的同时，对全国的发展也起到了示范性作用。深圳特区的成功得益于深圳作为临近香港的沿海城市，具有发展经济的优越条件。在此基础上，国家赋予深圳一系列发展经济的优惠政策，这种宽松的政策环境，使深圳经济由此腾飞，为我国后来的市场经济建设提供了丰富的经验。雷公山苗族地区不沿海、不沿江、也不沿边，想发展经济显然无法照搬深圳模式，既没有资金优势，也没有工业资源优势，而且交通还比较落后。然而，这里并不是没有可供开发的条件，雷公山苗族地区自然环境好，气候条件不错，苗族文化资源丰富，不能走以经济发展经济之路，却可以走以文化带动经济发展之路。因而，在此建立苗族文化保护区应该可行。

4.2.2　中观：民族教育与文化传承

文化的传递与再生产对于布尔迪厄是来说是教育的主要功能，教育是控制文化资本生产、交换、传播等的潜在因素，可以对社会集体无意识桥产生形塑效应，从而起到支配社会各种力量分配的重要推动作用，教育可以把文化群体选择的原则与方案强化为内在的需求。朱国华在《习性与资本：略论布迪厄的主要概念工具（上）》一文中说道："教育是训练与培养一个人认识、观点、理性、价值观与行为模式的体系，并日益可以形成某一惯常'习性'，即与所训练的模式相符的特定阶层关联的、可塑的甚至固定的一些性情集合，它是一种被建构的结构模型，这些模型具备建构的效用，可以转化为一些原则来起作用，它显露的是一种组织化活动的成果，其含义类似于结构之类的理论术语，代指某一习惯性状态和存在方式，还可以特指某一偏向、秉性、趋势、习性。"① 教育对人的训练功能就是通过这样的习性贯彻得以实现，也可以这样说，教育系统的整体所发挥的就是生产与再生产实践，它借助自我习惯的内化生产与再生产与群体性质的精神和道德方面的整合来达到文化的生产与再生产。由此可以看出，在民族文化现代化中教育成为不可回避的重要一环，"落后和不发达不仅仅是一堆能勾勒出社会经济图画的统计指数，也是一种心理状态。"（萨拉屯·班迪，1971）民族地区的文化现代化进程，面临着的是经济与文化双重现代化的课题，对外来文化现代经验的引进行为中是有过一些痛切教训的，例如对外来文化现代转型经验的引入中人们开始体会到，如果只是照本宣科，而自身缺乏一种能赋予这些经验以真实生命力的广泛的现代心理基础与执行和运用这些现代经验的人，那么一切就是空的躯壳，原先拟想的完美蓝图不是被歪曲成奇形怪状的讽刺画，就是为本地区的文化资源及其未来掘下了坟墓。另外，教育不仅是文化的生产与再生产过程，而且是一种与社会环境相关的成果，在考虑教育时应该放在社区的情景中理解，教育的各个环节都与社会环境关系甚密。对于一个以突出自我特色文化现代发展为主要内容的场域来说，文化的传承与再生产应该作为民族教育着重强调的课题。文化是人类长期社会生活中一切创造行为形成的产物，这与强调以文化为教育的重点与教育以"人类为本体所在"为目的的人文教育理念不谋而合。新一代社会成员在获取新教育的过程中，即教育再生产过程中，既

① 朱国华. 习性与资本：略论布迪厄的主要概念工具（上）[J]. 东南大学学报，2004（1）：33-37.

有复制的部分，也可以有改变原有的社会知识结构的部分。因此，对教育模式及其变化的考察，对于理解文化再生产和认识文化变迁具有非常重要的意义。

从教育自身来说，文化环境不能排斥在对教育的审度中，教育从其自身来说也是一种集体知识构成传递的过程，知识构成本身是受社会结构及文化环境的影响的。因此，离开社会文化情境，去谈教与学，都是非常不科学的。教育人类学角度研究也证明：只有基于情境，才能更好、更透彻地理解知识传播过程。教育，广义上并不仅限于学校的教育，大部分少数民族文化的生产、传播、再生产并非在学校完成，少数民族中家庭教育、参与民族文化仪式、依照民族习惯生活等都是民族传统文化教育的有效途径，但是这些教育途径因为现代性和全球化造成了传统社会的变迁，从而根植于传统日常生活的文化传播模式受到很大冲击，民族地区不再是自居世外、自成体系的文化生产场域。民族日常生活既是民族文化自身的内容与载体，又是文化教育的传统手段，通过日常生活民族习惯的延续，文化以集体式自在代系传承式的传统教育是少数民族教育的历史情景选择，社会日常生活的变迁对于传统民族文化的传承影响巨大，原本自在的民族教育模式在情景发生改变下被打破。

长久以来，从事少数民族文化教育的专门机构较少，学校教育的主体内容也很少体现少数民族文化，少数民族文化传承主要依赖自在的教育方式，这使民族文化传承在现代化情景中举步维艰，在文化竞争中处于劣势。而传统的文化习得方式显然也不适应现代化的大环境。当传统教育模式遭遇现代困境时，从特定的现代情境中去审视，现代教育模式更符合时代要求，因而也会成为传承民族文化的必然选择。民族文化教育进入学校教育，是现阶段传承文化的有效途径。通过学校教育，唤醒民族学生的传统文化潜力，激发他们的文化现代创造力，有意识地引导族群的文化习得方式由自在转变为自觉。诚然，在大部分少数民族地区，学校教育很早就出现，然而教育目的较单纯，教育的内容选择较单一，主要是为了让少数民族学生尽可能快、尽可能好地掌握国家统一标准教材的知识，然而这些知识往往不具备少数民族文化特征，致使少数民族文化在现代传授中相对困难。这种模式造成的直接后果是，少数民族文化习得依旧遵循历史传统中的自在教育（虽然它已经不适用于现代社会），而对学校教育的习得却是自觉的、现代的，由于自觉习得占用了少数民族学生更多的精力和时间，自在的习得便失去了应有的土壤，民族文化传承渐失活力。可是，让人疑惑的是，尽管少数民族自觉投入学校教育，但其知识获得的能力总体来说并不是很高。造成的后果是，既没有掌握好学校教育的知识，也没有继承好本民族文化，致使文化知识的传播陷入邯郸学步的困局。这显然是本末倒置。在民族文化环境成长起来的个体，并未接受自己最容易接触的文化，却要进行跨文化自觉学习肯定是被动的，必然也无法消化新文化。换句话说，自觉学习本民族文化，自在学习其他文化会更有利于一个人的成长，同样，也有利于一个民族的发展。应该清醒地认识到，一个时代有一个时代的教育内容，一个民族有一个民族的教育内容，现代民族文化教育中的关键问题在于应该以什么理念来培养民族文化传承者，使其适应现代化需要。教育对文化的现代传承与再生产功能是通过对文化知识的选择、分层与组织以及评价实现的。选择民族文化作为民族教育的内容，使民族文化正常传承、传播与再生产，这正应该是民族教育的题中之义和应有特色。

举例说明，双语教育工作是目前所实施的民族教育政策。比如贵州在民族地区一直极力推进双语教育。贵州民委调研组这几年的实地调研结果表明，双语教育在贵州已然取得一定成效。杨亚东在《贵州双语教育现状及其发展思路》一文中总结双语教育的含义："双语教育指的是一种使用两种语言文字符号当作教育内容的教学模式，在我国所实施的双语教学大部分是运用汉语以及某一少数民族语言进行的教学体系，目前，国家所提倡的双语教育模式主要是为了能够提升少数民族学生学习汉语的能力与水平，而另一方面也为了能够保护与传承少数民族传统文化做准备。"①

但是应该认识到，实际上双语教育所起的作用是使汉语教学顺利进行，达到扫文盲的目的。扫除汉语文盲率是双语教育成功与否的唯一标准，所以对于传承少数民族自身文化不够明显。首先，从使用的教材上

① 杨亚东. 贵州双语教育现状及其发展思路［N］. 贵州民族报，2010-4.

来看，基本为现阶段汉语课本的民族语言翻译本，知识选择上基本为汉学，并且一旦学生开始接受汉语言文字，双语教学就可以基本结束，开始整体进入汉语教学。由此可见，双语教学往往成为主流文化教育的学前辅助启蒙手段。其次，从教育定点学校来说，数量稀少、分布不均、质量不高是目前最为突出的问题，如杨亚东在其《贵州双语教育现状及其发展思路》一文中所总结的 2010 年调研量化数据表明："贵州全省只有 1749 所双语学校；教学集中在苗（3 种）、布依、侗、彝四个民族上（贵州共有 48 个少数民族）。大部分开设双语教学的仅仅停留在小学，虽然贵州民族大学与黔西南毕节学院在本科教育上开设贵州本土世居少数民族的民族语言专业，可是就其每年招生人数最少为 100 人，最多也只能为 200 人的情况来看，民族语言教育也是濒临危机的教育领域。虽然接受'双语'教学教育的人数大概为 15.15 万人（贵州少数民族总人口为 1500 万）；但是双语师资缺乏且素质低，绝大多数人只是临时聘请来的代课教师。依据贵州省双语教育的摸底调查发现需要接受双语教育的人数理应在 21.676 万人左右，可是相对有限的 1000 多名的双语教师，民族语言教育的输和入是极不对称的。少数民族语言教师能够从事自己母语教育的人业已弥足珍贵，并且文化水平偏低，如从黔西以及大方仅有的 8 位彝汉双语教师的知识结构组成来看，小学学历的大约占 25%，初中学历的约占 62.5%，而高中的学历仅有 12.5%。"① 因此，可以看出双语教育在知识选择、决定和编排内容上基本不太以民族文化为重点，双语教育政策从其选择、分类、分配、传递和评价体系看，确保的是汉文化作为公共性知识的地位。民族文化从其最初传播环节就已经出现严重滑落的状态。可以毫不夸张地指出，不管从其力度还是具体实践情况来看，力度依然有限。

学校通过统一的语言文化的学习来实现文化再生产，为了在这样的现代传承手段下传播苗族文化，各民族聚居地区应适当将自身文化精髓融入文化教育模式。从现代民族教育整体设计视角上来说，依据人成长的认知心理知识（格式塔）来做教育的分层规划是必需的。在对现代民

① 杨亚东. 贵州双语教育现状及其发展思路 [N]. 贵州民族报，2010-4.

族教育的思考中，借鉴文化人类学家格尔兹文化研究的理论，民族文化分层教育应该分为浅描教育、深描教育两个阶段，浅与深的划分对应人类认知心理对信息加工过程阶段分解的需求。格尔兹（Clifford Geertz, 1926）在其著作《文化的解释》开篇就提出了对文化的“深描说”，促使浅描和深描成为文化人类学中两个重要概念。“浅描”是指对现象的观察，无深入探究，缺乏因果解释，基本以陈述性来描述现象表象；“深描”（Thick Description）是一种文化的解释理论，即对文化进行特定化、情境化和具体化的深层意义的解读，是一种立体结构主义的文化阐释理论。对于民族教育，在现代学校规制上来划分浅与深的现代民族文化渐进教育，以九年义务教育时间段来划分民族文化浅描与深描教育是比较合理的，具体如下：

（1）浅描教育是指获取基础知识的教育，具体到民族文化教育，即获取民族文化基础知识的教育。义务教育阶段是民族文化基础知识的幼年普及最佳时期，但应该认识到在这个阶段青少年处于多认识少理解的认知能力阶段，教学应该以浅入为主导。依据教育部在新课程改革中出台的《基础教育课程改革纲要》，开展地方教材、校本教材的研究和开发，在教学内容中尽可能多地吸纳少数民族文化精髓，应因地制宜地编写民族文化教材。比如，小学阶段，主要学习民族语言文字的听说读写，在此基础上，适当安排国家统一教材的学习；初中阶段，加大民族文化知识的学习，内容可以扩展到民族历史、诗歌、音乐舞蹈、风俗习惯等，让民族学生对本民族文化有个整体的认识。这样的教学应该与统一教材的学习并行不悖地进行，同时锻炼民族学生的翻译能力，在教学语言之间的互动对比下开阔民族学生的眼界，在潜移默化中不仅让民族学生继承了本民族文化，还不与国家的现行教育相冲突。在编写过程中，应该贯彻文化“浅描”理念，以图文式、跳跃式、平铺式、浅表式、视觉式、娱乐式等直线式的知识选择培养民族学生对本民族文化的喜爱与隐性自觉，在与他者文化的对比中逐渐知晓自己的原生态文化。

（2）深描教育是指获取文化解读能力的教育，具体到民族文化教育，即培养学生解读民族文化知识的教育。在义务教育后，学生在对民族文化有基本认识的基础上开始进行文化解释性学习。进入高中阶段面临着民族文化教育与国家统一高考的矛盾，所以民族文化知识从量上可以适当减少，但应从质上有所提升，高中阶段的民族文化教育主要以民族经典文化著作为选择内容，引入“深度阅读”理念；要求配备有一定民族文化水平的教师；以自由式课堂形式，做到学生与教师、文本语言与意义象征语言之间的互动等，完成民族文化意义建构的最初形态。在民族文化大学教育阶段，应该立足于民族地区的高校，现行教育体制的大学教育是具备一定的自主性的。很明显，民族地区的高校由于人才流动的大趋势，常规学科的师资力量是相对薄弱的，与主流知名高校竞争不具备优势，但是这些地区却有丰富的民族文化资源有待开发，很强的民族文化实力去设置和实践民族文化教育，更有强烈的民族地区现代化的迫切需求，以民族文化现代化为主题，民族高校只有扬长避短、发挥自身优势进行民族地区特色文化教育才能占风气之先，走出自身特色，才能为民族地方建设输送有用人才。所以，民族地区高校开发民族深描文化大学课堂，探索民族文化的现代新兴学科是民族地区文化现代教育思维转变的方向。民族文化的“深描教育”应着重落实在民族院校的教育上。现今在一些民族聚居地区高校已经开始了这样的尝试，但是都是建立在无民族文化基础的“浅描”培养上，所以民族文化现代化的教育力度是远远不够的。比如，贵州黔东南州的凯里学院的民族教育研究发展中心对文化特色课程的开发（如表 4-1 所示）。

表 4-1 凯里学院文化特色课程一览表

系别	课程名称	授课学期	周学时	年学时	授课教师	备注
中文系	中国民间文学	第一学期	2	36	傅安辉	专业基础课与专业课
	苗族语言文学	第二学期	2	36	罗义群	限定选修课
	侗族语言文学	第二学期	2	36	傅安辉	限定选修课
	侗族歌谣赏析	学生自定	1	18	傅安辉	任意选修课
	苗族诗学	学生自定	1	18	罗义群	任意选修课

续表

系别	课程名称	授课学期	周学时	年学时	授课教师	备注
音乐系	民族民间音乐	第一、二学期	2	72	周恒山	限定选修课
	芦笙	学生自定	2	30	外聘	任意选修课
美术系	民族民间美术	第六学期	2	24	张　华	限定选修课
英语系	黔东南文化旅游英语	学生自定	3	30	汪　洋 谢贯华	任意选修课
英语系	革家文化概论	学生自定	12	150	苏启义 罗　静	留学生
全校	黔东南旅游与民俗开发	学生自定	3	30	罗永常	校级选修课（全校公选）
全校/人文/学院	黔东南方言概论	第一学期 第二学期	3/2	54	王贵生	全校选修 中文专业选修
全校	民族理论与民族政策	第五学期或第六学期	1	18	范生姣	全校基础理论必修课
管科系	苗侗文化概论	第一学期	3	54	傅安辉 范生姣	系级必修课

注：全校列入教学计划，开设的民族特色、地方特色课程共十三门。覆盖全校各专业的课程有：教育类必修课“黔东南方言与普通话正音”、基础理论课“民族理论与民族政策”，校级公共选修课“黔东南旅游与民俗开发”等。其他课程分别由中文、音乐、美术、政史、英语等专业开设。资料来源：贵州省凯里学院教务处。

从表4-1所反映的课程设置看，民族文化特色课程主要为选修课，并无民族文化专业，课程在浅与深教学上出现了尴尬状况，民族文化特色教育不占主体教学地位，只为辅助课程，承担的是文化初级普及的教育角色，并不是成熟的民族现代文化教育。

从教学实践来看，各民族地区的大专院校在现代民族文化教育上，首先应该力求成立独具特色的民族文化院系与现代专业方向，如贵州大学新创酿酒学院。其次设立全方位的民族教育结构，使地区民族文化教育的发挥到最大，如民族政治、经济、科技、历史、医学、文化、教育等相关课程都应百花齐放；再者，重点研究濒危文化现象，如应在大专院校开设非物质文化遗产传承课程，并聘请文化传承人担任客座教授，将濒危文化传承人、民族文化传承活动纳入大学课堂，避免出现政府分散监管、顾此失彼的问题，间接加大扶持力度，为濒危民族文化的传承提供人才与理论保障。最后，在民族文化理论研究中，重点强调现代民族创新理论，思考民族文化现代再生产途径，如建立文化的再生产“继承人”青年计划，为民族文化的现代化再生产培养提供专项资金与专属人才，建立文化资源数据库等。

不管怎样，在民族文化现代教育上应该认识到：教育是一个多元整体结构，各地区民族文化情况各有差异，应该因材施教，合理配置，民族文化的现代教育体系的落实需要文化传承与传播的战略思维。

4.2.3　微观：三位一体——“台前—帷幄—幕后”

4.2.3.1　理论支持——“台前—帷幄—幕后”说

既然文化并非单一构成，那么在文化现代性实践探索上也不应该有整齐划一、一劳永逸把复杂问题简单化的思想。时代的变迁需要去认真思考适合自己的生存方式，在不失自我风格的同时辩证地去思考民族社会进步的方法。

戈夫曼认为日常生活处于一种表演形态，他在《日常生活中的自我呈现》一书中指出：“在我们生活的社会里，表演大多是限定在明确区域范围内进行的，在这个区域内，不仅在空间上受到局限，还受到时间的限制；表演所想达成的理解与印象可以渗透与内嵌入时空的各个组成部分，能够方便身临表演所营造出的时空复合氛围的个体对这种表演形式行使观察行为，另外，他们会受到表演所制造出来的情景定义所控制；在表演的理论上提出舞台的‘台前区域’（the front stage）与‘后台区域’（the back stage）之分。从特征来看，‘台前区域’是开放性的，需要展示给观众；‘后台区域’是隐秘性的封闭空间；如果我们以某一具体的表演为出发点，那么，我们就可以用‘台前区域’一词来指表演的场所，‘台后区域’则是隔板或一条有人守护的走廊同舞台隔开的另一端。”①

曾与戈夫曼共事的旅游人类学家马康纳把戈夫曼的表演学引申到旅游研究中，杨慧在《马康纳（Nean Mac Cannell）及其现代旅游理论》一文中总结道：“马康纳将社会结构分为‘前台’与‘后台’，‘前台’，是指人际面对面交往的舞台，以整体演技取胜，每一个人都是主控姿态传送的表演者；在‘后台’，人们比较放松，不那么注意形象，可以有隐私，暂且摆脱辛苦的台面表演工作。”②

戈夫曼、马康纳这种社会研究视角给民族文化现代化实践提供了非常好的启发。社会生活同个人发展一样是具有公开与隐私之分的，面对现代发展，一个民族作为自主主体在寻求文化发展时，也有了一定的发展意识。目前，少数民族在现代化进程中基本认识到故步自封是举步艰难的，应积极应对改变，选择将自身“后台文化”搬到“台前表演”，不断模糊“台前”与“后台”的界限，隐私部分受到“曝光”，成为许多少数民族地区发展的共举。但如何发展，以什么方式发展，这些都是需要谨慎思考的问题。

从目前所有民族的现代发展来看，把文化空间打造成旅游地，发展相关服务业，进而挖掘文化产业开发，是最为显著的通用方式。虽然旅游业的兴起，在短时期内推动了地区经济发展，也避免了民族地区因为并入现代工业社区行列造成生态环境破坏的负面影响，但应该清醒地认识到旅游从其本质上来说是基于“凝视”的大众视觉文化商业经济的产物，是需要“被看”地区去迎合才能完成的现代生产。同时，旅游也是一种涵化的发展形式，③ 一般来说，游客对民族文化的参与是表面的参与，为了迎合这种表面性质，无深度发展成为现代旅游的症候，导致文化因外而起，由内向外的内涵溃烂、市场同化、文化风格消失，文化保护演变为隐性文化破坏等也是旅游无度发展的消极结果，这种现象尤其是在直接把现代旅游植入人们日常生活，自然

① ［法］居依·德波．景观社会［M］．王昭风，译．南京：南京大学出版社，2006：94．

② 杨慧．马康纳（Nean Mac Cannell）及其现代旅游理论［J］．思想战线，2005（1）：97-101．

③ ［美］丹尼逊·纳什著．旅游人类学［M］．宗晓莲，译．云南大学出版社，2004：24-36．

村落无保留地直接敞开，少数民族自身文化自觉较少的情况下极大程度地接受旅游业所产生的商业意识的民族区域。

2006年杨振之教授提出了旅游发展的“前台—帷幕—后台”模式；他认为前台是目的地社区居民展示、表演的空间，前台为发展旅游业可以对产业结构做重大调整，赢得地区发展需要的资金（如图4-1所示①）。

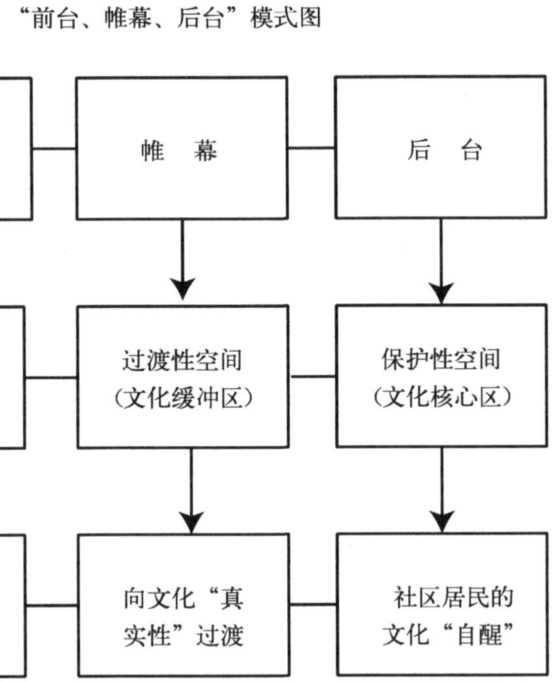

图4-1 “前台—帷幕—后台”模式图

商业化是一个事实，为了让游客在旅游过程中即时地体验民族文化，当地居民通过采用文化展示、表演的现代市场手段进行文化改造，为民族地区带来了经济效益，但是应该认识到前台的“文化展演”只是文化的“走马观花”，是表象化的认知，是文化的快餐化套路。虽然游客在短暂的时间内对东道主文化有些许粗略了解，而前台的经济促进力也是由于这样

① 杨振之. 前台、帷幕、后台——民族文化保护与旅游开发的新模式探索［M］. 民族研究，2006（2）：39-46.

的快餐式文化模式而获得，但是，民族文化的商品化也带来了民族文化的危机。他认为：旅游的发展需要注意“度”，为了不让商业气息弥漫整个空间，要保护好文化的原生形态，他认为应该设置一道屏障，那就是帷幕，即前后台之间的“缓冲区”。一个分割领域，把后台封闭，保持后台的神秘，具有象征意义。另外，杨振之教授指出，在“前台—帷幕—后台”管理上统一由政府实施。他认为社会再分配应该在模式里实行。

杨振之教授的这种分而治之的民族文化发展实践思路是值得借鉴的。应该认识到为了发展效率遗弃民族文化根本是得不偿失的。目前，一个民族地区的发展已经不是处于需要去思考发展与不发展的低级阶段，现在民族区域的开放已经作为紧迫任务深入人心，“走出去、带进来”已然成为共识，在感性认识的基础上“怎样才能发展好”的理性思考应该成为现阶段民族发展首要课题。同时，应该知道现阶段为民族文化的发展出谋划策、各显神通，每一个学科、每一种思维都在为民族地区的发展做出自己的贡献。可是，也应该看到其间的混乱，经济学家提出了以经济发展为先的思路，人类学者提出了要以文化保护为先的思路，旅游方面的人提出旅游的路子，主张工业发展的人提出发展工业的好处等；所以，在广纳良策之际，总是婆说婆有理、公说公有理，民族地区的发展开始处于进退两难的状态。另外，民众对发展的认识是限于表面的，民族地区的民众整体素质也有待提高。这样，一个“无能力自主、无主见分辨、无思想预测”的不良状态出现在许多民族地区的发展中。应该清醒地认识到，民族地区的发展是一个整体的发展转型过程，并不是仅旅游业发展好了就是发展了，仅经济上去了就是发展了，仅传统原生态文化保护住了就是发展了。应该知道这是需要一个完整把握、各方面配合的整体战略。所以，在发展功能划分上应该明确。首先，文化资本是根基，而文化资本中具体的状态即以精神和身体的持久“性情”的形式才是文化的命脉，也应该是“后台”的内容，稳定民族地区民族精神是根本，这是其他任何发展都不应该动摇的习惯培养，民族自我“家”的生活本身是神圣不可侵犯的，民族习惯不可以因为需要发展经济而暂时妥协，只能是通过自我选择而内部演变。当下民族习惯一味为了经济发展而退让，习惯在与经济发展冲突时往往被判定为陋习，使民族自身对自我进行了严重的否定，值得反思。在这样的发展中应该多多借鉴人类学家、文化研究学者们的意见，培养民众文化的自觉意识，认识什么才是自身宝贵的文化遗产，培养民族自尊心，积极维护各民族自己的“文化家园”，把全民文化保护向积极的方向推动。其次，划定过渡空间，做好中介基础设施建设，为当地人提供解决现代经济发展问题的窗口，施惠于民族群众，发展的限度是需要经济发展方面、文化保护与现代发展人才汇集商讨的，但是应该明确文化适度的性质。最后是贴近现代生活的“前台”舞台区域，这一区域的划定目的就是民族的现代展示，以文化现代产业化为主要手段进行文化现代化转型探索，这是重点“实验区”，是创新人才的摇篮，在这个区域由思想最为活跃的具有民族发展才能者进行思考和总结，是文化进行现代审美与现代发展的舞台，也是外来者对文化粗略感受的基地，优质的集中呈现是这个地区开发发展的追求目标，以量的开发思索质的方向，具有民族文化发展桥头堡的地位。

4.2.3.2 对应方案

西江千户苗寨目前没有台前、帷幄、幕后之分，功能混乱，对其文化本身的冲击是巨大的，其结果是，既没有真实的文化，也没有真实的生活，更没有文化的再生产。只有将三者的功能定位分离开来，各尽其职，才能使民族文化可持续发展。在此，根据戈夫曼“台前—帷幄—幕后”理论，对西江的未来发展进行顶层设计。首先，建立情景景观文化园承担“台前”的文化展示、展演功能。其次，建立文化创意产业园承担“帷幄”的文化再生产功能。最后，将社区本身还给生活，加强苗族社区建设，让其按照原本的自然演进发展，让社区人民拥有“幕后”的私密生活空间，同时建立第二媒介时代虚拟社区。

1. 台前：情景景观文化园

建立情景景观文化园，就西江千户苗寨来说，亦即在异地再建一个“新西江”。这个新西江真实再现苗族的文化全貌，是个苗族文化的展示、展演大观园。基于这个情景景观文化园要真实再现苗族文化全貌的需求，园区环境布局、建筑布局、功能区划分、人员结构配置等无不体现苗族文化元素。这个文化园区对内提供就业岗位，是苗族人民的工作单位，对外向世人开放，是苗族文化消费体验区。苗族文化全貌，从纵向看，包括苗族的历史、现在和未来；从横向看，包括器物层面、制度层面和精神层面，如苗族的民族心理、生产生活、社会制度和风俗习惯等。因而，情景景观文化园的建设需要全面考虑这些因素。

要建立苗族情景景观园，先从器物层面着手。人与自然的关系，也即人居环境，是文化的选择，也是文化的生产地。苗族是山地半农耕半狩猎民族，这意味着苗族人民的居住环境多山少地。大山出产木材、野果、野菜，也有各种野生动物，是苗族人民获取生活资源的重要来源地。因而苗族的狩猎文化也比较发达。同时，因为山多平地少，为了能够拥有更多的平地种植水稻以获取足够的粮食，只能将房子建造在半山腰上，斜坡建房，房基不宜开拓太大（防止滑坡），只能在较小地基上将椽臂向外延伸，形成吊脚，以增加房基面积。这样的粮食生产环境和居住环境，自然也形成一套独特的稻作文化和居住文化。西江千户苗寨也是这样。因而，在建立情景景观文化园的时候，也一定要依山傍水而建。选址确定后，可以将文化园进行功能分区。可以分为居住生活区、生产劳动区、商品交易区和创意产品展示区四个场域。

居住生活区主要是指情景景观文化园的建筑区，包括住宅区、游方坪、牯藏场、斗牛坪、斗鸟坪、道路、桥梁等，这些建筑设施和场地设置都按苗族建筑风格设立，主要展示、展演苗族的吃穿住行等日常生活情况。住宅区里的每个家庭都是苗族日常居家生活展示厅，按照苗族习俗有偿接待来访游客或有偿给游客提供日常生活体验机会，如享受苗族饮食、体验苗族火塘文化等。游方坪是苗族男女青年谈恋爱的场所，也是苗族情歌的生产和使用基地，游客在尊重苗族习俗的前提下可以到游方坪体验苗族的游方文化。牯藏场是苗族重要的祭祀场所，2013 年在此举行一次祭祀活动，在情景景观文化园，为了满足游客需求，可以根据实际情况缩短举办周期，每年一次，在有人出资承包专场的情况下，可以额外安排，但必须严格遵照苗族牯藏节的举办程序。苗族喜欢斗牛、斗鸟，因而往往设有斗牛坪，目前虽然没有专门的斗鸟坪，但可以在文化园中设置，斗牛是逢年过节时举办的娱乐项目，斗鸟则是苗族人日常闲暇时的娱乐活动，两者都有很强的娱乐性和可参与性。苗族对桥梁有特别的感情，桥梁在苗族人的心目中具有相当重要的地位，因而有专门的祭桥节，造桥也有专门的仪式。这些都可以作为文化体验项目。

居住生活区是苗族主要的日常生活场所，其文化活动最为活跃，如房屋建造、用具生产、手工艺品生产、诗歌演唱、巫术活动等，因而除了传统文化场所的展示、展演外，在这个功能区里还应设置专门的展示区和体验区。可以由情景景观文化园管理机构统一规划，挂牌认证木匠家庭、石匠家庭、芦笙制作家庭、竹编生产家庭、苗布生产作坊、传统纺织作坊、手工刺绣作坊、银饰加工作坊、古歌交流基地、酒歌交流基地、情歌交流基地、苗族习俗表演基地、苗族舞蹈表演基地、巫师法事活动基地等。各行各业的工匠和能手在相应场所展示技艺。

生产劳动区是居住生活区的外围区域，人们从中获取生产生活资料，展示、展演苗族的生产劳动状况。从中可以了解苗族的劳动环境、劳动工具和劳动成果等，体验农耕民族的生产劳动过程。可以设有梯田稻作区、山地蔬菜种植区、森林狩猎区、林地采摘区、林木种植采伐区等。苗族的农耕文化发达，但仍采用原生态的生产劳动方式，生产工具原始，生产手段环保，因而其产品都是绿色产品，因而比较符合当下人民的体验式需求。梯田稻作区的田块可以以托管的方式承包给游客，根据游客需求种植水稻，园区收取种植指导费和田间管理费，稻田养鱼可以为生活区提供食材。山地蔬菜种植区地块可以以托管方式承包给游客，也可以给游客提供种植、采摘蔬菜的机会，为生活区提供食材。森林狩猎区为游客提供收费的打猎体验，为限制客流量可以收取高额门票。苗族地区森林资源丰富，林地特产多，季节性野果、野菜、山菌等较多，可以设置采摘区。苗族是个山地民族，长期与木头打交道，日常生活离不开林木，小到烧柴做饭，大到起屋造房，都得砍伐树木，砍树就得种树，因而设置林木砍伐种植区也很有必要。生产劳动区可以给游客提供苗族劳动生产体验，但其只是情景景观文化园的一个组成部分，而不是真正的苗族生产劳动区，因而对这个区域应该加强绿化，美化园区，保护性利用，而不能对其造成破坏性开发。

商品交易区是设在居住生活区附近的市场，是苗族文化产品集散地。苗族有赶集的传统，一般每七天一场，西江苗寨有一条街供赶集用，每逢集日，周边苗寨的人都来赶集，相当于小型展销会，苗族文化气息相当浓厚。在情景景观文化园里设商品交易区，提高准入门槛，专门销售苗族文化产品，包括日常生活用品、手工艺品、文化创意产品等。在商品交易区，游客可以买到自己喜欢的具有苗族元素的纪念品。

创意产品展示体验区是在情景景观文化园开辟的专门展示苗族文化创意的场所，是苗族文化创意产业园（帷幄，下一节详细论述）的成果展示区。这个区域全面反映苗族文化再生产的成果，展示苗族文化的活力。根据情况，可以设置苗族影视作品放映区、苗族戏剧表演区、苗族室内装潢展示区、苗族元素木器区、苗族元素银器区、苗族元素陶艺区、苗族元素布艺区、苗族元素竹艺区等。可以说，创意产品展示体验区展示的是一切苗族元素创意产品，通过展示、展演，提高苗族文化产品的知名度并向外输出，达到文化的保值、增值目的。

情景景观文化园的分区主要是按照苗族日常生活功能，其本质是苗族文化的再生产消费区，承担了接待外来游客、展示展演苗族日常生活场景、销售苗族文化产品的功能。为了满足游客对苗族文化生活的憧憬和向往，这个区域必须真实再现苗族的文化全貌，因而景观文化园不仅展示展演当下的苗族生活场景，还要展示展演苗族的历史状况和未来可能情况，使之成为苗族的立体活态史书。这样一个景观文化园，拥有很好的硬件规划，但也需要对人员结构进行合理配置。

这个景观文化园也就是苗族社区（幕后，下文将有详细论述）居民的工作区。因而这个区域的工作人员必须主要是苗族人。入园工作需要从苗族语言、苗族文化技能两个方面进行考核。苗族语言能力是基本准入资格，是发放基本工资的唯一依据。这样的话，学习苗族语言文化必然成为一种风气，基本改善苗族儿童逐步丧失本民族语言能力的现状。苗族文化技能是薪级工资的衡量标准，根据这些人员所掌握技能的熟练程度制定阶梯式薪资，使之成为激励机制，鼓励创造、创新，让工作人员在文化园区全面实现自我价值。情景景观文化园区的设立，使苗族人只要掌握本民族文化就可以谋生，就能就近就地就业，从根本上解决了苗族人才流失的问题。在展示展演苗族文化的同时为苗族文化再生产储备了丰富的人才资源。

2. 帷幄：苗族文化创意产业园

建立文化创意产业园，也就是建立文化工业基地，是文化再生产现代化的必由之路。文化产业（culture industry）一词源于 20 世纪初霍克海默和阿多诺合著的《启蒙辩证法》一书，至今已有 100 年。联合国教科文组将文化产业定义为，按照工业标准，生产、再生产、储存以及分配文化产品和服务的一系列活动。文化产业从理论到实践经历了很长一段时间，然而对苗族来说，还是个新鲜事物。苗族文化生产基本上是一种集体无意识状态，自然发展，门类不全，没有形成规模，缺乏竞争力，无法抵御工业文化的冲击。建立苗族文化创意产业园，在为“台前”情景景观文化园注入活力的同时，可以加快苗族文化生产现代化步伐。

文化产业以生产和提供精神产品为主要活动，以满足人们的文化需求为目标，是文化意义本身的创造和销售，狭义上包括文学艺术创作、音乐创作、摄影、舞蹈、工业设计与建筑设计。具有四个特征，即系列化、标准化、生产过程分工精细化和消费大众化。苗族文化创意产业园即是利用现代化文化生产设备和生产手段生产具有浓厚苗族风格的门类齐全的文化产品的文化产业基地。创意产业园的主要任务是生产具有苗族元素的文化产品，一方面为情景景观园注入新的文化活力；一方面面向市场，为国际国内市场输出苗族文化。因而，产业园的建立需要从区域设置、人才保障和硬件配备三个方面进行规划，为文化产品提供质量保障，以增强文化竞争力。

苗族文化创意产业园的区域设置。创意产业园与情景景观园一样，需要专门划定一块创业基地，再根据需要对基地进行分区。可以分为文学艺术创作区、音乐创作区、舞蹈艺术区、影视作品生产区、工业设计区和建筑设计区等。苗族的文学、音乐、舞蹈独具特色，富有艺术表现力和文化感染力，但需要进一步挖掘和深加工，特别需要现代传播手段推出一系列作品。以前也有一些苗族题材的影视作品，但数量还是比较少，类型也比较单一，创意园应该拓展影视作品题材和类型，如 3D 电影、动画片、网络游戏等。工业设计区主要承担工艺品的设计、加工和机械化生产，使苗族文化元素工业品满足大众消费需求。建筑设计区除了研究设计苗族风格的建筑，还设计苗族风格或苗族元素的室内装潢材料。总之，创意产业园要研究生产满足大众消费需求的苗族文化产品。

苗族文化创意产业园的人才保障。人才是创意产业园能够得以存在和发展的决定性因素，因而专业人才的引进和培养至关重要。产业园需要设计、生产、管理、营销四方面人才。为了能够招揽到优秀人才，不限定民族、国别身份，唯一的准入条件是，这些人才必须从事苗族元素文化产品的设计、生产、管理或营销工作。除了引进专业人才，还需要建立基础教育学校和职业技术学校。基础教育学校培养儿童苗族基础文化知识。职业技术学校设置各种专业，为创意产业园培养后备人才，情景景观文化园和创意产业园都可以成为学生们的实习、就业基地。

苗族文化创意产业园的硬件配备。硬件配备主要根据区域功能决定，需要强调的是，要配备现代化的各种设备，要用现代科技手段展示苗族文化或完成苗族传统工艺品的生产。

3. 幕后：苗族社区建设

西江千户苗寨原本就是个普通的居住社区，但通过前面的大量论述，知道西江已经不再是居住社区，而是有人居住的景点，是个十足的景观社会。景观社会里的居民丧失了主体地位，他们不再是这里的真正主人，而是景观社会里的被参观者和服务员。他们不再生产文化，而只是在贩卖文化。当地文化沙漠化的同时，居民们生活被严重干扰。可悲的是，这一切，他们浑然不知，或者他们已经有所察觉，却毫无反抗力量。在当下，他们还没有找到比景观社会更好的谋生办法，只能听天由命。然而，上文已经找到了出路，当前应该把景观还原为生活，让社区退居“幕后”，以获得更多的私密文化延续空间。“幕后”并不意味着停滞不前，还需要加强社区建设来适应时代的发展步伐。为了让这个步伐走得更为自然，对西江千户苗寨，需要从人居人权环境和虚拟社区两方面加强建设。

西江千户苗寨的人居人权环境建设。改善环境、提供就业机会、改善民生、改善居住条件、改善基础设施，这是人居人权环境建设的应有之义。这方面的工作，表面上看西江是做得较好的。但作为景观社会而言，西江的人居人权环境大打折扣，居民家庭既是旅馆也是饭馆，居民既是老板也是服务员，他们被游客 24 小时打扰，没有自己的时间、空间，也没有自己的生活。一旦建立情景景观文化园，居民就有了新的就业单位，收入不受影响，下班之后还有自己的时间来参与和组织社区各项建设，管理社区活动。这里将会成为一个非常理想的居住社区。

在这样的前提下，建立虚拟社区，扩大第二媒介时代话语空间。一方面可以对外输出文化，一方面可以最大限度地吸纳各界力量参与社区建设。这是后工业时代的发展要求。

结　语

不管愿意与否，无论是有意或者无心，我们每个人都在移动着。即使我们原地不动，我们也在移动着：在一个永恒改变的世界，静止不动并非现实的选择。

——齐格蒙特·鲍曼《全球化——人类的后果》

我们都处于一个浮士德的时代，注定要在自己完蛋之前遇到上帝或者魔鬼，而那逃避不了的真实矿石是开启这把锁的唯一钥匙。

——梅勒，1971

对于西江苗寨来说，“现代性”的关键力量是称为发展欲望的一种冲动，它所换取的都是一些现代社会中的人们在生活中普遍追求的明确价值：金钱、权力和名声，虽然这些对于当下遥远山村的人们不是十分的清晰，或许他们会告诉你：“不错，我们想要的就是这些东西，但这些东西就我们本身而言却并不是必然的所要。”

西江的现代化发生在这样的时刻：这些外面大世界过往封建的、宗法的社会状况在经历了数世纪之后已然遭到了质的破坏。西江——苗族的“边城”之一，那里仍然处在遥远部族所住的“小世界”里，而这些小世界正如人们已看到的那样是足以让人感到不可思议的。不过，这些所剩无几的细胞性小城镇也正在开始无可逃避的破裂：

最初是通过与外来的具有爆炸性的城市外来人物的接触——研究者和旅行者，他们有钱、欲望强烈、主意多、见识广，他们都是一些对守旧的神话来说不可或缺的古典性“外来煽动者”，但他们并不是破裂的根本，更加重要的原因是内在的爆炸，这种内在的爆炸是由于小城镇年轻人的内心经历了不稳定的发展而引发的。这些小城镇已经不再能满足儿女们对未知世界的好奇心而造成行为与精神上的叛离，事实上原生价值对新生的拦阻是一种宣告，即它们不会适应其儿女的变化意愿。后来叛离继承者会吸取教训：他们将搬离并向往外面的生活。在这段叛逆的时代之间，成千上万个“小世界”被搬空，转变为空壳，它们的年轻人纷纷走向大城市，走向开放的边界，走向新的地方，去追求思想、爱以及成长的自由。结局值得警示，那些封闭的城镇由于不愿意或不能够与其儿女一起发展，就会变成鬼城，残留下来的鬼魂将是那里的最后胜利者。

此时此刻，“发展”成为不得不面对的问题，随着发展故事的展开，封闭的小城镇开始懂得了感受别人对自己的需要和爱——现代化不可磨灭的负面因果的填补，历史怀旧情绪的寄托。它们被迫赶紧发展对自己的新意识，它们有时甚至于悲叹自己不聪明，为什么没有早一些、快一点。现代的另一面告诉它们，这没有关系，他们爱的是它们那可爱的温柔——旧日的文化，那才是大自然慷慨赋予的无上珍品，但事实上在它们的附带的后来的发展中不时地显示出它们变得越来越聪明与世故，因为只有通过智慧与世故，它们才能应付自己所经历的身体上的大变动。它们的天真无邪、它们的纯洁，更重要的是它们的质朴必须抛弃，因为它们不得不建立起并维持一种双重的生活——景观与传统并存的生活，以应付外来人、城市人、媒体人、政府的监视与自我的时代欲望，应付这个封闭的小镇世界的当下所有令人窒息的压力。它们不得不学会藐视它们自己的内疚——打破传统规矩与价值观的内疚，它们被告知这种内疚才是一切不如意的来源，它们应该放开一些、再放开一些。当它们的新感情与它们的旧社会角色发生冲突时，它们终于相信，它们自己当下的现代需要是合理的和重要的，并且感到了一种新的自尊。外乡人的所爱的那个天使般的儿童在它们眼前消失了：发展的情话使它脱离自我预设而长大了。正如马克思在《共产党宣言》中着手描述资产阶级真正的革命成就时，日常生活的全部结构开始进行最广泛与最复杂的重组。

但是发展并不是一无是处，它有它自己的优点，它能使人们把各种各样形形色色的想象活动、经济活动、宗教活动与政治活动都看作同一个辨证过程的组成部分，向人们展现出它们之间创造性的相互作用，这一切发展为在过去、现在与将来之间展开对话创造了条件。它跨越了边缘的和主流社会的空间，揭示出伟大的艺术家与普通边缘少数民族老百姓之间的统一，以及被发达地区笨拙地称为贫穷地区、边缘族群与新世界之间的统一。它跨越了民族和国籍的界限，跨越了性别、阶级和人种的界限，而将各种人统一在一起，它拓宽了人们对自己经验的理解，表明了人们的生活中存在着比原有的设想更多的东西，赋予开拓日常生活的一种新的广度与深度。

随着发展的各种工程会合，西江因而感到“真正”的自豪而容光焕发，毕竟它荣升国家4A级风景旅游区，是媒体眼中苗族文化所有美好的形象的集合，是族群里令人羡慕的新村落，而这一成效缘起于它运用现阶段思想与行动的综合，运用头脑改变了世界。它用一种生机勃勃的新经济取代了一种贫瘠无效的经济，这种新经济将“为千百万人开辟空间使人们虽然还得不到保障却能够自由地活动”，它是一个物理的和自然的空间，在新经济路途中，有一类现象在现代的历史中将会大量出现：处理挡道的、阻碍历史、进步、发展的人、物、价值、规矩；它们被集体当作过时之物处理掉，那些旧世界不得不奉献出来一切美好事物的体现，它们太老了，太固执了，甚至也许太愚蠢了，无法再改变自己，再运动了，但它们曾经都是美好的，是旧世界里的社会中坚内在，是外面向往原生的过去的记忆。对西江这个发展者来说，停止运动，在树荫下休息，让那些过去围困自己，就意味着死亡。然而，对一个在发展的巨大压力下进行工作、负担着发展给自己带来的罪恶的人或一个族群来说，承诺未来的美妙无比和平听起来是能够安慰自己的唯一途径。正是因为发展者们发觉，那未来的钟声是如此优美，那旧世界不可原谅的事物是如此黑暗和深沉，他才要自己把它们清除掉。用尽所有手段与资源，破除一切清规戒律：不仅超越自然的天然界限，还超越了传统社会习惯，更甚至于还要超越人类基本的对白天与黑夜的两分，在进行生产与建设的冲刺之前，要拆除一切自然的和人类的障碍，才是现代发展的关键点。

这是一种歌德笔下的浮士德发展模式，浮士德将物质世界的现代化视为一种崇高的精神成就，在其作为将世界引向新道路的“发展者”的活动中，成为一个典型的现代英雄。但这个发展者，正如歌德对它的认识那样，既是英雄人物也是悲剧人物。为了理解这个发展者的悲剧，在判断他对于世界的设想时，不能仅根据它所看到的东西，即不能仅根据它为人类开辟的浩瀚的新视野，而且还必须根据它没有看到的东西：浮士德和人们都将发现，现代人转变自身的唯一途径就是，根本转变他生活于其中的整个物质的、社会的和道德的世界。但是，他所开创的各种伟大发展——理智的、道德的、经济的、社会的——最终都将使人不得不付出巨大的代价。这就是浮士德与魔鬼的关系的含义：人的力量只有通过马克思所谓的"魔鬼"，即可能以可怕的力量爆发出来而人类根本无法加以控制的各种令人恐惧的黑暗能量，才能得到发展。①

人们应该发觉自己处于现代自我意识历史中的一个关键节点上，正目睹着一种新的社会劳动分工、一种新的职业、一种新的观念与实际生活的关系的诞生。两种完全不同的新旧历史运动正在汇合，开始一起流动，一种发展者伟大的精神和文化的理想正在逐渐变成一个物质和社会的实在，推动着人们前进的那种自我发展的浪漫追求，但是人们正在通过一种新型的冒险故事、通过经济发展的宏伟工作塑造自身，人们正在将自己改变为一种新人，使自己适合于一种新的职业，在其新的工作中，发展者们将搞出现代生活中一些最有创造性的事情和最有破坏性的事情，他们将成为无比的破坏者和创造者。

应该清醒地认识到，能够清白地创造一个新世界，其实这不仅是在欺骗别人而且也是在自欺欺人。如浮士德那般起初他退出了所有肮脏的发展工作，现在事情干成了，他又洗脱自己的责任，不赞成中介人的所作所为。看来，即便发展的过程将一块荒漠转变成了一个欣欣向荣的物质的和社会的空间，但它同时却在发展者自身内部再创了一块荒漠，这就是发展造成的悲剧。但是，应该欣喜的是即便身处被毁坏了的现在，也能够想象一个开放的未来。"你想要飞，但你又头晕目眩，个人的成长是要付出代价的；任何想要成长的人都必须付出代价，而这种代价是很高的。"虽然残酷刺耳，但却也含有某种安慰："我们并不是第一个"。应该公平地对待

① ［美］马歇尔·伯曼. 一切坚固的东西都烟消云散了［M］. 张辑，徐大建，译. 北京：商务印书馆，2003：50、51、80.

这些发展者，必须认识到如果发展者拒绝去看的人类现实和他无法忍受去面对的各种可能性，在展望并且努力创造一个既能够实现个人的成长和社会的进步又天真地以为无须付出重大人类代价的世界，这种消除生活中的悲剧才是人们真正的悲剧发源。

发展者是如此悲壮，他们发出了“不做是等死，做不好就是找死”的誓言（西江一领导在谈论西江发展时发出的感慨）。人们需要用宽广开放的理解方式面对未完成的民族现代化设计，发展者在混乱中力图寻求未来出路的行动主义精神是值得用耐心拭目以待的。毕竟当“滚拉拉”① 需要完成现代成人礼，必然会付出血汗历经现代“寻父之路”。人们在寻找文化的成长苦旅中会付出代价，最后还会回来的，就像滚拉拉向奶奶保证一定要把奶奶的银饰赎回来一样，毕竟如奶奶告诉人们的那样：成熟起来吧，接过那杆枪，什么也比不上你成为男子汉啊！② 尼采、马克思给人们展示了一种他们肯定的新人——“明天和后天的人”，这种新人源自自己的过去、与自己的现在相对立（反思），将有勇气和想象力迎接未来“创造新的价值观念”。

所以，往回走可以是向前走的一种途径，趁着过去还没有全然消失掉的时候，站在过去文化内核中审视未来生活本体。要想象并创造出新的现代化模式，使人不再为发展而活，而是要使发展服务于人，人性本身及其文化遗产才是发展应该为之奋斗的标准，那才是人们得到满足并且能够说的：“真美啊，停留下来吧”的精髓。

---

① 由中国内地导演宁敬武执导的电影《滚拉拉的枪》里的男主角的名字。《滚拉拉的枪》于柏林举行多场放映。该片关注中国唯一的带枪部落，讲述其中一个苗族男孩滚拉拉的寻父及长大成人的过程。

② 《滚拉拉的枪》台词。

参考文献

[1] 张晓明，胡惠林，章建刚. 2010年中国文化产业发展报告［M］. 北京：社会科学文献出版社，2010.

[2] 高丙中，纳日碧力戈. 现代化与民族生活方式变迁［M］. 天津：天津人民出版社，1997.

[3] 庄晓东. 文化传播：历史、理论与现实［M］. 北京：人民出版社，2003.

[4] 费孝通. 江村经济：费孝通文集（第二卷）［M］. 北京：群言出版社，1999.

[5] 陆杨，王毅. 文化研究导论［M］. 上海：复旦大学出版社，2007.

[6] 罗钢，刘象愚. 文化研究读本［M］. 北京：中国社会科学出版社，2000.

[7] 罗纲，王中忱. 消费文化读本［M］. 北京：中国社会科学出版社，2003.

[8] 徐崇温. 法兰克福学派述评［M］. 北京：北京三联书店，1980.

[9] 编委会. 传播学论文选粹（1-3）［M］. 南京：南京师范大学出版社，2000.

[10] 周鸿铎. 文化传播学通论［M］. 北京：中国纺织出版社，2005.

[11] 丁未. 社会结构与媒介效果：知沟现象研究［M］. 上海：复旦大学出版社，2003.

[12] 包亚明. 都市与文化：现代性与空间的生产［M］. 上海：上海教育出版社，2003.

[13] 郭建斌. 独乡电视：现代传媒与少数民族乡村日常生活［M］. 济南：山东人民出版社，2005.
[14] 郭建斌. 文化适应与传播［M］. 昆明：云南大学出版社，2007.
[15] 吴予敏. 传播与文化研究［M］. 北京：北京大学出版社，2008.
[16] 郝朴宁. 民族文化传播理论描述（2009）［M］. 昆明：云南大学出版社，2007.
[17] 陈清侨，王晓明. 当代东亚城市：新的文化和意识形态［M］. 上海：上海书店，2008.
[18] 费孝通. 江村经济：中国农民生活［M］. 上海：商务印书馆，2002.
[19] 费孝通，张之毅. 云南三村［M］. 北京：社会科学文献出版社，2006.
[20] 费孝通. 乡土中国［M］. 北京：人民出版社，2008.
[21] 包亚明. 现代性与空间生产［M］. 上海：上海教育出版社，2003.
[22] 陆扬. 后现代性的文本阐释：福柯与德里达［M］. 上海：上海三联书店，2000.
[23] 罗岗. 视觉文化读本［M］. 南宁：广西师范大学出版社，2003.
[24] 江天翼. 法兰克福学派—批判的社会理论［M］. 上海：上海人民出版，1981.
[25] 唐小兵. 再解读：大众文艺与意识形态（增订版）［M］. 北京：北京大学出版社，2007.
[26] 潘定智，张寒梅，杨培德. 苗族古歌［M］. 贵阳：贵州人民出版社，1997.
[27] 石茂明. 跨国苗族研究：民族与国家的边界［M］. 北京：民族出版社，2004.
[28] 杨渝东. 永久的漂泊：定耕苗族之迁徙感的人类学研究［M］. 北京：社会科学文献出版社，2008.
[29] 石朝江，石莉. 中国苗族哲学社会思想史［M］. 贵阳：贵州人民出版社，2005.
[30] 吴晓东. 苗族图腾与神话［M］. 北京：社会科学文献出版

社，2002.
[31] 孙秋云. 核心与边缘 [M]. 北京：人民出版社，2007.
[32] 张慧真. 教育与族群认同：贵州石门坎苗族的个案研究（1900－1949）[M]. 北京：民族出版社，2009.
[33] 李德龙. 黔南苗蛮图说研究 [M]. 北京：中央民族大学出版社，2008.
[34] 韦茂繁，秦红增. 苗族文化的变迁图像——广西融水雨卜村调查研究 [M]. 北京：民族出版社，2007.
[35] 李彬，王君超. 媒介二十五讲 [M]. 北京：清华大学出版社，2004.
[36] 周宪. 文化表征与文化研究 [M]. 北京：北京大学出版社，2007.
[37] 孟伟. 日常生活的政治逻辑 [M]. 北京：中国社会科学出版社，2007.
[38] 杨夫林. 西江溯源 [M]. 贵州：贵州省雷山县西江千户苗寨，2006.
[39] 于维栋. 中国现代化战略的新思维 · 中国现代化的战略思考 [M]. 北京：中科院中国现代化研究中心，2010.
[40] 王宁，刘丹萍，马凌等. 旅游社会学 [M]. 天津：南开大学出版社，2008.
[41] 刘怀玉. 现代性的平庸与神奇 [M]. 北京：中央编译出版社，2006.
[42] 瓦伦 · L · 史密斯编. 东道主与游客 [M]. 云南：云南大学出版社，2007.
[43] 沈从文，季羡林主编. 神巫之爱 [M]. 北京：中国工人出版社，2010.
[44] 金庸. 笑傲江湖 [M]. 北京：生活 · 读书 · 新知三联书店，1994.
[45] 倪匡. 蛊惑 [M]. 香港：风云时代出版股份有限公司，1995.
[46] 卫斯理. 烈火女 [M]. 上海：上海书店出版社，2009.
[47] 王宁. 消费社会学 [M]. 北京：社会科学文献出版社，2001.
[48] 谢彦君. 基础旅游学 [M]. 北京：中国旅游出版社，1999.

[49] 陈向明. 质性研究：反思与评论 [M]. 上海：重庆大学出版社，2008.
[50] 高宣扬. 流行文化社会学 [M]. 北京：中国人民大学出版社，2006.
[51] 高宣扬. 当代社会理论上 [M]. 北京：中国人民大学出版社，2005.
[52] [德] 哈贝马斯，曹卫东等译. 公共领域的结构转型 [M]. 上海：学林出版社，1999.
[53] [德] 沃尔夫冈·伊瑟尔，朱刚，谷婷婷，潘玉莎译. 怎样做理论 [M]. 南京：南京大学出版社，2008.
[54] [德] 彼得·比格尔，高建平译. 先锋派理论 [M]. 上海：商务印书馆，2002.
[55] [德] 哈贝马斯，曹卫东译. 现代性的哲学话语 [M]. 上海：译林出版社，2011.
[56] [德] 瓦尔特·本雅明 (Walter Benjamin)，刘北成译. 巴黎，十九世纪的首都 [M]. 上海：上海人民出版社. 2006.
[57] [德] 瓦尔特·本雅明，王才勇译. 机械复制时代的艺术作品 [M]. 北京：中国城市出版社，2002.
[58] [德] 马克斯·霍克海默，西奥多·阿道尔诺，渠敬东，曹卫东译. 启蒙辩证法 [M]. 上海：上海人民出版社，2006.
[59] [德] 齐美尔，陈戎女译. 货币哲学 [M]. 北京：华夏出版社，2002.
[60] [德] 康德，许景行译. 逻辑学讲义 [M]. 北京：商务印书馆，1991.
[61] [德] 马尔库塞，刘继译. 单向度的人 [M]. 上海：上海译文出版社，1987.
[62] [德] 费尔巴哈，卜卷，荣震华等译. 费尔巴哈哲学著作选集 [M]. 北京：商务印书馆，1984.
[63] [德] 马克思. 马克思恩格斯选集：第 1 卷·路易·波拿巴的雾月十八日 [M]. 北京：人民出版社，1975.

[64] [美] 安德森，吴叡人译. 想象的共同体 [M]. 上海：上海人民出版社，2007.
[65] [美] 格尔茨，韩莉译. 文化的阐释 [M]. 上海：译林出版，1999.
[66] [美] 克莱德·M·伍兹，何端福译. 文化变迁 [M]. 石家庄：河北人民出版社，1989.
[67] [美] 詹姆斯·凯瑞，丁未译. 作为文化的传播 [M]. 北京：华夏出版社，2005.
[68] [美] 爱德华·W·萨义德，李锟译. 文化与帝国主义 [M]. 北京：三联书店，1988.
[69] [美] 斯蒂芬·李特约翰，史安斌译. 人类传播理论 [M]. 北京：清华出版社，2004.
[70] [美] 彼得斯，何道宽译. 交流的无奈——传播思想史 [M]. 北京：华夏出版社，2003.
[71] [美] 大卫·阿什德，邵志择译. 传播生态学 [M]. 北京：华夏出版社，2004.
[72] [美] 约翰·费斯克，李彬译. 关键概念—传播与文化研究辞典 [M]. 北京：新华出版社，2004.
[73] [美] 沃纳·赛佛林，小詹姆斯·坦卡德，郭镇之译. 传播学理论：起源、方法与应用 [M]. 北京：华夏出版社，2000.
[74] [美] 马歇尔·伯曼，周宪译. 一切坚固的东西都烟消云散了 [M]. 上海：商务印书馆，2003.
[75] [美] 马泰·卡林内斯库，周宪，许钧译. 现代性的五副面孔：现代主义、先锋派、颓废、媚俗艺术、后现代主义 [M]. 上海：商务印书馆，2002.
[76] [美] 爱德华 W，苏贾，王文斌译. 后现代地理学——重申批判社会理论中的空间 [M]. 上海：商务印书馆，2004.
[77] [美] 查理德·沃林，张国清译. 文化批评的观念：法兰克福学派、存在主义和后结构主义 [M]. 北京：商务印书馆，2000.
[78] [美] 戴维·哈维，阎嘉译. 后现代的状况——对文化变迁之缘起的探究 [M]. 北京：商务印书馆，2003.

[79] [美] 乔纳森·弗里德曼，郭建如译. 文化认同与全球性过程 [M]. 上海：商务印书馆，2003.
[80] [美] 戈夫曼，冯钢译. 日常生活中的自我呈现 [M]. 北京：北京大学出版社，2008.
[81] [美] 朱利安·史徒华，张恭启译. 文化变迁的理论 [M]. 台北：台湾远流出版事业股份有限公司，1989.
[82] [美] 沃林，张国清译. 文化批评的观念 [M]. 上海：商务印书馆，2001.
[83] [美] 穆尔，欧阳敏等译. 人类学家的文化见解 [M]. 上海：商务印书馆，2009.
[84] [美] 霍尔，何道宽译. 超越文化 [M]. 上海：北京大学出版社，2010.
[85] [美] 克利福德·格尔兹，赵丙祥，王铭铭译. 尼加拉：十九世纪巴里剧场国家 [M]. 上海：上海人民出版社，1999.
[86] [美] 奥尔曼，王贵贤译. 异化：马克思关于资本主义社会中的人的理论 [M]. 上海：北京师范大学出版社，2011.
[87] [美] 迈尔斯，休伯曼，张芬芬译. 质性研究的分析：方法与实践 [M]. 重庆：重庆大学出版社，2008.
[88] [美] 纽曼，郝大海译. 社会研究方法 [M]. 北京：中国人民大学出版社，2007.
[89] [美] 巴比，邱泽奇译. 社会研究方法（第 11 版）[M]. 北京：华夏出版社，2009.
[90] [美] 乔金森，龙筱红，张小山译. 参与观察法 [M]. 重庆：重庆大学出版社，2009.
[91] [美] John Urry，杨慧译. 游客凝视 [M]. 广西：广西师范大学出版社，2009.
[92] [美] 萨义德，王宇根译. 东方学 [M]. 北京：三联书店，1999 年.
[93] [美] 马克斯韦尔·麦库姆斯，郭镇之，徐培喜译. 议程设置 [M]. 北京：北京大学出版社，2008.
[94] [美] 欧文·戈夫曼，黄爱华，冯钢. 日常生活的中的自我呈现

［M］．杭州：浙江人民出版社，1989.
［95］［美］乔纳森·特纳，勒奥纳德·毕福勒，查尔斯·鲍尔斯，侯钧生译．社会学理论的兴起［M］．天津：天津人民出版社，2006.
［96］［美］丹尼逊·纳什著，宗晓莲译．旅游人类学［M］．昆明：云南大学出版社，2004.
［97］［美］马丁．L．霍夫曼，杨韶刚，万明译．移情与道德发展［M］．吉林：黑龙江人民出版社，2003.
［98］［英］诺曼·费尔克拉夫，殷晓蓉译．话语与社会变迁［M］．北京：华夏出版社，2003.
［99］［英］梵·迪克，曾庆香译．作为话语的新闻［M］．北京：华夏出版社，2003.
［100］［英］斯图亚特·霍尔，徐亮，陆兴华译．表征——文化表象与意指实践［M］．北京：商务印书馆，2003.
［101］［英］齐格蒙·鲍曼，郑莉译．作为实践的文化［M］．北京：北京大学出版社，2009.
［102］［英］格雷姆·伯顿，史安斌译．媒体与社会［M］．北京：清华大学出版社，2007.
［103］［英］奈杰尔·拉波特，鲍雯妍译．社会文化人类学的关键概念（第2版）［M］．北京：华夏出版社，2009.
［104］［英］齐格蒙特·鲍曼，郭国良，徐建华译．全球化：人类的后果［M］．上海：商务印书馆，2001.
［105］［英］戴维·弗里斯比，卢晖临译．现代性的碎片［M］．北京：商务印书馆，2003.
［106］［英］史蒂文·康纳，严忠志译．后现代主义文化［M］．北京：商务印书馆，2002.
［107］［英］齐格蒙特·鲍曼，邵迎生译．现代性与矛盾性［M］．北京：商务印书馆，2003.
［108］［英］安冬尼·吉登斯，赵旭东译．现代性与自我认同［M］．上海：三联出版社，1998.
［109］［英］安冬尼·吉登斯，胤宏毅译．现代性——吉登斯访谈录

[M]. 北京：新华出版社，2001.
[110] [英] 安冬尼·吉登斯，田禾译. 现代性的后果 [M]. 上海：译林出版社，2000.
[111] [英] 安冬尼·吉登斯，周红云译. 失控的世界 [M]. 南昌：江西人民出版社，2001.
[112] [英] 安冬尼·吉登斯，文军，赵勇译. 社会理论与现代社会学 [M]. 北京：社会文献科学出版社，2003.
[113] [英] 弗里德里希·奥古斯特·哈耶克，王明毅等译. 通往奴役之路 [M]. 北京：中国社会科学出版社，1997.
[114] [英] 雷蒙·威廉斯. 关键词：文化与社会的词汇 [M]. 刘建基译. 上海：生活·读书·新知三联书店，2005.
[115] [英] 安·格雷. 文化研究：民族之方法与生活文化 [M]. 许梦云译. 重庆：重庆大学出版社，2009.
[116] [英] 莫特纳·伯奇，丁三东、王岫庐译. 质性研究的伦理 [M]. 上海：重庆大学出版社，2008.
[117] [英] 贝拉·迪克斯，冯悦译. 被展示的文化：当代"可参观性"的生产 [M]. 北京大学出版社，2012：125-178.
[118] [英] 迈克·费瑟斯通编著. 消解文化：全球化、后现代主义与认同 [M]. 杨渝东译. 北京大学出版社，2009. 01：17-18.
[119] [法] 让·波德里亚. 消费社会 [M]. 刘成富，全志钢译. 南京：南京大学出版社，2008.
[120] [法] 皮埃尔·布迪厄. 资本的形式 [M]. 武锡申译. 北京：社会科学文献出版社，2005.
[121] [法] 阿芒·马特拉，陈卫星译. 世界传播与文化霸权：思想与战略的历史 [M]. 北京：中央编译出版社，2001.
[122] [法] 埃里克·麦格雷，刘芳译. 传播理论史——一种社会学视角 [M]. 北京：中国传媒大学出版社，2009.
[123] [法] 让-弗朗索瓦·利奥塔，罗国祥译. 非人——时间漫谈 [M]. 上海：商务印书馆，2001.
[124] [法] 罗兰巴特，李幼蒸译. 符号学原理 [M]. 北京：中国人民大

学出版社，2008.

[125] [法] 波德里亚，车槿山译. 象征交换与死亡 [M]. 上海：译林出版社，2006.

[126] [法] 米歇尔·福柯，刘北成，杨远婴译. 规诫与惩罚 [M]. 上海：生活·读书·新知三联书店，2007.

[127] [法] 葛兰西. 狱中书简 [M]. 田时纲译. 北京：人民出版社，2007.

[128] [法] 克洛德·列维-斯特劳斯. 结构人类学 [M]. 张祖建译. 北京：中国人民大学出版社，2006.

[129] [法] 居伊·德波，王昭风译. 景观社会 [M]. 南京：南京大学出版社，2007.

[130] [法] 巴特，敖军译. 流行体系：符号学与服饰符码 [M]. 上海：上海人民出版社，2000.

[131] [法] 克洛德·列维·斯特劳斯，王志明译. 忧郁的热带 [M]. 北京：中国人民大学出版社，2009.

[132] [法] 米歇尔·福柯，顾嘉琛译. 福柯集 [M]. 上海：上海远东出版社，1984.

[133] [法] 让·波德里亚，王为民译. 完美的罪行 [M]. 北京：商务印书馆，2002.

[134] [法] 皮埃尔·布迪厄，李康译. 实践与反思：反思社会学导引 [M]. 北京：中央编译出版社，1998：133.

[135] [法] 朗加尔，陈淑仁，马小卫译. 国际旅游 [M]. 北京：商务印书馆，1995.

[136] [法] 尚·布希亚，林志明译. 物体系 [M]. 上海：上海人民出版社，2001.

[137] [法] 梅洛-庞蒂，姜志辉译. 符号 [M]. 北京：商务印书馆，2003.

[138] [法] 列维-布留尔，丁由译. 原始思维 [M]. 商务印书馆，1981.

[139] [法] 布尔迪厄，包亚明译. 文化资本与社会炼金术 [M]. 上海人民出版社，1997.

[140] [加] 马歇尔·麦克卢汉，何道宽译. 理解媒介——论人的延伸 [M]. 上海：商务印书馆，2000.
[141] [加] 文森特·莫斯可，胡正荣等译. 传播政治经济学 [M]. 北京：华夏出版社，2000.
[142] [加] 哈罗德·伊尼斯，何道宽译. 帝国与传播 [M]. 北京：中国人民大学出版社，2003.
[143] [加] 哈罗德·伊尼斯，何道宽译. 传播的偏向 [M]. 北京：中国人民大学出版社，2003.
[144] [加] 马歇尔·麦克卢汉，何道宽译. 理解媒介—论人的延伸 [M]. 北京：商务印书馆，2004.
[145] [加] 文森特·莫斯可，胡正荣等译. 传播政治经济学 [M]. 北京：华夏出版社，2000.
[146] [匈] 阿格尼丝·赫勒，李瑞华译. 现代性理论 [M]. 上海：商务印书馆，2005.
[147] [匈] 阿格妮丝·赫勒. 日常生活 [M]. 重庆：重庆出版社，1990.
[148] [波兰] 齐格蒙特·鲍曼，欧阳景根译. 流动的现代性 [M]. 上海三联书店，2002.
[149] [以色列] 伊雷特·罗戈夫，陶东风编. 文化研究：第 3 辑·视觉文化研究 [M]. 天津：天津社会科学院出版社，2002.
[150] [瑞士] 卡尔·荣格，张举文译. 人类及其象征 [M]. 沈阳：辽宁教育出版社，1988.

期刊文章

[1] 郭建斌. 民族志方法：一种值得提倡的传播学研究方法 [J]. 新闻大学，2003，(2).
[2] 陈静静等. 传播媒介与社会空间——云南·视角·案例 [A]. 传播媒介与社会空间论文集，传播与中国·复旦论坛，2008.
[3] 梅琼林. 传播学与文化人类学的交叉研究及其价值 [J]. 中州学刊，2006，(5).

[4] 庄晓东. 文化的传播与传播的文化 [J]. 云南艺术学院学报, 2002, (1).
[5] 蔡骐, 常燕荣. 文化与传播——论民族志传播学的理论与方法 [J]. 新闻与传播研究, 2002, (2).
[6] 郭建斌. 理解与表达: 对凯利传播仪式观的解读 [A]. 2006 中国传播学论坛论文集 (I), 2006.
[7] 郭建斌. 传媒与乡村社会: 中国大陆 20 年研究的回顾、评价与思考 [J]. 现代传播, 2003, (3).
[8] 李欣欣. 现代性体验下少数民族乡村妇女的婚恋生活——以贵州西江千户苗寨为例 [J]. 西北民族大学学报 (哲学社会科学版), 2011, (4).
[9] 刘芳. 人类学苗族研究百年脉络简溯 [J]. 广西民族研究, 2008, (1).
[10] 陈嘉明. "现代性" 研究的回望与反思 [J]. 云南大学学报 (社会科学版), 2009, (1).
[11] 韩瑞霞, 戴元光. 对 "传播" 在文化研究发生史中地位的历史考察 [J]. 国际新闻界, 2012, (2), 30-36.
[12] 周立. 文化传播研究的立足点及研究趋向 [J]. 社会科学辑刊. 2010, (3).
[13] 周宪. 后现代性是一种现代性 [J]. 南京大学学报·哲学人文社会科学版, 1999, (3).
[14] 张一兵. 颠倒再颠倒的景观世界 [J]. JOURNAL OF NAN JING UNIVERSITY (Philosophy, Humanities and Social Sciences), 2006, (1).
[15] 徐海敏. 从 "景观" 到 "景观社会": 国内外研究现状述评 [J]. 廊坊师范学院学报 (社会科学版), 2009 (5).
[16] 李佳. 苗族诗歌理论探微 [J]. 贵阳: 贵阳学院学报 (社会科学版), 2013 (3): 21-24.
[17] 李刚. 论戴维·赫尔德的全球化理论分析框架 [J]. 南阳师范学院学报 (社会科学版), 2009: 2.
[18] 杨秀刚. 天下西江 [J]. 衫乡文学, 2012, (12): 4-10.
[19] 杨慧. 马康纳 (Nean Mac Cannell) 及其现代旅游理论 [J]. 思想战

线，2005，(1)：97-101.

[20] 费广玉，陈志永．民族村寨社区政府主导旅游开发模式研究［J］．贵州教育学院学报（自然科学），2009，(6)：28-35.

[21] 闫晓昀．《边城》时空维度与叙事意图［J］．海南师范大学学报(社会科学版)，2008年，(6)：94-98.

[22] 文敏．沈从文对苗族民族性格的“深描”——以“苗族传奇”为例［J］．昭通师范高等专科学校学报，2007，(2)：22-27.

[23] 潘文献．苗族巫蛊之谜［J］．今日民航，2009（12)：62-69.

[24] 鲍瑾．关于苗族文化形象的想象与建构——由“内部东方主义”引发的思考．美与时代（上）［J］．2013，(3)：47-49.

[25] 庞书纬．朝圣之旅——“内部东方主义”视野下的沈从文湘西小说．北京大学研究生学志［J］．2008，(4)：34-46.

[26] 谢志文．阿多诺文化工业批判思想的理路分析［J］．湘潭大学学报(哲学社会科学版)，2005，(S2).

[27] 支运波．空间殖民、景观社会与国家装置［J］．浙江师范大学学报(社会科学版)，2011，(05).

[28] 郑进．国家与村寨社会的博弈：国家在场与社会式微——以贵州省西江苗寨“挂牌”现象为例的研究［J］．民族论坛，2012，(12).

[29] 阎嘉．农家乐：一个当代审美文化的文本［J］．文艺争鸣，2007，(7).

[30] 刘扬．德波景观空间文化理论述略．城市问题［J］．2011，(11)：89-94.

[31] 布迪厄，朱国华译．纯粹美学的社会条件——《区隔：趣味判断的社会批判》引言［J］．民族艺术，2002，(3)：16-22.

[32] 郭鸿．文化符号学评介——文化符号学的符号学分析［J］．山东外语教学，2006，(3)：3-9.

[33] 李永勤，谢萍，牟秋菊，王骏．“农家乐”经济发展探析［J］．云南农业大学学报，2007，(2)：27-29.

[34] 李春霞．好客的东道主：旅游人类学“主-客”范式反思［J］．广西民族大学学报（哲学社会科学版)，2012（05)：23-28.

[35] 王宁．旅游中的互动本真性：好客旅游研究［J］．广西民族大学学

报（哲学社会科学版），2007，（6）：18-24.
［36］麻勇恒. 苗族村落社会中的文化生态嬗变研究——以纪巧村1989年以来春节习俗的渐变为例［J］. 民俗研究，2013，（2）：120-128.
［37］邓钧. 苗族芦笙的应用传统及其文化内涵［J］. 中国音乐学，1999，（3）：116-130.
［38］林敏霞. 好客“边界”与现代旅游［J］. 广西民族大学学报（哲学社会科学版），2012，（5）：29-33.
［39］徐杰舜，纳尔逊·格拉本. 旅游其实嵌入到生活的许多方面——人类学学者访谈录之六十［J］. 广西民族大学学报（哲学社会科学版），2011（3）：27-34.
［40］王晓东. 论日常交往［J］. 求是学刊，2005，（6）：14-18.
［41］仰海峰. 商品社会-景观社会-符号社会-西方社会批判理论的一种变迁［J］. 哲学研究，2003，（10）：21-26.
［42］王小章. 齐美尔的现代性——现代文化形态下的心性体验［J］. 浙江学刊，2005，（4）：43-50.
［43］宋子千，廉月娟. 旅游业及其产业地位再认识［J］. 旅游学刊，2007，（6）：37-42.
［44］王俊敏. 人类学研究与文化沟通——访费孝通等五位东亚人类学家［J］. 北京大学学报（哲学社会科学版），1996，（1）：11-20.
［45］寇东亮. 文化自觉与社会主义核心价值体系［J］. 郑州大学学报（哲学社会科学版），2008：7-9.
［46］吴元. 论文化产品的文化价值和交换价值［J］. 中国社会科学院研究生院学报，1994，（5）：69-75.
［47］费孝通. 我为什么主张“文化自觉”［J］. 冶金政工研究，2003，（6）：34-35.
［48］邵培仁，廖卫民. 文化传播力：解读长三角文化产业发展现状全景图［J］. 杭州师范大学学报（社会科学版），2008，（2）：20-27.
［49］邹海蓉，刘辉. 从文化再生产到社会再生产——布迪厄文化资本理论研究述评［J］. 湖北经济学院学报（人文社会科学版），2011，（12），15-16.

[50] 宗晓莲. 布迪厄文化再生产理论对文化变迁研究的意义［J］. 广西民族学院学报（哲学社会科学版），2002，(2)：22-25.
[51] 朱国华. 习性与资本：略论布迪厄的主要概念工具（上）［J］. 东南大学学报，2004，(1)：33-37.
[52] 杨亚东. 贵州双语教育现状及其发展思路［J］. 贵州民族报，2010，(4).
[53] 杨振之. 前台、帷幕、后台——民族文化保护与旅游开发的新模式探索. 民族研究［J］. 2006，(2)：39-46.

硕博论文

[1] 陈长春. 透视《边城》论沈从文小说的反现代性［D］. 长春：东北师范大学，2008.
[2] 贺苗. 日常思维生成机制研究［D］. 哈尔滨：黑龙江大学，马克思主义哲学，2009.
[3] 张捷. 责任性内疚的影响因素研究［D］. 河南：河南大学，应用心理学，2006.
[4] 张冉. 文化自觉论［D］. 武汉：华中科技大学，马克思主义基本原理，2010.

英文文献

[1] Henri Lefebvre. Rhythmanalysis：Space，Time and Everyday Life［M］. First publish by Continuum，2004.
[2] Bertell Ollman. Alienation：Marx's conception of man in capitalist society［M］. London：the Press Syndicate of the University of Cambridge，1976.
[3] Lefebvre Henri. Everyday Life in the Modern［M］. U. S. A and London：Transaction Publishers，1984.
[4]［英］Sennett. The Fall of Public Man［M］. Penguin，2003.

致 谢

本书是我的博士论文。这个课题并非单凭一人之力就能够顺利完成的。从初期的构思，到中期的调研，再到最后的写作，得到了太多人的关心、支持与帮助。在此，我首先向导师李震教授表达最为真切的感谢。入校以来，李老师一直对我这个生长在边远少数民族地区的学生给予极大的鼓励，不仅严格要求、耐心启发，更加难能可贵的是他留给我充足的个人时间进行实地调研与写作构思，对老师的信任与支持在此再次表示感谢。李老师是一位激励学生敢于创新、独辟蹊径、坚持信念、治学严谨的人，这样的老师在中国的学术环境下极为难得。同时，李老师为人善良、心胸广阔，做事缜密、任劳任怨，这些都是作为学生的我终生以之为榜样的。对老师的谢意与敬佩难以言表，在此，送上我最深的祝福与祈祷！

感谢我的家人和朋友们，感谢家人对我的体谅和慰藉。感谢朋友王桢、谢娇、闫敏、王卫华等。先生杨胜锋毕业于中央民族大学，本身是土生土长的苗族，且学习少数民族语言专业，又长期在民族工作部门工作，在该书的构思和写作过程中，多次与我交流，以其专业知识和实践经验，提出了很多独到见解和中肯意见，让我在几近才思枯竭时，能够另辟蹊径。这种相互学习交流、取长补短的讨论气氛让本人受益匪浅。从事设计工作的王桢在论文制图、汇表、运用科技软件方面，无私地给予我这个专营于人文学科的朋友的帮助，使我受益良多。同时，也要感谢朋友王卫华的专业支持。感谢从事心理辅导工作的谢娇用微笑与耐心排解我在写作期间的压力。感谢好朋友闫敏在我外出进行调研写作时，对学校一切事务的打理。谢谢大家！

感谢陕西师范大学诸多的同窗好友，特别是马可、马诚铭、冉华、索南措、张江彩、张春波等，正是在与你们的反复研讨辩论中该书才逐渐地获得了一个清晰的思路，在有建设性的对话中拓展了我对这一论题的研究视野，感谢你们对我学习、生活的诸多帮助。

感谢鲍海波教授提出的中肯的指导性意见。感谢张积玉教授、李继凯教授、赵学勇教授、王荣教授等几位老师给了我中肯的修改建议与意见，诸位老师给予的指导很多时候让我茅塞顿开。感谢孟秀芳老师的无私帮助。

最后，感谢西江千户苗寨里善良勤劳的李伟叔叔及其妻子李闹成、女儿李荣娜小妹妹，他们无偿地提供帮助，让我安全顺利地完成调研工作。

由于本人才疏学浅、理论知识水平有限，本课题的研究仅限于几个层面上，并且一些内容由于种种原因也未能得到很好的展开，本人将在未来的时间里继续努力学习，弥补不足！